教育部人文社会科学研究规划基金项目（18YJA840013）资助
西北大学学术著作出版基金资助

# 企业社区空间再生产研究

吴文恒 等 著

科学出版社
北京

## 内 容 简 介

企业社区是计划经济时期企业单位为解决职工生活而建立的有围墙和门卫的居住场所和社会空间。本书按照计划经济到市场改革的时间脉络，以城市—区县—街道—企业社区—居民家庭的中宏观到微观的空间尺度，基于西安、宝鸡、咸阳等地的调查访谈、问卷、影像、统计数据等资料，系统梳理企业社区的基本特征和发展变迁、空间分布格局、外部建成环境与内部居住空间、居民的地方认知和居住愿景，以及企业社区的空间生产和再生产，探究企业社区格局的分布机理、企业社区演变成因与空间再生产的形成机制。本书对更好地认知历史时期的企业社区及其当代发展，理解和完善城市居住区理论、内城空间演替理论和城市可持续发展理论具有重要的历史价值和理论意义，对于解决新型城镇化导向下的城市更新、建设用地与内部空间再利用，以及城市贫困空间问题具有重要实践价值。

本书可作为城市科学、地理学、社会学、人口学等学科的研究人员以及高校师生参考用书，也可为政府及相关部门管理人员、城市与区域规划领域的工作人员与决策者制定城市发展、城市更新政策提供参考。

**图书在版编目（CIP）数据**

企业社区空间再生产研究/吴文恒等著. —北京：科学出版社，2020.3
ISBN 978-7-03-064463-3

Ⅰ.①企… Ⅱ.①吴… Ⅲ. ①企业–社区建设–城市空间–研究–中国
Ⅳ. ①D669.3②TU984.11

中国版本图书馆 CIP 数据核字（2020）第 033953 号

责任编辑：丁传标 李 静 / 责任校对：何艳萍
责任印制：吴兆东 / 封面设计：图阅盛世

科学出版社 出版
北京东黄城根北街 16 号
邮政编码: 100717
http://www.sciencep.com

北京中石油彩色印刷有限责任公司 印刷
科学出版社发行 各地新华书店经销
*
2020 年 3 月第 一 版 开本：787 × 1092 1/16
2020 年 3 月第一次印刷 印张：16
字数：365 000

**定价：158.00 元**

(如有印装质量问题，我社负责调换)

# 前　言

2017 年 1 月，作者到宝鸡市岐山县蔡家坡镇调研镇级小城市发展建设，看到了经常听闻的“三线”时期被建设到秦岭沟里的陕西汽车制造厂（现今陕汽集团蔡家坡生产基地）、陕西法士特齿轮厂（现今陕西法士特汽车传动集团公司宝鸡基地），呈现一个山沟一个厂的纵深发展景象；顺便看到了陕汽集团的集贸市场、生活区、废置的居民楼、九三宾馆，专门为职工设置的工人俱乐部、医院，以及冬日午后灰黄相间山体环绕的九三广场上裹着棉衣的老年退休人员，三三两两地聊天、闲坐；也看到了法士特家园楼栋外墙独特的“法士特蓝”，色彩鲜亮，给沉寂灰色的山沟增添一抹靓丽。

回镇上路过陕西渭河工模具总厂，一栋红、灰砖混合的三层旧居民楼直立在路边。我们走进楼道准备看看内部结构时，被恰巧从外边回来的一个居民警告不许动，拿出证件好一阵沟通后，他才相信我们不是来偷东西的。他介绍，这是一个“三无”人员聚集的企业社区旧楼，居住着下岗的、从监狱出来的人等，楼道最近经常丢东西。有点脏乱的街道、破旧的楼栋、阴暗的楼道、沉郁的居民，让我们对企业社区从最初的接触就有了深刻的印象和不一样的感受。

随后作者到西安市韩森寨街道的“军工城”调研，看到华山机械厂、昆仑机械厂、秦川机械厂、黄河机械厂、陕汽集团等一个连着一个的企业及其社区，宽阔的马路、法国梧桐、苏式建筑，统一用数字从十四街坊到一〇二街坊命名的生活区、福利区，来自五湖四海的职工还有他们的子女及孙辈。斑驳中依稀能够看到过去的辉煌岁月，它加深了笔者对企业社区的感知和探究热情。

企业社区是中国工业化和现代化进程中，继承过去的围墙庭院居住传统，借鉴西方职住接近的规划设计理念，形成于计划经济时代及改革开放初期，以企业建设和管理为主导的空间居住形式。

岁月流逝，社会发展，时代变迁，被制度、政策、社会、经济、市场共同裹挟的企业社区，经历了 20 世纪 90 年代以来的剧烈变迁，逐步进入另一种相对稳态、渐变的持续发展或衰退发展阶段。它们在哪里，现在怎么样了，需要一个系统的、综合的回答，也是对历史的回答。从空间生产与再生产的视角，加强多因素扰动下企业社区的发展研究，有助于认识城市的居住空间分异与贫困空间分布，丰富城市居住区理论，为提高城市建设用地使用效益，加强内城空间更新提供实践依据。

本书按照是什么、在哪里、怎么样、怎么办的脉络，结合空间生产理论，依次介绍了企业社区的概念特征、空间分布格局、外部建成环境、内部居住场所、居住感知意愿、企业社区空间生产与再生产、典型企业社区空间再生产等内容，阐释了企业社区的城市空间分布机制、空间再生产逻辑与形成机理。

全书由吴文恒构思设计，起草写作提纲与章节要点，具体写作分工如下：第 1 章，吴文恒、黄坤、张靖珂、杨毕红；第 2 章，吴文恒、黄坤、丁竹慧；第 3 章，许玉婷、吴文恒；第 4 章，杨毕红、吴文恒；第 5 章，杨毕红、许玉婷；第 6 章，黄坤、杨毕红、吴文恒；第 7 章，丁竹慧、张靖珂、史海金、李研；第 8 章，张靖珂、吴文恒；第 9 章，吴文恒、杨毕红；附表整理，杨毕红。全文由吴文恒统稿修订。

本书在前人对单位社区研究基础上开展了企业社区的初步探索，希望能进一步管窥和认识过往的那些历史空间，认识和留住他们现今的岁月印迹，亦希望能起到抛砖引玉的作用，让更多的人关注到企业社区，更好地关爱企业社区，建设更加美好的城市家园。虽然本书写作过程中引用和标注了参考文献，恐仍有部分参考资料未能直接列出，在此表示感谢。书中如有不妥之处，恳请各位读者批评指正。

吴文恒

2019 年 11 月

# 目　　录

# 第 1 章

# 社区与企业社区

本章介绍社区与单位社区的概念、特征，以及单位社区的发展、演变过程，进而梳理企业社区的概念、基本特征与发展变迁，指出企业社区作为时代产物、历史遗存与空间记忆、旅游资源与纪念地等的存在价值，总结说明企业社区研究的必要性。

## 1.1 社　　区

本节主要包括梳理社区概念、明确社区特征、判定社区属性、划分社区类型，以及总结社区发展五个方面。

### 1.1.1 社区含义

社区（community）源于拉丁语，原意是亲密的关系和共同的东西。一个社区是有着共同的规范、信仰、身份、价值观、归属感的或大或小的社会单元，共享特定地理区域（如国家、城市、城镇、街区、村庄等）或虚拟空间中的地方感。

社区作为一个社会学的范畴，从 19 世纪进入西方社会学家的研究视野，最初起源于德国的社会学家斐迪南·滕尼斯。他在《共同体与社会》一书中将“社区”界定为通过血缘、邻里和朋友关系建立起的社会生活共同体（斐迪南·滕尼斯，1999），根据人们的自然意愿结合而成，人们的关系建立在习惯、传统和宗教之上。血缘、邻里和朋友的关系是社区的主要纽带，传统的农村村庄是社区的代表。

社区可以被设想出来，而且常常被认为存在于各大洲的多民族人口中，以及狩猎采集的原始社会和后工业化经济社会的两极之中，可以被认为是一种描述性类型样本或分类单元（Bhattacharyya，1995）。社区是一种位于家庭和亲属，以及整个社会之间的原始社会组织类型，与地方有着内在的联系。无论是城市还是乡村社区中，地方都被社会研究者和社区成员共同用来建构社会空间。社区有一个互动的基础，它源于与地方相关的特定条件：邻近性、稳定的人口和持续的互动模式，这种高频率的互动通过社区成员深入的了解、共同的记忆和代际依恋形成了一种密集的归属感。

社区是一个广泛的概念，它具有体现结构、制度和社会过程的新兴特质（Barrett，2015）。社区也称社群或共同体，多指因为共享共同价值观或文化的人群，居住于同一区域，聚集在一起，衍生互动影响，从而产生集体或团体凝聚力的社会共同体。共同地域、社会互动、共同的约束（规范、归属感和认同感）构成了社区的基本要素。一般认为，社区是比家大的社会单位，是一群人为了达到目标或者解决问题、实施共同工作的计划而聚集或聚居在一起。其规模变化大可至全球社区（global community），小到邻里（neighborhood）内部的不同类型社区。

## 1.1.2 社 区 特 征

**1. 共同地域与场所**

社区具有地方或场所维系力，其形成和发展基于一定的地域范围，社区的大小通常与社区地理范围有关，尽管有的社区没有明确的地域界线，但依旧涵盖了相应的地域范围。例如，一个完整的农村社区主要是以村庄居民居住地为中心，向外辐射到包括各个基础设施或公共服务设施而形成的大范围地域。一个完整的城市社区通常认为是由城市的市区和城市郊区，以及小城镇集合发展起来形成的，在城市社区中，有各个具体的社区类型，如单位大院、居住社区（中国历史时期的坊、国外的公寓社区）等。

**2. 共同文化与价值观**

社区的共同文化与价值观主要体现在社区内部居民之间形成的文化维系力和归属感，社区成员之间是以共同语言、风俗、文化或共同的价值观念与生活方式作为联系纽带，由此产生共同的结合感、归属感和认同感，如体现地域自然环境保护和历史文化传统传承的民族社区、具有共同身份价值认同和乡土情怀的华人社区等。

**3. 组织管理功能**

社区具有一定的组织结构和管理人员，维系其运营和发展，并在内部或与外界发生各种网络式自组织或被组织的联系。社区形成并发展了一定的管理组织制度体系、相应机构和配套基础设施，社区管理和服务水平也在不断提升，可以说社区是社会组织管理的小型平台，具有城市空间上的可复制和重复性。

## 1.1.3 社 区 属 性

社区具有自然性、社会性、经济性、稳定性、可重复性和多样性等属性。

自然性：社区的存在和发展需要占据一定的自然空间，受地形、气候条件、环境、生态等因素影响。在综合考虑自然因素基础上形成的社区具有一定的自然属性。

社会性：整个社会可以认为是由一个个或大或小的社区组成的，社区可以看作是社会的缩影，社会中存在和发生的社会现象必然也能在各个社区中有所反映，社区在某种意义上可以认为是具体的小社会，是社会人聚集或聚居的组织形式；社区居民之间具有共同的意识和利益，有着密切的社会交往，反映了一定的社会关系并产生相应的社会活动和社会行为，因此社区具有社会性。

经济性：一方面，社区自身具有一定的价值，诸如处于良好区位或基于社区服务、发展或社区治理的社会影响力等；另一方面，位于社区内部的社区实物，如社区房屋、服务设施等，可以基于买卖、交换或管理带来相应的外部经济效益和价值。

稳定性：社区一旦形成，具有路径依赖的时间延续性和稳定性，成为有弹性的变化空间和具有一定的应力阈值。社区发展可以兴旺，也可以随时间变化而衰落，如果没有足够的外界干扰，可能会一直延续而存在。

可重复性：社区在地域空间上只要具备地域、人口、共同利益、社会关系等相应的形成条件，就可以重复出现，没有太大限制。

多样性：社区是多种多样的，主要体现在社区的形式多样、功能丰富、结构完善，社区也由于其多样性可以划分出不同的类型。

### 1.1.4 社 区 类 型

社区可以根据不同的划分标准分成不同的类型。根据社区所处的地理环境，可以分成平原社区、山区社区、岛屿社区等；根据社区生产力发展水平，可以划分为发达社区、发展中社区和传统社区，也有直接将社区分为发达社区和不发达社区；根据社区发展状况和人口的空间聚集，可以划分为城市社区、城镇社区和农村社区；根据社区所发挥的主要社会功能，可以划分为工业社区、商业社区和政治社区等；根据社区人口的特定特征，可以划分出一些特殊的社区，如流动人口社区、民族社区、宗教社区等。尽管社区类型多样，但最基本的划分方法是将社区分为城市社区和农村社区。总之，社区的类型划分根据研究问题出发点的不同而不同。

社区的分类研究最早可追溯到德国社会学家滕尼斯，他曾把社区分为地区社区、非地区社区和亲属社区三种类型。地区社区即“地理的或空间的社区”，如邻里、城镇、村庄等。非地区社区，即“精神社区”，该类社区多数是为了共同目标或共同信仰而形成的团体，和地理区位没有太大关系，如民族社区、宗教社区或以共同职业形成的社区。亲属社区也叫“血缘社区”，即具有血缘关系的成员形成的社区（斐迪南·滕尼斯，1999）。

目前，众多学者对城市社区的划分类型进行了相关研究，多以综合性视角对社区物质要素特征加以分类。吴缚龙（1992）根据居住和生产关系将中国城市社区划分为传统式街坊社区、单一式单位社区、混合式综合社区及演替式边缘社区。他认为传统式街坊社区建设年代相对较早，以工业化前为主，社区用地混杂，居民之间关系网络复杂；单一式单位社区是计划经济时期形成的社区类型，社区居民多为同一单位职工，社区活动多为单位组织活动；混合式综合社区是以居住功能为主的居住区，社区居住环境较好，设施齐全，但缺乏公共空间使得居民之间交流互动较少；演替式边缘社区是由农村社区向城市社区演替形成的过渡社区类型，社区居民流动性强，职业构成复杂，各类设施较为缺乏。

随后，学者们对城市社区的划分类型进行了进一步的深入研究，根据社区建成时间、社区地理区位差异、城市化进程、城市规划管理的发展等，将城市社区划分为不同类型，但大体都是基于前述的四种基本社区类型，如原珂（2019）对北京、上海、天津、广州、深圳五大城市进行深入调研后，将城市社区划分为传统街坊式社区、单一单位式社区、综合混合式社区、过渡演替式社区（主要涉及“城中村”社区、“村改居”社区和城郊边缘社区三种类型）和现代商品房式社区五大类型。

也有学者基于单一视角的细微尺度，根据社区类型谱系划分理论和方法对社区类型进行划分，如王娟和杨贵庆（2015）从区位属性、人口密度、户籍结构、年龄结构和收入水平等五种基本属性对上海市城市社区进行了划分。根据社区的地域分布和区位属性，将社区分为：中心城城市社区、中心城边缘区城市社区、中心城外围区的城市社区和中心城外围区的农村社区；根据在不同空间集聚的人口密度，将社区分为高密度社区和一般密度社区；根据社区人口户籍结构状况，将社区划分为：户籍人口为主、外来常住人口为主、户籍人口和外来常住人口混合的社区；按照老年人口占社区总人口的比例，可以将社区划分为：老龄化社区和非老龄化社区；按照人群收入结构特征，将社区划分为：高收入社区、中等收入社区和低收入社区。

封闭式社区是在住房私有化改革后的中国出现的一种新型住宅形式。它们在改造社区功能的同时，在社区层面重塑了社会和自然环境，从而深刻地改变了集体主义社区生活（Lu et al.，2018）。从本质上讲，这种封闭式单位小区通过采用特殊的控制手段，即围墙、栅栏和控制入口来避免外来风险的发生，其目的是遏制城市快速变化的不确定性，从而确保周边地区的稳定。Blakely 和 Snyder（1997）将封闭社区分为三类：生活社区、声望社区和安全社区。生活社区更像是一个有着共同兴趣的俱乐部领域，利用大门定义了场所内外的服务划分；声望社区是社会空间分异的产物，这种类型的社区指向于中产阶层或富有人群，社区大门更具象征意义，标志着环境的质量；安全社区是由于人们日益缺乏安全感而形成的社区类型，在安全社区，大门具有增强安全感更实用的功能，通常由居民设置而成。

然而，在不同的文化背景下，门禁形成的主要原因可能是不同的。像在圣保罗那样的城市中，由于社会隔离在城市中有着悠久传统，封闭式社区似乎是具有声望社区的特征（Caldeira，1996）。此外，对于不同的社会群体，可以出于不同的原因开发门控。

### 1.1.5 社 区 发 展

社区发展历史悠久，是社区研究的重要组成部分。社区发展通常与社区工作或社区规划相关联，可能涉及利益相关者、基金会、政府或组织实体，包括非政府组织（Non-Government Organizations，NGOs）、大学或政府机构。社区发展是政府引导下的一种社区规划和营建，主要是基于政府机构或组织的支持，充分利用本社区自身的条件和优势，从社区经济、社会、文化、环境等方面发挥社区价值，提高社区居民生活水平和促进社区健康可持续发展。社区发展建设应是社区全方位、综合性的提升过程，涉及社区的方方面面。主要包括社区组织、政权、管理体系等的培育和发展，社区经济、文化、精神文明和环境的提升和改善，以及社区服务、卫生、治安、基础设施等各项事业的发展（赵川芳，2014）。

1951 年，联合国经济及社会理事会通过了 390D 号决议，力图通过“社区福利中心计划”推动世界社会经济的发展。后来又修改了 390D 号决议，以“社区发展计划”代替了原来的“社区福利中心计划”（孙峰华，2002）。社区发展计划的终极目标是社区经济、社会、政治和文化等的全面发展。经济上提高社区经济发展水平和收入水平，社会上建立良好的社区社会关系（社区内部和外部人际关系）和社会结构，政治上发展社区民间组织，提升居民民主政治意识，文化上建立和发展社区文化教育事业、社区伦理道德价值观念，加强社区精神文明建设。

Bhattacharyya（1995）将社区发展的经典思想重新阐述为对团结协作和代理机构的追求，即发展以团结和协作为特征的社会关系，使社区发展与当今的核心知识问题保持一致，其好处是使社区发展与主流的人文和社会科学知识追求相协调，这也为社区发展行动开辟了广阔的领域。社区发展需要明确自助原则、需求原则和参与原则等发展原则，使得社区发展具有一定的独特性。

社区发展最开始着重于解决社区出现的诸多社会经济问题，如社区环境破坏、经济发展缓慢、公共卫生条件恶化、社区居民贫困、失业、犯罪等。20 世纪 60 年代的西方发达国家，提出了“社区发展合作组织”（Community Development Corporations，CDC）。CDC 的发展为解决上述问题提供了良好的经验，提高社区居民自治、发展社区经济和确定社区工作目标是其主要特征。因此，社区发展需要发挥 CDC 的作用，即通过 CDC 的社区建设活动扩大其影响力，使 CDC 向经济不发达的社区倾斜，改变社区生活环境，创造就业机会等（孙峰华，2002）。

社区未来发展，首先需要建立完善的社会生活服务，主要包括制度体系的建立，服务设施的运行维护和监管，针对社区老年人、残疾人和妇女儿童开展社区服务工作，缓解社会矛盾，促进社会公平等。其次为发展社区文化，针对社区居民生活和精神文明需要，依托社区文化设施和组织，以非政府组织为主，开展各种伦理、道德、教育、体育、文化等娱乐活动。最后是完善社区治理体系，包括建设社会治安防范体系，完善社区管理体系，保持社区社会稳定。

## 1.2 单位社区

本节是关于单位社区的总体概述。首先根据现有学者对单位社区的描述，界定单位社区的概念，并对其类型进行了划分，认为单位社区是以“墙”和“门”作为标志，由单位按照“职住接近”的原则建设并对其进行管理，以统一的规范作为居民行为准则，形成的由安保人员看守的单位职工居住区。其次从中国古代到现代，从苏联到中东欧国家，阐述了单位社区这一特有的城市景观的产生、兴盛发展及部分衰败的过程。最后从单位社区变迁、单位社区空间、社区变革、社区治理与建设等方面，系统梳理和总结国内外关于单位社区的研究。

### 1.2.1　单位社区的概念与类型

关于单位社区的概念，最早可追溯到封闭式社区的定义，即限制公众进入的有围墙的住宅发展项目，通常由安保人员看守，并以法律协议（租赁或批租）作为居民共同的行为准则（Blandy et al.，2003）。对于单位社区概念的界定，从物质空间上看，单位社区建筑群符合封闭式社区的定义：该建筑群由围墙和大门环绕，由工作场所雇佣的警卫保护，社区成员隶属于工作场所，并就可接受的规范（而不是法律）达成协议。因此，单位社区主要是由“墙”和“门”作为标志，是单位按照职住接近的原则建设并对其进行管理，以统一的规范作为居民行为准则，形成由安保人员看守的单位职工居住区。单位能满足社区内部居民社会生活服务设施的供给，在单位和单位社区之间形成一种工作—生活—居住的循环体系。单位是中国城市的基本构建要素，是城市经济、社会和空间的组织单元。单位制和单位制社区则是计划经济体制下形成的一种特殊管理制度和运行方式，其建设实践可理解为社会主义空间治理方式（Bray，2005），是追求国家现代化过程中，历史基础、现实条件和偶然因素共同作用形成（刘天宝和柴彦威，2012a）。单位制和其相配套的一整套社会制度安排，通过控制和配置社会资源，为体制内的人（城市居民）设置了一个独特的社会生活空间。作为计划经济时代政治、经济和社会体制的基石，单位制度对社会体制转轨和社会结构转型产生了极为广泛和深刻的影响（马学广，2010）。

单位社区根据规模、属性或所处的地理位置的差异可以划分为不同的类型。按其规模的大小可分为单位城市、单位城区、社区级大型单位社区和普通小型单位社区等；按其属性可分为工业企业、行政事业、公用事业、教育事业、医疗事业等单位社区；依据单位社区在城市中的地域位置，可以划分为城市内部型、城市近郊型和城市远郊型单位社区（谭文勇，2006）。

### 1.2.2　单位社区的产生

单位社区的“原型”是单位职工集体居住的“单位大院”，这种特殊的“院文化”，可视为是在中国历史时期从皇家到平民百姓居住形式的延续。“院”是典型的中国传统城市建筑空间形式，从物质形态上来说，“院”是由“墙”和“门”围合而成的具有高度封闭性和内向性的空间形态；从社会意义来说，“院”与“家”形成了一种对应关系，这种墙院围合的生活空间也具有“家”的氛围（乔永学，2004）。中国传统住宅以“四合院”的形式建造，形成了供大家庭居住的围合空间。中国的皇家宫殿，高墙围合下的空间成为其建筑的重要标志，并且城门内外俨然呈现不同的生活场景。这种四合院的扩建形式，如北京紫禁城等，均形成了由“门”和“墙”围合的封闭式特有建筑。从最简单的四合院到大型的院落群，从皇家宫苑到整个城市，都是“院”的不同体现。

计划经济时期的社会主义国家，如苏联，通常呈现一种紧凑的、土地使用均质化的城市形态，主要由大规模的工业园区和居住区组成，城市的布局呈现高度标准化和系统化，由中央政府严格规划形成。这一时期，苏联等社会主义国家建立了工人阶级社区。究其缘起，主要是为了在工作时间之余，统一组织和教育工人阶级社区居民，利用集体的居住形式，可以使得社区文化与工业发展同步，从而建立起了工人阶级社区。在斯大林领导时期，为了尽量缩短通勤距离，苏联各地工业园区附近建立了越来越多的工人阶级社区，这类社区最终变成了以生活需要而配给商品和组织员工生活的地域（Bray，2005），成为社会主义计划经济下城市的主要居住空间。

中国在 1949 年以后借鉴苏联计划经济模式，以工人阶级社区的形式开始组织居民的生活，同时将中国历史时期的“院文化”作为基础，形成了中国特有的单位社区的城市景观。其形成和发展与单位制度的产生和发展密切相关。单位社区在城市景观上表现为一个个高墙围合的自治地域，经济和社会组织上相对封闭，生产、消费等经济活动和单位职工的日常活动均受单位的管理（张纯和柴彦威，2009）。

计划经济时期，基本上城市的每个劳动年龄人口都有自己所属的单位，单位集中大量青年并生产物质财富，最大效益组织和安排生产与生活。单位具有一定的行政级别，不同级别的单位掌握的经济和社会资源不同。单位具有职工福利保障制度，为单位职工提供衣食住行、生老病死等社会生活层面的各项事宜，职工的一切均由单位负责。职工在一定程度上受单位管理，依附于所属单位，不能随意选择或离开自己的工作单位。这类工作单位组织随着单位制度的建立不断完善，因此单位成为这一时期社会的主流（卢汉龙，1999）。单位职工与单位间的强烈人身依附关系，以及单位自身的独立性和相对封闭性，使得单位的社区特性越来越明显，城市中出现了条块分割、封闭式的单位社区（谭文勇，2006）。

### 1.2.3 单位社区的发展

20 世纪 60～70 年代，单位制度在这一时期得到了强化和发展，单位社区成为城市居住空间的主要形式。社区内部的封闭性使得单位社区成为一种“小而全”的社会，即“单位办社会”。单位承担一切社会职能，包括职工住房、生活福利、居住设施、医疗保障、教育设施等，对单位职工的衣食住行、生老病死等社会生活层面进行管理。在单位体制下形成的单位社区的管理上，职工人事变动小，社区主要由后勤总务科进行管理，社区居民均为单位职工及其家属，大家相互熟悉、较为了解，邻里之间往来频繁，邻里关系和谐。单位职工依附于单位，很少有就业压力、失业困扰，也少有生活福利保障和养老的担忧，具有一定的优越感、荣耀感和满足感。生活有保障，具有较强的幸福感。

单位社区的规模大小不一，与单位的类型以及级别、生产效益具有一定关系。大部分的单位社区占据一个街区，而一些大型单位的配套社区甚至可能占据数个街区的范围。由于单位之间的配套协作而形成的单位社区分布在一个片区的现象较为普遍，如西安市发展形成的西郊土门一带“电工城”、韩森寨片区的“军工城”，以及东郊“纺织城”等工业区，单位社区以片区分布，团簇状发展。

### 1.2.4 单位社区的衰败

随着经济社会转型发展，部分单位社区逐步走向衰败。在改革开放的影响下，“单位社会”作为中国特殊的社会制度和社会结构，因其变迁过程体现的复杂性、连续性、多样性，成为无法忽视的课题，与单位制度相伴生的大量单位社区，在转型大潮中逐渐陷入“物质环境衰败化”、“人口杂化”和“居民贫困化”等局面，成为社会治理的“真空地带”（芦恒，2017）。单位社区的衰败，受到外部多方扰动。一方面，受改革开放、国企改革、住房市场化等大环境的冲击；另一方面，社区自身因建设年代过久，社区内部住房、设施、环境的老化，使得单位社区逐渐破败不堪。同时，单位社区人口的杂化、老龄化与贫困化，使得居民原有的社区依恋、认同等情感淡化，部分社区衰败成为必然。

20 世纪 90 年代国企改革进一步深化，单位社区居民的就业和住房之间的联系被打破，增加了通勤距离和城市交通的同时，单位对社区的管理和控制力也逐渐减弱，导致了单位行政动员分配体系与经济生产体系分离，社会保障与社会功能分离，组织体系与社区文化分离（芦恒，2017）。同时传统的单位社区的居住模式被打破，居民按照自己的经济能力自由择居，单位社区的发展受限。另外，由于单位社区的老化，单位社区内部居住人口杂化，社区人口减少或老龄化，单位从社区的房屋管理和社区维护的物业领域撤出，社区管理出现真空，社区组织的解体或社区归属感下降等，带来单位社区居住环境和生活条件的恶化，加速了单位社区的衰败过程。

总之，市场经济主导下传统单位制度的许多社会功能被剥离、削弱，城市空间单元走向开放化、异质化，伴随城市经济结构调整和房地产市场形成，“小区”逐步取代单位社区而成为城市空间管理与提供社区服务体系的新空间单元（Bray，2005）。

### 1.2.5 单位社区相关研究

单位制和单位社区受历史背景和传统权威观念的影响（李路路等，2009），同时也是计划经济时期物质资源不足的结果（王沪宁，1990），在社会现象层面表现为制度、空间和实践三个基本维度的统一（刘天宝和柴彦威，2012b）。整体来看，单位制及单位社区的研究主要集中在单位社区变迁，单位社区的物质、行为、社会空间，以及单位社区变革、治理与建设等方面。

**1. 单位社区变迁**

相关研究分别从计划经济时期、转型过渡时期和市场经济时期，阐述了单位社区的社会变化及空间结构变化，侧重从制度、功能和组织方式等方面阐述。单位制研究应该放置于人类历史的长时段背景，从单位化、去单位化和新单位主义三个阶段展开（柴彦威等，2013）。计划经济时期，单位制度使城市逐渐呈现均质化发展特征，城市功能在不同空间单元反复重组，由封闭工厂和住宅区组成的单位社区是社会主义城市的主要景观（Zhang and Chai，2014）。改革开放以后，市场经济主导下传统单位制度的许多社会功能被剥离、削弱，城市空间单元走向开放化、异质化。伴随城市经济结构调整和住房商品化的形成，“小区”逐步取代单位社区而成为城市空间管理、提供社区服务体系的新空间单元（Bray，2005）。尽管都有相似的围墙和门卫，“小区”和单位社区却有着管理和运营方式上的根本区别（Lin，2011）。这些带有居住空间分异标识的新现象打破了以往城市中由单位社区组成的均质局面，住房选择多样化导致了“门禁社区”和“衰败社区”的出现（Wu，1997）。“单位社会”日益瓦解，新的城市社区逐渐形成（何重达和吕斌，2007）。

**2. 单位社区空间**

单位社区空间研究主要集中在物质空间、行为空间和社会空间三方面。

1）物质空间

单位制影响土地利用方式与格局（Wang and Murie，1999），市场机制则影响城市不同质量的住房（Rex，1969）。中国在改革开放前，规模较大或者新建的单位通常位于郊区或者独立的小镇，同时建有住房和其他服务设施（Bjorklund，1986；Bray，2005），规模较小的单位由于不能单独承担而需与其他单位共享住房和生活设施，多分布于内城或中心城区。因此，大部分大城市的用地模式是，郊区被不同工业活动的工厂及家属区占据，内城的主要街道由单层的国营商店或事业单位占据，中间环状分布住宅小区和相关公共机构。

经济和社会转型以来，中国城市空间逐渐从均质走向异质和多元（柴彦威等，2011）。南昌八一广场周边地段单位社区的道路格局、街区形态、地块形态、建筑与地块关系的研究发现，物质空间呈多元化倾向，内部地块二次划分，有明显的层级形态特征（李晨和韩冬青，2011）。产权重组使单位社区的物质空间演变方向、路径、速度和效果等更加复杂多元，表现为优势空间的继承复制、地块的破碎化（肖作鹏和柴彦威，2014）。单位大门数量的增加则使单位社区的围合度下降，原有单位边界内缩，为城市提供了更多的带状公共开敞空间（张纯和柴彦威，2009）。社区内部土地利用开始由粗放转向集约，居住景观日趋杂化，设施供给和使用者发生变化（张艳等，2009）。当然，单位空间的组织模式并非没有优点，其职住接近的理念有助于构建低碳城市空间（柴彦威和张艳，2010）。

2）行为空间

行为空间方面主要是对单位居民住房选择行为、迁居行为与影响机制，以及单位居民通勤时间与方式的研究。配给制的时代，中国城市居民住房选择不仅受个人和家庭特征影响，而且主要还与工作单位有关，即单位影响社区住房供给与分配（Logan et al.，1999）。20 世纪 80 年代以后，苏联、中国为代表的社会主义国家普遍开始进行经济转型，城市住房市场与西方发达国家一样，深受商品化和市场化影响（冯健和周一星，2003；Gu et al.，2005），居民告别了“单位大院”福利分房制，有了更多的自由选择权（杨永春等，2012），迁居或迁出成了当时的常态，并经历了以住房资格为中心的单位主导迁居与以需求和支付能力为取向的市场引导迁居两个阶段（柴彦威和陈零极，2009）。广州市的案例研究表明，单位职工迁居空间模式以近距离的近域迁移为主，就近工作岗位和郊区迁移为辅（钟杨燕和周素红，2010）。市场改革、商品住房和经济发展被认为是促进单位职工迁居的基本前提，经济能力是决定迁出地和迁居方式的决定因素。

近年来，单位社区与通勤效率之间的相互关系研究，证实了职住平衡的重要性（Giuliano and Small，1993；Zhou et al.，2014）。一般认为，居住地和工作地建成环境对通勤者通勤行为产生很大影响（Sun et al.，2017），工作和居住地点不匹配增加了通勤时间和距离（Cervero，1989；Horner，2002；Sultana，2002；张艳和柴彦威，2009），职业流动性、社区质量感知、教育水平、个人财产和住房市场化也影响通勤时间和距离（Hamilton and Röell，1982；Levine，1998；孙铁山，2015）。基于结构方程模型研究工作-住房关系、交通方式和通勤时间的相互作用表明，传统单位系统影响逐渐衰减，城市的市场化改革改变了工作-住房的平衡，增加了通勤需求（Wang and Chai，2009）。西方社会一直争论政府干预能否实现职住平衡和缩短通勤距离，中国 1978 年以前单位内部的职住通勤很好地表明了政府干预的作用，混合土地利用和职住平衡的城市规划和政策应被充分考虑（Ta et al.，2017）。

3）社会空间

单位既是生产的单元也是社会管理的单元，同时具有深刻的意识形态烙印（马学广，2010）。柴彦威等（2011）通过对北京市 520 户家庭、806 个通勤样本的问卷调查，借用多元回归模型验证了居住类型、家庭及住房状况，以及其他社会经济属性等对居民职住分离程度差异性的影响，从而折射出单位制度改革等对个体日常生活经历差异性的影响。吴启焰等（2013）通过匹配内城居委会地图和第五次人口普查数据的南京旧城区的案例研究揭示，21 世纪南京市城市社会空间转型与分异，是计划经济体制时期社会空间建构力量与市场分化力量混合的结果。从小尺度社会空间的分析，挖掘出了大尺度无法辨析的学区中产阶层化区域，以及转型期崛起的新城市精英社区。简言之，单位制既给城市居民提供了相对丰富的物质性与社会性资源，同时又限制了他们自主选择生活的权利和机会（揭爱花，2000）。

**3. 单位社区变革**

单位社区分解，融入城市空间是一种必然趋势，是市场经济与城市社会结构转型的产物（任绍斌，2002；秦瑞英和闫小培，2013）。居住空间分异和单位社区杂化是其主要表现，具体反映在社会群体通过居住选择等方式引起的城市空间集中或隔离等现象（王梅梅等，2015；周春山等，2016），住房制度改革是重要影响因素（刘望保和翁计传，2007）。而且，居住空间分异已由大尺度分异转向大尺度混合和中等尺度分异，即在城市尤其大城市的内城或近郊区呈现各类收入阶层居住社区混合的现象，小区成为新的居住分异单元（徐菊芬和朱杰，2008）。城市单位体制演变的结果之一便是单位社区的杂化，主要表现为居民构成的杂化、社会资源匮乏、社区管理真空、住房产权多样化、社区服务设施外向化等现象（王美琴，2010；塔娜等，2012）。单位制时期，居民迁移仅存在于单位内部，受单位的控制和影响；转型期，居民由单位社区向外迁移，体现了家庭需求和可支付住房之间的匹配过程（塔娜和柴彦威，2010）。

国外单位社区变革主要研究社会空间分异，认为分异的增加是城市社会转型的主要特征。捷克首都布拉格社会空间分异的主要原因是不断扩大的收入差异和住房体系的转变，拥有不同择居能力的居民在住房市场中向不同类型居住区集聚和分化（Sykora，1999）。同时，一些城市的社会转型被认为走了与许多西方城市一样的发展道路（Burawoy et al.，1992；Sailer-Fliege，1999；Golubchikov and Badyina，2006），如中欧和东欧，由于大型传统产业下滑，许多城市出现了住宅郊区化、旧城更新改造、居住隔离、房价上涨，以及单位制居住社区转型的现象（Hirt and Stanilov，2007；Polanska，2008；Brade et al.，2009）。然而并不是所有的社会主义国家都遵循了西方城市的发展道路，中国经历了计划经济到市场经济的转型，与东欧城市及西方城市有一些共同的属性，但仍保持了自身的特色（Zhang and Chai，2014），基于政治和经济发展方式的改变，既有激进的改变，也有缓慢的变革（Burdack and Rudolph，2001）。

#### 4. 单位社区治理与建设

当然，单位社区治理与建设也是被普遍关注的议题。虽然单位制社区向城市社区转变的发展方向被认可，但如何防止将社区建设成为新的单位，以及避免社区自发分化可能导致的一系列社会问题值得深思（邓晓梅，2002；王彦辉，2010）。北京同仁堂制药厂的案例研究，着重于“单位”社区的空间变化，通过档案材料和访谈，描述了社区从封闭、乏味、固化和严格约束的单位社区到充满活力、混合使用和灵活的城市社区（Zhang and Chai，2014）。上海社区治理变化的研究表明，中国城市20 年快速社会经济改革，政府致力于土地开发利用与管理，行政干预弱化的同时，也带来了生机勃勃的邻里空间（Liu，2006）。苏联通过住房私有化，重新确认产权，影响居民流动，实现住房与其居住者的有效结合，从而影响和重塑城市结构（Andrusz et al.，1996）。加尔各答将公共住房租赁转变成向租户出售，这种公共住房私有化既节约资源，又实现了城市的高效管理（Sengupta，2006）。当前，随着单位制的逐渐解体和街居制管理功能的退化，城市社区成为社会治理的基本单元，而且其空间组织范式从物质性导向向社会性导向转变，强调空间的社会性意义（李晴，2011；尹广文和林秀梅，2015）。

综上，从社会、管理方面对单位制与单位制社区的转型发展及其衍生的功能空间变化、职住与通勤等方面展开大量研究，得到了富有参考价值的研究成果。但缺少相对大范围的数据、技术支撑的定量研究；案例社区发展研究相对多，系统的宏观整体研究少，弱化了城市尺度上的单位社区辨识度。

## 1.3 企业社区

企业社区作为单位社区的重要组成部分，其产生和发展与单位社区的形成和发展密切相关。借鉴单位社区的概念、形成和发展过程，本节首先界定了企业社区的概念，阐释其基本特征，同时重点分析了企业社区的发展变迁过程。

### 1.3.1 企业社区概念

依据已有文献的积累和实践经验来看，企业社区主要指计划经济时期由企业出资建设并负责管理，以解决职工住房与生活为宗旨，占据一定空间并延续下来的社区类型，包括工业企业社区、建筑业社区等，是单位社区的重要组成部分。在计划经济时期，为了方便企业的生产，通常在厂区周边就近安置职工，企业社区就在这类职工宿舍区的基础上建立起来，同时随企业和企业社区的建设，商店、医院、学校等配套设施不断建成和聚集。企业社区由企业主导建设、发展与维护，是企业管理者围绕企业发展通过对相关资源的整合、调整、协作发展形成具有一定主体常住消费人群的经济区域（包文瑞，2017）。企业社区不仅是企业职工的主要聚集地，也是城市化发展过程城市向外扩建的前沿。

### 1.3.2 企业社区基本特征

**1. 计划经济时期：企业办社会、人口单一、同质的熟人社区**

1）独立封闭的空间形态与聚居环境

企业社区作为企业居民居住生活的空间，由企业依据“职住接近”的原则进行建设并实施管理，以围墙和大门围合封闭的形式存在，形成由安保人员看守的企业职工居住区。它与企业单位一起构造了相对同质化，具有封闭性与内聚性的基础社会空间单元（塔娜等，2012）。

2）住房与公共服务设施组合布局

为提高居民生活便利度，避免厂区生产污染及嘈杂环境等的干扰，商业、教育、医疗、娱乐等各类生活福利设施多布置于生活区内部，仅当生活区空间不足时，教育等设施则布置在厂区，而医院则一般在生活区。因此，企业社区继承了邻里单位的空间布局模式，通常形成以幼儿园、广场、中心花园等在内的公共服务设施为中心的住宅围合式布局形式，其他福利设施则依据具体情况进行布局。同时，为了交通方便，建筑主体布局一般沿道路进行规划设计。

3）单一同质化的人口构成与熟人社区

企业作为企业社区经营的主体，在国家管理制度的指导下，统一规范居民行为，严格控制人口迁移与职业流动，造成社区居民单一同质化的人口构成与生活方式。居民在日常工作、生活中频繁互动，每天面对面的接触和交流，彼此了解、熟悉且互相信任，整个社区为一个熟人社区，居民对企业与社区怀有强烈的归属感与依赖感。

4）全方位的福利设施保障与后勤管理

企业提供基本福利保障且配备功能齐全的生活设施，在企业和企业社区之间形成一种工作—生活—居住的循环体系。企业社区作为城市结构高度浓缩的客观实体空间，使得企业社区居民日常生活中的一切活动都因为“近”而变得简单省力（张帆，2004）。居民几乎一切日常需求都可以在企业社区内部满足，享有“从摇篮到坟墓”的相对优质待遇。社区物业由企业全方位包揽，严格管控，细致服务。

5）城市工业与经济发展建设的主要推动空间

企业社区作为计划经济时期的产物，其发展历程与国家发展历程紧密相关。企业与企业职工共同推动了中国工业经济的发展，为中国工业发展、社会进步与城市化建设作出巨大贡献，而企业社区则是作为城市经济增长的推动空间而存在，成为一个时代的象征。

**2. 市场经济改革后：环境、设施、管理的社会化与人口杂化、老龄化及贫困化**

进入转型期以后，改革开放、市场经济转型、国企改革、住房商品化等一系列经济政治变革，带来单位制解体（表 1.1）。同时，企业社区由原来的城市外围空间演变为内城空间，呈现出如下五个特征。

**表 1.1　企业社区特征对比表**

| 特征 | 计划经济时期 | 市场经济改革之后 |
|---|---|---|
| 区域位置 | 城区外围 | 内城空间 |
| 空间围合形式 | 围墙和大门围合的封闭空间 | 半开放式、开放式并存 |
| 空间布局形式 | 住房依托中心服务设施及内部道路展开布局 | 原有空间布局被打破 |
| 人口构成 | 人员构成单一、同质 | 老龄化、贫困化与人口杂化 |
| 经济状况 | 城市经济增长的推动空间 | 城市的贫困空间 |

续表

| 特征 | 计划经济时期 | 市场经济改革之后 |
| --- | --- | --- |
| 空间属性 | 集体空间 | 私人空间、公共空间 |
| 社会多样性特征 | 企业办社会下公共服务等为代表的社会多样性 | 人员、服务等混杂的多样性社会 |
| 建筑样式 | 住宅面积小、质量一般且样式单一 | 建筑与住宅式样组合多样 |
| 物业管理 | 企业后勤 | 社会物业 |
| 社区感 | 浓厚的单位情结、社区依恋、归属感 | 邻里关系淡化，社区感弱化 |

1）半开放、开放式并存的空间形态

单位制的解体及住房商品化等的冲击，致使企业社区由原来封闭围合的小社会开始向外界敞开，由原来的完全封闭走向半开放或全开放。这种开放，不仅指大门围墙的敞开，更是指社区居民“走出来”与外界居民“走进去”的开放。以往那堵与外界隔离的有形无形的墙瞬间被打破，社区开始真正意义上敞开胸怀，与整个城市、与外界互动。

2）原有空间布局被打破

单位制解体后，社区中各类服务设施多被撤出，部分公共服务设施建筑被拆除，取而代之的则为新的住宅楼，原有的围绕服务设施开展的建筑布局形式被打破，但原有住宅依旧为建设初期的布置形式，部分老旧住宅拆除，或在原址重建，或改为广场、花园、停车场等，整体布局变化不大。

3）老龄化与人口杂化

在伴随企业与企业社区走过半个多世纪之后，企业社区中那些当年意气风发、昂扬向上的有志青年最终走向步履蹒跚的垂暮之年，且仍多居住于此，一代人的芳华从此落幕，企业社区居民趋于老龄化。此外，在家庭生命周期、个人需求与支付能力导向下的社区居民外迁与外来人口植入，造成社区内部人员过滤与杂化。邻里关系开始淡化，社区依恋与归属感逐步消减。

4）福利设施与物业管理社会化

各类生活福利设施，包括商服、教育、医疗、娱乐等设施外迁或拆除，实现社会化，由原来的只服务企业内部转向面向社会开放；社区物业由企业后勤全方位管理逐步转交社会物业，服务方式与服务质量发生巨大转换的同时，服务费用增高。各类生活福利设施与物业管理的社会化，致使居民较之前而言，日常生活压力增大。

5）城市贫困与衰败空间

住房商品化所带来的企业社区高收入居民外迁，低收入居民则留在了企业社区内部。迁出者在市场经济的引导下将房屋出租给外来个体经营户、小商小贩、陪读家庭、进城务工人员等，或是二次出售卖给经济收入水平较低的购房者，造成企业社区居民普遍趋于贫困化。另外，因建设年代过久，大多企业社区目前存在社区老旧、建筑陈旧、生活环境恶劣、休闲娱乐设备不足、配套设施不全等问题，成了内城空间衰败、无序的典型区域，成为城市更新与建设用地存量再利用的重要场所。

### 1.3.3 企业社区发展变迁

企业社区的形成和发展与计划经济时期企业的建设与布局相关。在 1953～1957 年的第一个五年计划与 1958～1962 年的第二个五年计划时期，国家为了建立完整的工业体系，平衡工业布局，以苏联援建的 156 个重点项目为中心，构建和奠定了我国工业化的基础（丁一平，2017）。这一时期大量企业在全国各地布局和生产，企业社区得以形成和发展。例如，我国以鞍山钢铁联合企业为中心的东北工业基地形成，在内蒙古、西北、华北各地，开始出现许多新的工业城市。随着工业城市的出现，在城市内部形成相应的工业集聚区，伴随企业的布局建设了配套的生活社区。居住在企业社区中的职工，基本上每个劳动年龄人口都有自己所属的工作。彼时这种工作单位集中了大量青年并生产物质财富，最大效益组织和安排职工的生产与生活。企业为职工提供福利保障制度，提供衣食住行、生老病死等社会生活层面的各项事宜，职工隶属于企业，不会随意变动或离开自己的企业，企业与职工之间形成了强烈的依附关系。

到了 20 世纪 60 年代中期，国内实施了一项重大的国防经济战略——“三线”建设。“三线”建设，主要是指我国在内地的十几个省（区）开展的以战备为中心、以国防科技和工业交通为基础的大规模基础建设和工业生产（刘合波和文静，2019）。受工业分散、进山、进洞思想影响，大批原先位于沿海及大城市的工厂与人才进入西部山区，在“三线”地区的中小城镇、边远山区，重新建设工业生产场地与生活区。这一时期形成的“三线”企业社区作为企业职工及家属的生活空间，对于职工的生活、企业的运转，以及地方社会的稳定都具有非常重要的作用，具有鲜明的时代特征（陈利青和张勇，2018）。企业不断发展，社区扩建并逐渐完善，社区内部形成一种小型社会，企业为职工承担一切社会职能，职工在无后顾之忧的基础上，全身心为企业投身奉献，进一步促进企业繁荣。

随着国际关系缓和与改革开放，20 世纪 80 年代初期，企业与下乡人员返城，政府调整就业方针，出现了个体、私营、中外合资等方式，使得企业在竞争中不断求发展。90 年代的国企经济改革，企业运营方式发生巨变，企业职工拥有一定的自主选择权利，企业对职工的控制能力减弱。由于市场经济改革的进一步推进、资源的自由流动和社会自主性的增加，企业重构与政府部门的隶属关系，逐渐形成新的职工住宅区管理方式，对社区的管理力度弱化（梅记周和陈朋，2013）。受 1998 年住房货币化的影响，传统的企业社区的居住模式被打破，居民按照自己的经济能力自由择居，原有社区的发展受限。另外，随着企业社区的老化，社区房屋年久失修，企业社区人员杂化和社区人口老龄化，加之企业从房屋管理和社区维护的物业领域撤出，社区管理社会化，部分社区居住环境和生活条件恶化。进入 21 世纪以后，城市外围各类开发区、商品化住房的进一步发展与城市建设向郊区蔓延使得城市化急剧推进，城市大规模向外拓展，企业社区逐渐演替为城市内部老旧空间。

## 1.4 企业社区价值

### 1.4.1 企业社区是时代的产物

从第二次世界大战以后至 20 世纪 90 年代，企业社区是世界范围内社会主义国家城市居民的主要居住空间，是苏联、中东欧国家及中国形成的独特的时代产物。在计划经济时期，苏联、中东欧等国家和地区的城市主要由规模大小不一的工业区和工人阶级社区组成，形成了一种紧凑型、土地使用均质化的城市空间形态。这一时期，为了统一组织和安排工人阶级群体，同时尽量缩短通勤距离，实施集体的居住形式，以及企业与社区空间近邻的发展模式。

中国在计划经济时期和改革开放初期，借鉴和学习苏联等国家的居住组织方式，在进行工业建设的同时，按照职住接近的原则，建成大量企业社区。因此，企业社区是中国时代发展的主要产物，现在仍有大量城市人口、外来群体居住于此，居住、商住功能作用突出。

### 1.4.2 企业社区是历史遗存与空间记忆

20 世纪 90 年代，国有企业的重组，以及企业社区居民的大量外迁与人口重构，部分企业社区物质景观开始衰败萧条，仅留下企业单位大院曾经辉煌的些许印迹，社区逐渐成为时代的符号和空间的记忆（图 1.1）。它是影响了几代人的居住生活空间和场所，是历史与记忆交织的物质呈现场地。

图 1.1　企业社区建筑

企业社区的建筑风格、空间布局、结构尺度等均记载着社区的形成、发展和演变。首先，企业社区自形成之初就具有自身特色，从社区建筑来看，“筒子楼”、“将军楼”、

“女工楼”和“单身宿舍”等都是计划经济时期的历史遗存，也是一个时代的记忆。其次，企业社区内部形成了一种小型社会，配套的社区食堂、商店、浴室、学校、医院等公共服务设施均能满足社区居民日常生活需求，计划经济特色鲜明。此外，企业社区随着企业的生产布局而出现，或集聚或分散布局，呈现出一种大分散、小集聚的分布态势。最后，企业的布局对于公路、铁路等交通运输线路的依赖，使得企业社区相继以主要交通干线为轴进行拓展布局。因此，企业社区的建设与内外空间布局有其时代性和独特性，也成为一种历史遗存和空间记忆。

企业社区作为历史遗存和空间记忆，也反映在居民对企业社区的特殊感情和主观认知方面。据笔者在西安市企业社区访谈发现，企业社区居民对社区感情深厚，认为社区承载了他们生产和生活的点滴记忆（图 1.2）。从西北第一印染厂社区居民的访谈来看，1967 年从兰州调入西北第一印染厂的王奶奶认为：“住在这儿都还可以，大家都认识，这是我们自己的厂。西北一印是原来亚洲一流的厂，我们对厂和社区都有感情，西北第一印染厂好得很。”当被问到如果有机会住到新建的小区，是否愿意搬离社区时，王奶奶说：“搬去哪？我不愿意搬，我在这里住了几十年，都习惯了。很早之前就来到这里，一直在这里工作和生活，对这里都有感情，有很多回忆。”

图 1.2　企业社区活动

### 1.4.3　企业社区是旅游资源与纪念地

企业社区建设继承了我国传统住宅设计理念，借鉴了西方国家住区设计经验，风格独特。建筑建设上，学习苏联经验，依据苏联专家设计规划进行住宅建设。建筑布局上，学习西方邻里单位的空间布局模式，现如今依旧保留了较为完善的东西方兼容的建筑特色、风格与住区格局，也保留了 20 世纪 50～80 年代的历史空间资源，应适当保留并开发利用经典的传统企业社区空间，发挥其作为历史遗存与纪念地的作用（图 1.3）。同时，立足怀旧主题，打造有“时代感”和“历史感”的产品来充分满足游客的怀旧需求，是发展企业社区旅游的目标。开发企业社区遗产旅游，发掘提炼计划经济和“三线”建设时期所凝结的历史智慧与精神价值，为城市地区经济社会发展提供精神动力与文化条件，为建构地区文化提供重要的资源。

图 1.3　苏联援建的企业社区楼栋

传统的工业遗产具有历史保护价值。如作为传统工业城市的焦作市，工业企业的生产和发展使得城市不断繁荣扩张，从而形成了目前的城市格局，工业企业物质性遗产留存较少，其自身的价值较低，但这类工业企业或对应的企业社区作为焦作城市与产业发展的重要构成，承载着当地居民记忆，对于整体工业城市体系的完整保护具有重要的历史文化价值，从而共同组成了城市工业遗产群（李文玥和易鑫，2019）。

随着城市化和工业化发展，城市中的工业企业或社区成为居民日常休闲的观赏地。如贵阳市乌当区新添寨的新添光学仪器厂（85 信箱），1966 年开始修建，第一批建设者主要是从上海光学仪器厂内迁过来的工人，他们在本是一片田野的新添寨自力更生、开山铺路，在最短时间内使工厂开工生产。30 年后，随着城市化和工业化的快速发展，该区域并入贵阳主城区，成为城市内城的重要区域，其周围的河流湖泊也被建设为城市水域景观，环境优美，干净整洁，成为人们旅游休闲的好去处。原厂区被保留下来，并被改造为新光文创园区，其工业生产职能转变为文化旅游功能而继续为社会作贡献。

对于一些处于城市中心的传统工业构筑物，由于所处的位置交通便利，人口密集且人流量大，因此具有较高的经济价值，但这类建筑本身历史文化和社会价值较低，通常将其改造为具有营利性质的商业空间，如酒店、民宿、公寓等。

激活工业企业或企业社区遗产，需要协调好老厂区与周围环境的关系，利用其价值，使其服务于城市发展，不能完全退出历史舞台。因此在保护的基础上进行改造和发展，融入现代化的因素，如加入金属和玻璃材料；在新建建筑设计上，以青砖、灰瓦、木板等传统建筑材料为主，结合运用金属构架、金属隔栅、玻璃幕墙等体现时代气息的现代元素，在整体形象上与老建筑和谐统一（刘天放，2019）。

就目前来看，对于计划经济时期的工业企业厂址或企业社区的保护与开发利用的方向，主要为文化创意产业与旅游业，如北京的 798 艺术区、西安的大华 1935 等。它契合了近年来国内城市规划发展中的有机更新策略，符合时代发展潮流。

## 1.5 企业社区研究的必要性

### 1.5.1 企业社区是城市更新与内城空间再利用的重要场所

改革开放 40 年，我国城市化已经从高速转向中高速增长。近些年来，城市外围拓展逐渐放缓（匡文慧等，2011），大部分城市建设由增量扩张向存量开发转型（张甜等，2016）。未来 5～10 年乃至更长一段时期，城镇化将进入提升质量为主的转型发展新阶段（陈明星，2015），内部空间重组和功能重构将是重要方向（阳建强和杜雁，2016）。受市场经济、开发建设和行政政策影响，城市外围地区仍在拆迁和不断新建，而内城企业社区老旧破败，甚至出现房屋不安全等问题，却因改造成本高、开发价值有限，很少被关注。

从精明增长、用足存量，以及新型城镇化、城市更新角度，政府及社会应注重空间正义，从整体上系统地加强对企业社区的综合认识和专项整治规划，逐步开展住房使用年限与安全等级评估、房屋或社区环境修缮改造，以及重新开发利用企业社区等行动，加强对社区居民及其生活场所的人文关怀，努力创造可持续利用、健康有活力的城市发展空间。

从另一个方面看，城市的企业社区数量多、占地规模大、更新建设少、年代久远，影响深远。以调研的部分企业社区为例（表 1.2），社区平均占地面积达 $4.84hm^2$。据此，基于企业社区数量（572 个），可估算出西安市主城区企业社区理论上可更新的土地面积为 $2768.48hm^2$，具有较大的更新再利用潜力，是进行内城土地置换的重要场所。

**表 1.2 西安市部分企业社区占地面积**

| 社区 | 西化小区 | 3507 小区 | 石棉厂小区 | 3513 小区 | 3538 小区 | 西氮小区 | 3511 小区 |
|---|---|---|---|---|---|---|---|
| 面积/$hm^2$ | 1.3 | 19.0 | 1.1 | 2.0 | 2.2 | 1.7 | 4.3 |
| 社区 | 木材厂家属院 | 西安化工机械厂家属院 | 西安变压器公司丰登小区 | 黄河十四街坊 | 造纸厂家属院 | 四棉厂家属院 | 针织厂小区 |
| 面积/$hm^2$ | 1.2 | 0.9 | 7.2 | 9.9 | 0.3 | 16.2 | 0.4 |

无论是城市发展的转型，还是内城更新的需求，都意味着衰败的企业社区将会成为城市更新所要关注的重点对象，此类用地更新也有助于内城空间价值的提升和城市功能结构的改善。

### 1.5.2 企业社区是城市空间贫困的发生地

众所周知，城市贫困是世界各国普遍关注的问题。空间贫困实质上是研究贫困的空间分布问题，是研究贫困与空间地理因素之间的关系（陈全功和程蹊，2010），充分理解其空间分布，是科学指导城市规划和城市有机更新的重要依据。无论是在苏联、中东欧，还是在中国，企业社区都会在一定阶段成为城市空间贫困的主要发生地。

20 世纪 90 年代以来，在社会经济转型和城镇化快速推进的背景下，伴随着劳动就业制度、住房制度、社会保障制度等一系列改革，在计划经济体制下长期形成的旧的城市利益格局被打破，基于收入不平等的城市社会分层和空间隔离现象逐渐显现（马蓓蓓等，2018），城市空间贫困也随之产生，居住空间分异和单位社区杂化是其主要表现（柴彦威等，2011）。在笔者调研过程中，许多居民将所居住的企业社区称为“城市中的贫民窟”。绅士化入住城市中心更凸显出企业社区的空间贫困，贫困问题对居民的个人生活和城市建设都造成了巨大影响。企业社区的空间贫困具体表现为如下三方面。

**1. 就业困难，职工收入水平低**

由于计划经济时期工业快速发展的需求，老工业企业往往规模大、职工数量多。国企改革、转型带来的问题之一就是大量职工下岗，面对庞大的失业人群，市场无法提供足够的就业岗位。同时在调研中了解到，由于国有工业企业的职工工作类型单一，再就业过程中往往难以找到合适的工作，所以下岗职工的收入水平处于城市下游，成为城市中的低收入或无收入保障人群。

**2. 管理真空，服务设施外向化**

随着企业的倒闭或破产，社区不再由企业进行管理。在“三供一业”等政策实施前，社区虽由国资委接管但仍面临管理不到位、甚至管理缺失的问题，导致人居环境恶化，社区原来配套的医疗、教育、商业等服务设施缺乏运营与维护也相继关闭或社会化，居民生活成本不断增加，原有职工面对的是较大的生存压力和难以改变的居住现状。

**3. 人口杂化，低收入人群聚集**

部分职工由于购买商品房、搬离原有城市等原因将社区内住房出租或售卖，同时由于建筑的老旧、管理的缺失，此类住房的租金低廉，吸引的租户往往为摊贩或打工者等低收入人群，使得社区内人口构成逐渐杂化，除了原有的下岗职工外又聚集了另一批低收入人群。

目前，部分企业社区是中国城市贫困的典型代表，其分布在一定程度上代表和反映了城市贫困的空间格局，所以研究企业社区对于认识和破解我国城市空间贫困问题具有重要意义。

### 1.5.3 企业社区振兴有助于改善城市人居环境

城市人居环境已成为推动城市化发展进程，衡量城市化发展水平的重要因素（李雪铭和晋培育，2012），人居环境所涉及的方面不仅是要满足居民对于住房、公共环境等的物质需求，而且还要满足居民对心理、伦理、审美等方面的精神需求，社区的人居环境优劣直接关系到居民生活质量的高低。

由于建设年代久远、原始规划不完善、长效管理困难、资金筹措不足等原因，部分企业社区的人居环境现状并不乐观，甚至成为城市人居环境恶化区域的代表。调研中发现，企业社区内部环境亟待整治。居民住房面积狭小、建筑需要修整改造，社区公共环境与基础设施缺乏定期维护，绿地不断被占用、面积逐渐减少，路面随着时间推移逐渐破损，垃圾得不到集中收集而随处可见，车辆乱停乱放现象严重。这些人居环境问题在企业社区中屡见不鲜，且长期得不到改善（图 1.4）。

图 1.4　企业社区衰败的人居环境

城市环境日新月异，而企业社区内部的人居环境质量每况愈下。居民作为社区的主体和人居环境的受益者，渴求适宜的住房、良好的生态环境与完善的设施；企业社区作为城市空间的组成部分，其人居环境的优劣和城市整体息息相关。衰败空间的改造能否保障社区人群的住房及生活质量，能否提升城市整体人居环境水平，这是社会必须解决的重要问题，企业社区的振兴成为改善人居环境的重中之重。

### 1.5.4　企业社区空间优化有助于城市可持续发展

城市可持续发展是指在一定的时空尺度上，通过长期持续的城市增长及其结构优化，实现高度发展的城市化和现代化，从而使城市发展既满足当代现实需要，又满足未来发展需求。具体而言，城市可持续发展是指城市在规模（人口、用地、生产）、结构、等级和功能等方面的持续变化与扩大，以实现城市结构的持续性转变。包含城市的数量、规模和结构由小到大、由低级到高级、由不协调到协调、由非可持续到可持续的变化过程（杨振山等，2016）。在我国城市发展转型的现阶段，城市能否可持续发展的问题显得尤为突出。

诸多指导城市可持续发展战略或思想的理论中，La Rosa 等（2017）学者提出更新或重建不景气的用地空间将有助于提升城市的可持续性。在城镇化加速发展时期，城市规模急剧膨胀，城市用地紧张，土地的供求矛盾十分突出，同时城市存量空间存在建设密度高、环境条件差、利益主体多元等一系列问题，衰败的企业社区作为典型的城市存量空间存在上述一系列尖锐问题。提升城市的可持续性，节约土地资源，从存量空间入手，既能满足城市发展对用地的需求，同时减少对耕地等农用地的占用，实现城市经济社会的可持续发展。

关于如何优化城市空间，实现城市的可持续发展，许多发达国家宝贵的经验值得借鉴。20 世纪后期，美国许多大城市中心区人口数量停止增长，近郊小城镇人口迅速增加，城市向郊区蔓延。城市边缘原有的开放空间、农田不断被侵占。这种缺乏科学用地规划、占用大量土地的城市发展模式造成城市低效率平面扩张、中心城市空心化日益严重，是传统城市在面临城市快速扩张而显现出的问题。面对这些问题，人们开始重新考虑城市增长模式和空间优化利用问题。环境学者和城市规划师提出了“精明增长”的概念。精明增长是在拓宽容纳社会经济发展用地需求途径的基础上控制土地的粗放利用，改变城市浪费资源的不可持续发展模式，促进城市的健康发展，为美国城市可持续发展带来了生机。精明增长与传统城市要素比较如表 1.3 所示。

**表 1.3 精明增长战略与传统城市发展比较**

| 名称 | 精明增长 | 传统城市 |
|---|---|---|
| 增长模式 | 填充式或内聚式发展模式 | 城市蔓延，边缘化 |
| 土地使用混合程度 | 混合使用 | 单一的土地利用 |
| 尺度 | 建筑、道路、街区尺度适合人的尺度 | 大尺度建筑、街区和道路，浪费空间 |
| 公共设施 | 地方性、分散布置，适宜步行 | 区域性、综合性，需要其他交通方式联系 |
| 交通 | 公共交通导向的混合交通模式 | 小汽车导向的交通模式 |
| 连通性 | 高度连通的街道，人行道和步行道路，能够提供便捷路径 | 分级道路系统，具有环线和尽端路，步行道路连通性差 |
| 道路设计 | 采用交通安宁措施将道路设计为多种活动的服务场所 | 道路设计的目的是为了提高机动交通的容量和密度 |
| 公共空间 | 重点是公园、公共服务设施等公共区域 | 重点是私人庭院、商场内部的步行设施等私人区域 |

根据发达国家的经验，可以看出待优化的、不景气的城市空间是城市更新的重点，也是实现城市可持续发展必须关注的目标，应当将企业社区这一典型的待优化空间作为研究重点，制定出适合城市空间格局现状的城市可持续发展战略，进行科学的规划与更新。

## 1.6 本章小结

社区也称社群或共同体，多指因为共享共同价值观或文化的人群，居住于同一区域，聚集在一起，衍生互动影响，从而产生集体或团体凝聚力的社会共同体。共同地域、社会互动、共同的约束（规范、归属感和认同感）构成了社区的基本要素。共同地域与场所、共同文化与价值观、组织管理功能是其基本特征，具有自然性、社会性、经济性、稳定性、可重复性和多样性等属性，可划分为城市社区、农村社区、流动人口社区、民族社区等类型。

单位社区是以“墙”和“门”为标志，由单位按照“职住接近”的原则建设并对其进行管理，以统一的规范作为居民行为准则，形成的由安保人员看守的单位职工居住区，是社会主义国家的重要居住空间。中国的单位社区融合了历史时期的居住格调和西方的规划设计理念。

企业社区主要指计划经济时期由企业出资建设并负责管理，以解决职工住房与生活为宗旨，占据一定空间并延续下来的社区类型，包括工业企业社区、建筑业社区等，是单位社区的重要部分。它是企业职工的聚集地，更是城市工业与经济发展建设的主要推动空间，随社会变迁而起伏兴衰。

企业社区的基本特征表现为，计划经济时期企业办社会、人口单一、同质的熟人社区；市场经济改革后，环境、设施、管理的社会化与人口杂化、老龄化及贫困化。

企业社区的形成是计划经济体制下的结果，具有时代的烙印，也是一种时代的象征。作为几代人生活居住的场所，成为他们独特的记忆空间和情感归宿。同时，企业社区是历史、文化和情感的依托空间，也是重要的旅游资源与纪念地。此外，企业社区是城市更新和内城空间再利用的重要场所，是城市空间贫困的发生地。企业社区的研究有助于丰富和更好地认识城市居住区理论，企业社区的更新和振兴亦有助于改善城市人居环境，推动城市可持续发展。

# 第 2 章

# 企业社区空间分布格局

无论工业发展促进城镇建设，还是城镇或园区空间集聚工业生产，总之，工业发展与城镇建设紧密相连。基于此，本章梳理不同时期城镇发展与企业社区布局的关系，按照从宏观到微观的城镇—老工业基地—工业区—内城的多尺度认知，分析说明企业社区空间分布格局与特征。以西安市为例，剖析企业社区的内城空间分布。通过时空格局变迁分析，本章希望有助于增强企业社区的整体辨识度，加强对城市居住空间及居住区分异的理解和认识。

## 2.1 城镇发展与企业社区

企业社区作为计划经济时期城镇新增人口的主要聚集地，是早期城镇工业与经济发展建设的主要推动力量，也是当时城市向外拓展的主要代表之一。改革开放尤其 20 世纪 90 年代以来，伴随计划经济向市场经济转型、国企改革、各类开发区建设、住房商品化与住房市场形成而推动的新的郊区化，部分企业社区日渐演变为城市内部空间，并逐步走向衰退。

### 2.1.1 “一五”“二五”计划时期

企业社区作为企业的“附属品”，其形成和发展与企业的关系尤为密切。社区与企业多相伴而建，企业的形成和规划布局，尤其功能相关或职能相近企业的层组布置，决定了社区的近邻集聚与组团分布。“一五”“二五”计划时期的社区分布与企业建厂布局紧密相关。社区主要分布在城市与城镇的外围、工矿资源开发地形成的城镇区域，成为早期推动城镇化与诸多地区城市发展的重要力量。下面通过梳理“一五”“二五”计划时期工业企业布局情况，来反映企业社区的空间分布格局。

1953～1957 年，为中共中央制定的第一个五年计划（简称“一五”计划）时期。“一五”计划时期，主要是以苏联援建的 156 个项目为中心，694 个大中型项目为重点，以发展重工业为主，建立我国社会主义工业化的初步基础（丁一平，2017），开创了实现工业强国的中国特色工业化道路（林捷燕和杨近平，2014）。“一五”计划完成以后，在 1958～1962 年开展了第二个五年计划（简称“二五”计划）。“二五”计划的编制也反映了社会主义工业化这个重点。这一时期国际形势相对稳定，各国重心都在力图加快经济发展建设。“一五”“二五”计划时期的社会主义工业化发展，为工业企业布局提供了重要的国家支持和政策保障，使得伴随企业形成和发展的企业社区得以产生和兴盛。

**1. 城市与城镇外围分布**

新中国成立初期，国家为了建立完整的工业体系，在苏联政府的支持和帮助下，在全国范围内的一批大中城市，开展了以156个重点项目为主导的企业及企业社区的建设。

经过“一五”“二五”计划这两个重要的发展时期，工业企业在许多城市得以建成和投产，大量企业社区随之形成和发展，如以动力设备、重型机械制造工业为中心的西安和以机器制造工业为中心的成都。由于计划经济时期，城市发展缓慢，企业在城市布局加速了工业化和城市化的进程。这一时期企业多位于城市或城镇周边，企业社区也相应布局于此。西安市在这一时期有 17 项国家重点项目布局，形成了西郊的“电工城”（西安高压电瓷厂、西安开关整流器厂、西安绝缘材料厂、西安开关厂、西安电力电容厂等），东郊的“军工城”（黄河机器制造厂、昆仑机械厂、华山机械厂、秦川机械厂等）和“纺织城”（西北第一印染厂、国棉三厂、国棉四厂等）等企业集中布置区，随企业形成了企业社区的相应空间分布（图 2.1）。因此“一五”“二五”计划经济时期的企业社区多分布在当时的城市、城镇等的边缘或外围地区。

(a)

(b)

图 2.1　西安市西郊“电工城”（a）与东郊“纺织城”（b）的企业社区建筑

**2. 工矿资源开发地的企业社区**

“一五”“二五”计划时期，全国范围内在工矿资源开发地建立了大量的企业，开展生产活动，形成了一批工矿资源型城市，如白银、大庆、克拉玛依、个旧等，也恰是由于地区的资源优势，企业社区在这类工矿资源开发城市得以形成和发展。

白银市，又称“铜城”，是一座新兴的工业城市，也是全国最大的有色金属工业基地和甘肃省重要的能源化工基地。境内矿产资源丰富，种类多，储量大。已探明的能源有铜、锌、铅、金、银、铜、石膏、石灰石长石等 30 余种。由于很多人在此开采金、银等资源，该地有“日出斗金”之说。新中国成立后，自第一个五年计划以来，国家先后建成了白银有色金属公司、银光化学工业公司、西北铜加工厂、靖远电厂、甘肃稀土公司、长通电缆厂等一批中央、省、市属企业。随企业的建立，白银公司家属院、银光公司家属院、西北铜加工厂福利区等企业社区相继建立。

### 2.1.2 “三线”建设时期

“三线”建设时期，在国际局势日趋紧张的情况下，为加强战备，逐步改变我国生产力布局，开展工业企业由东向西转移的战略大调整，践行工业分散、进山、进洞思想，大量工业企业从沿海及大城市搬迁至“三线”地区的城镇、边远山区。作为企业职工基本生活的必要场所，企业社区也随企业的布局逐步建成。这一时期形成的企业社区大多位于“三线”地区的城镇、边远山区，远离城市分布。社区管理对于职工的生活、企业的运转，以及地方社会的稳定都具有非常重要的作用，形成之初便具有鲜明的时代特征（陈利青和张勇，2018）。

例如，20 世纪 60 年代陕西省建设的重点项目之一，陕西飞机工业（集团）有限公司，是研制生产大中型军民用运输机的大型国有军工企业，该企业位于陕西汉中市崔家山镇，随企业布局，社区也分布于此；位于陕西省宝鸡市岐山县蔡家坡镇的陕西汽车制造厂，其设计研制出我们国家自己的军用重型越野车，发展成为如今我国西北地区最大的制造企业（柴云，2019），并在当地建设了对应的企业社区（图 2.2）。同样位于蔡家坡镇的法士特齿轮厂，也在该镇形成了相应的企业社区；1966 年从齐齐哈尔搬迁至渭南市富平县庄里镇的陕西压延设备厂，其社区同样布局在庄里镇。总体来说，“三线”建设时期的企业社区一般远离城市，主要分布于中小城镇及边远山区。

(a) (b) (c)

图 2.2　蔡家坡镇陕汽社区广场（a）、法士特齿轮厂社区（b）、庄里镇陕西压延设备厂社区（c）

### 2.1.3 改革开放以来

20 世纪 80 年代后，伴随改革开放与国际关系趋于缓和，国家逐步对“三线”企业进行调整、迁并、转产。其中一些普通“三线”工业企业陆续由城镇或边远山区迁往邻近中小城市，技术密集型企业和军工科技企业则迁往大城市。这些企业迁移后，多半进行了改制，由军用企业转为民用企业。

“三线”企业回迁城市、下乡或部队复员人员返城回乡，以及计划经济向市场经济转型等，带动了一大批企业在城郊区建成，企业社区伴随企业在城市外围建设，如西安电子城的各企业社区，多是 20 世纪 80 年代建成的（图 2.3）。

图 2.3　西安市电子城企业社区

### 2.1.4　城市化快速发展时期

20 世纪 90 年代以来，随着改革开放及经济制度转型等的持续深入，城市中各类开发区（如经济技术开发区、保税区、高新技术产业开发区、教育园区、国家旅游度假区等）逐步建成并迅速发展，城市化进程加快，城市大规模向外拓展，但经济改革所带来的国企改革与住房市场化，使得企业运营方式发生巨大改变，逐渐取消单位福利分房制，住房实现货币化、商业化，企业社区亦鲜有向外扩建，只是在原有空间见缝插针式加建、翻建或对原住房进行修缮、改建，社区住房逐渐演变为多层，甚至高层建筑。因此，在综合因素的影响下，计划经济时期形成的企业社区逐渐演替为城市内部空间，集中或分散布局于城市内部区域。

## 2.2　老工业基地与企业社区

从另一个视角来看，企业社区的分布与老工业基地的形成密切相关。根据《全国老工业基地调整改造规划（2013～2022 年）》，老工业基地是指“一五”、“二五”计划时期和“三线”建设时期国家布局建设、以重工业骨干企业为依托聚集形成的工业基地。这些地区作为工业活动集中地，具有较大工业规模（包括生产规模、资产规模和从业人员规模），老工业基地的基本单元是老工业城市。各类工业企业随着这些老工业基地的形成而逐步建成，企业社区也相应地大量布局和发展。

根据“一五”、“二五”计划时期和“三线”建设时期国家工业布局情况，以及有关指标测算，全国共有老工业城市 120 个，分布在 27 个省（区、市），其中地级城市 95 个，直辖市、计划单列市、省会城市 25 个。国内外社会主义国家的大部分城市都有企业社区，其中中国的老工业基地企业社区最为典型（表 2.1），全国 120 多个老工业基地均有大量企业社区存在。

**表 2.1　部分老工业基地城市的工业企业**

| 城市 | 工业企业（原）名称 |
| --- | --- |
| 西安 | 西安热电站、陕西鄠县热电站、西安高压电瓷厂、西安开关整流器厂、西安绝缘材料厂、西安电力电容器厂、西安发动机附件厂、西安飞机附件厂、西安北方光电有限公司、西安北方华山机电有限公司、西安北方庆华机电集团有限公司、西安北方秦川集团有限公司、西安东方集团有限公司、西安北方惠安化学有限公司、西安昆仑集团有限责任公司、陕西黄河集团有限公司、陕西欧舒特汽车股份有限公司、西安航空动力控制工程有限责任公司、西安船舶设备工业公司、西安飞机工业（集团）有限责任公司、西安红旗机械厂、西北第一印染厂、西安齿轮厂、西安仪表厂、西安制药厂…… |
| 兰州 | 兰州炼油厂、兰州化学工业公司、兰州石油机器厂、兰州化工机器厂、西固热电厂、永登水泥厂、兰州自来水公司、兰州通用机器厂、新兰仪表厂、万里机电厂、兰州钢厂、兰州毛纺厂、西北毛纺厂、兰州食品厂、东岗食品厂、兰州胶鞋厂、兰州搪瓷厂、佛慈制药厂、长通电线厂、长新电表厂、长虹电焊条厂、长津电机厂、兰州机车工厂、兰州铝厂、兰新无线电厂、长风机器厂、兰州碳素厂、西北铁合金厂、兰州一毛厂、兰州三毛厂、兰州矿灯厂、红卫机械厂、兰州真空设备厂、兰州机床厂、兰州轴承厂…… |
| 绵阳 | 涪江机器厂、涪江有限电厂、长虹机器厂、华丰无线电器材厂、解放军 3536 工厂、长城特殊钢铁公司、东方绝缘材料厂、西南金属制品厂、江陵电缆厂、四川五洲电源厂、朝阳机械厂、绵阳市酒厂…… |
| 宝鸡 | 陕西开关厂、西北机器厂、陕西凌云电器总公司、陕西烽火集团公司、陕西长岭电气有限责任公司、宝鸡航空仪表厂、中国石油宝鸡石油机械有限责任公司、秦川机床厂、陕西北方动力有限责任公司、陕西秦明电子有限公司、陕西汽车集团、陕西法士特汽车齿轮有限公司、宝钛集团有限公司、宝鸡石油钢管厂、中铁宝工有限责任公司、陕西宝成航空仪表有限责任公司、陕西宝光电工总厂、宝鸡合力叉车厂、宝鸡卷烟厂…… |

西安、兰州资料参考来源：王铁铭（2004）、李阳（2009）。

## 2.3　工业区与企业社区

从城市（镇）内部来看，企业社区的建成与工业区的形成和发展紧密相关。工业区一般是由城市内部工业相互聚集而形成，主要是在城市发展战略层面的规划中，将机械工业、制造工业、钢铁工业等各种不同性质的工业布置在不同的地段所形成的集聚区。我国参考苏联等社会主义国家工业生产模式，根据地域生产综合体理论（专栏 2-1），采用工业区的形式（专栏 2-2），在城市周边或内部组织工业生产建设，并临近工业建设配套企业社区，且企业社区多为聚集式层组分布，构成工业区里的家属区。

这类企业社区共用当地的基础设施和生活服务设施，共同形成地区的生产和消费结构，因此企业社区的分布与工业区的形成具有密切联系。例如，西安市“纺织城”工业区，内含西北第一印染厂社区，国营西北第三、第四、第五、第六棉纺织厂社区等；兰州市西固工业区，建有兰州炼油厂社区、兰州化工厂社区、兰州铝厂社区等。

**专栏 2-1　地域生产综合体**

地域生产综合体（territorial production complex，TPC）是一种按照一定地域范围组织生产的理论。这一理论起于苏联，后来被传入中国，在 20 世纪 60～70 年代被介绍到美国、英国等西方国家。TPC 理论曾在各国产生了重大影响并被地理学、经济学、计划与管理学研究者所重视，我国曾在 50～80 年代广泛宣传过这一理论。其各组成部分按功能可分为核心类、主体类、补充类、服务类、生产性和非生产性基础设施。地域生产综合体发展的根本动力在于它能比企业单独布点带来更大的集聚经济效果，它不是企业简单的地域聚集，而是生产上相互补充，经济上密切相关的企业在地域上有序结合布局，产生明显经济效果。

TPC 理论包括生产结构理论、综合体内相互联系理论与动态理论三个分支理论体系。所谓生产结构理论是指 TPC 由自然、经济、社会各方面生产要素组成，TPC 的生产结构实际上就是这些诸多因素相互结合所形成的统一体。专业化与综合发展相结合的原理是为了说明在 TPC 的发展过程中除了要考虑到专门化部门的发展，也要考虑到其他各种非专门化部门的发展。动态原理是指在 TPC 的形成与发展过程中，TPC 内部的各个环节、各种组成要素的增长与扩展呈动态变化的规律。

## 专栏 2-2 工　业　区

工业区是指在城市发展战略层面的规划中，要确定各种不同性质的工业用地，如机械、制造工业，将各类工业分别布置在不同的地段，形成各个工业区。它是由一个或数个较强大的工业联合企业为骨干组成的工业企业群所在地区。大多以企业地域联合为基础，由一群企业或数群企业组成，有共同的市政工程设施和动力供应系统，各企业间有密切的生产技术协作和工艺联系，范围常在几到十几平方千米。工业企业群或为协作制造配套产品，或在共同利用市政工程设施基础上组成。

工业区按发展状况，主要有传统工业区和新兴工业区。传统工业区是发展历史比较长久的工业区，如德国鲁尔工业区。传统工业区一般都是在丰富的煤、铁资源基础上，以煤炭、化工、钢铁、机械、纺织等传统工业为主，以大型企业为核心，逐渐发展起来的。新兴工业区是一种灵活多变的中小型企业为主的工业区，如美国“硅谷”。这类工业区一般生产高度专业化，从业人员具有高水平的知识和技能，增长速度快，产品更新换代的周期较短，研究开发费用在销售额中所占的比例较高，产品面向世界市场等。

工业区按形成条件和所处的位置不同，可分为城市工业区，如上海钢铁工业区、沈阳铁西工业区；矿山工业区，如甘肃的金昌、安徽的铜陵；大型联合企业为主体的工业区，如上海金山石油化工区、北京燕山石油化工区。各企业共同使用同一的供排水系统、交通道路、工程管网、热电站、港口码头、三废处理设施，以及城镇生活福利设施等，节约各企业的厂外工程投资，节约用地，提高效益。

## 2.4 企业社区与内城空间

改革开放尤其20世纪90年代以来，伴随计划经济向市场经济转型、各类开发区建设、住房商品化与住房市场冲击推动新的郊区化，大量国有企业社区开始走向衰退的同时，也日渐停止向外扩张，逐步演替为城市内部空间。那么，作为当前城市居住空间、城市更新与贫困空间的一个重要组成部分，这类企业社区具体在内城的什么位置？笔者拟借助网络大数据、影像数据，利用空间分析方法定量分析企业社区空间分布状况。首先梳理了企业社区大数据和影像数据的获取方式，利用空间分析方法判断企业社区空间分布状况，再探讨可能存在的空间分布态势并分析该空间分布形成的影响因素，最后以西安市为例定量研判企业社区的空间分布。

### 2.4.1 企业社区空间数据的获取

企业社区空间数据主要有兴趣点（point of interest，POI）数据、田野调查数据、遥感影像数据、对应企业的生产发展和社区形成发展的资料数据等。空间数据获取中，POI数据是利用 Python 程序从高德地图开放平台采集的点状数据，其属性主要包含社区名称、类型、地址、经纬度、所属行政区等；田野调查数据，主要通过实地调研，获取企业社区的占地面积、建设年代、社区基本状况等数据；通过实地调研走访获取对应企业的生产发展和社区形成发展的资料数据。

**1. 大数据方式获取基础数据**

POI作为新的空间数据源，是一种代表真实地理实体的点状数据，具有数据量大、覆盖面广、识别精度高、易于获取等优点，目前主要用于服务业区位选择的交通网络指向（沈体雁等，2015）、商业业态空间布局与识别（焦耀等，2015；陈蔚珊等，2016）、城市建成区识别（许泽宁和高晓路，2016）、物流空间格局（Li et al.，2017）等方面研究。住区POI数据包含空间位置、类型等属性信息（Fan et al.，2014），能够从微观尺度表征城市居住实体（韩善锐等，2017），以及社区演变格局和微观变化（龙涛，2016），降低社区空间研究的成本和难度（陈蔚珊等，2016），弥补宏观分析与传统社会经济统计数据的不足（潘思东，2017）。大数据可能欠缺小数据的精度，但可以减少个别样本数据对研究的干扰，更加客观，在揭示研究对象整体特征上更加科学和有说服力（龙涛，2016）。故此，用Python程序从高德地图开放平台采集包含小区名称、类型、地址、经纬度、所属行政区等属性的住宅小区POI数据。

**2. 遥感影像数据获取**

为了分析企业社区在典型城市和区段的分布状况，需要获取空间分析的基础数据——

高分辨率遥感影像，一般情况下可通过地理空间数据云下载所需遥感影像①。将遥感影像解译，获取案例城市的矢量数据和地物属性，如居住区、道路、水系、工业等不同用地类型或功能分区。

### 2.4.2 企业社区空间分析方法

企业社区空间分析方法主要有空间自相关、热点分析和核密度分析等。空间自相关方法可以描述传统企业社区集聚或离散程度。全局空间自相关反映企业社区的整体分布状况，判断区域中是否有聚集特性存在；局域空间自相关计算局部的空间集聚性，明确企业社区的集聚地区，探索其热点分布区。核密度分析能判断企业社区的分布密度及集聚区。

**1. 空间自相关分析**

1）全局 Moran's $I$ 指数

用全局空间自相关 Moran's $I$ 指数验证城市企业社区分布的空间模式，其结果将返回 5 个值：Moran's $I$ 指数、预期指数、方差、$Z$ 得分及 $P$ 值。计算公式为（Gatrell，1979）：

$$I=\frac{n\sum_{i=1}^{n}\sum_{j=1}^{n}W_{ij}\left(x_i-\bar{x}\right)\left(x_j-\bar{x}\right)}{\sum_{i=1}^{n}\sum_{j=1}^{n}W_{ij}\sum_{i=1}^{n}\left(x_i-\bar{x}\right)^2} \tag{2.1}$$

式中，$x_i$、$x_j$ 为城市 $i$、$j$ 街道所含企业社区个数；$W_{ij}$ 为街道 $i$ 和 $j$ 空间权重矩阵 $W$ 的相应元素；$n$ 为街道个数。统计的 $Z[I]$得分按以下形式计算：

$$Z[I]=\frac{I-E[I]}{\sqrt{V[I]}} \tag{2.2}$$

$$E[I]=-1/\left(n-1\right) \tag{2.3}$$

$$V[I]=E[I^2]-E[I]^2 \tag{2.4}$$

全局 Moran's $I$ 指数取值范围为–1 至 1 之间，符号代表正或负相关，绝对值代表自相关强度，值越接近 1 表示集聚程度越高；等于 0 则表示无空间自相关，呈随机分布。

2）局域 Getis-OrdGi*指数

热点分析是探索局部空间聚类分布特征的方法，通过得到的 $Z$ 得分和 $P$ 值，可以讨论企业社区空间集聚情况，识别冷热点的空间分布。使用 Getis-OrdGi*统计识别，公式表示为

$$G_i^*=\frac{\sum_{j=1}^{n}w_{ij}x_j-\bar{x}\sum_{j=1}^{n}w_{ij}}{S\sqrt{\frac{\left[n\sum_{j=1}^{n}w_{ij}^2-\left(\sum_{j=1}^{n}w_{ij}\right)^2\right]}{n-1}}} \tag{2.5}$$

① 下载网址 http：//www.gscloud.cn。

$$\overline{x}=\frac{\sum_{j=1}^{n}x_j}{n} \tag{2.6}$$

$$S=\sqrt{\frac{\sum_{j=1}^{n}X_j^2}{n}-\left(\overline{x}\right)^2} \tag{2.7}$$

式中，$x_j$ 为 $j$ 街道中的社区个数；$w_{ij}$ 为街道 $i$ 和 $j$ 之间的空间权重；$n$ 为街道总数。

对于具有显著统计学意义的正的 $Z$ 值，得分越高，高值（热点）的聚类越紧密；对于负的 $Z$ 值，得分越低，低值（冷点）的聚类越紧密。

**2. 核密度分析**

核密度分析法能根据输入的要素数据计算整个区域的数据集聚状况，从而产生一个连续的密度表面。在分析中，落入搜索区内的点具有不同的权重，靠近格网搜寻区域中心的点会被赋予较大的权重，与格网中心距离加大，权重降低。该方法将企业社区分布数据以连续的图示表达，研究整体的空间分布特征，公式为

$$f\left(x\right)=\frac{1}{nh^d}\sum_{i=1}^{n}K\left(\frac{S-S_i}{h}\right) \tag{2.8}$$

式中，$K$ 为核函数；$S$ 和 $S_i$ 为空间样本点；$h$ 为阈值；$n$ 为阈值范围内点的数量；$d$ 为数据的维数。

### 2.4.3 西安市企业社区空间分布

以西安市的案例分析来看，企业社区的分布形成了以钟楼为中心的内城分布和以陇海铁路线为标志的沿线布局；整体呈现一种大分散小聚集的分布态势，聚集区主要出现在计划经济时期企业成组布局的东郊“纺织城”工业区、韩森寨“军工城”工业区、西郊土门枣园一带“电工城”工业区，以及南郊“电子城”工业区等，这些区域企业和企业社区多集中分布。大分散体现在企业社区在整个城市空间上的散布。

**1. 西安市企业社区数据获取及空间分析**

西安地处关中平原，南依秦岭，北邻渭河，是计划经济时期重点建设城市之一。“一五”计划时期 156 个重点建设项目有 24 项布置到陕西，其中 17 项位于西安市，加以原有产业基础，国家、省（市）各类大小民用、军工和众多配套企业建立，铸就了该市传统企业及单位社区众多的发展态势。改革开放尤其是在 20 世纪 90 年代之后，西安城市外围各类开发区急剧拓展，内部土地置换不力，虽然陆续进行了局部更新改造，传统企业社区依然较多存在，典型性突出。

目前西安企业社区基本可以分为三类：少量仍在运营的企业自主管理的社区，部分企业被兼并重组后被粗放管理的社区，以及大量企业破产倒闭后国资委负责的物业管理机构维持运营的社区。由于建设年代与类型，以及技术水平等的限制使其大多存在社区

老旧、建筑陈旧、生活环境条件较恶劣、居住空间有限、使用年限较久等系列问题。小范围的社区开发难以改善城市大范围的整体状况，未来仍需政府主导，有计划地改造更新才是这类社区的未来。

西安市行政范围包括 11 区 2 县，企业社区多分布于内部市区，故此处以碑林、雁塔、莲湖、灞桥、新城、未央 6 个市辖区（传统主城区）作为研究区，54 个街道作为研究单元（表 2.2、图 2.4）。

**表 2.2 研究区概况**

| 行政区 | 总面积/$km^2$ | 常住人口/万人 | 人口密度/（人/$km^2$） | 街道办事处/个 |
|---|---|---|---|---|
| 新城 | 30.13 | 60.91 | 20216 | 9 |
| 碑林 | 23.37 | 63.87 | 27330 | 8 |
| 莲湖 | 38.32 | 72.23 | 18849 | 9 |
| 灞桥 | 324.50 | 62.73 | 1933 | 9 |
| 未央 | 264.41 | 85.08 | 3218 | 11 |
| 雁塔 | 151.44 | 123.11 | 1189 | 8 |

注：数据来源于 2017 年西安市统计数据和 2016 年西安市 POI 数据。

图 2.4 西安市主城区

用 Python 程序从高德地图开放平台采集包含小区名称、类型、地址、经纬度、所属行政区等属性的西安市住宅小区 POI 数据，获取时间为 2016 年 12 月。采集到西安市住宅小区共计 11052 个[①]。以城市所辖的区为筛选条件，选出研究范围内 6 个区的住宅

① 未含阎良区与周至县。

小区数据 9135 个；进一步依据各区所辖街道办的地图，以道路名称为条件，筛选出该街道范围内所有小区；随后到各街道办事处及街办社区核实企业社区数据，进行重复点的合并、删除等处理，以此精准定位数据；最后，随机走访企业社区，进一步核实社区类型与建设年代，保证数据的客观性和可靠性。需要说明的是，企业社区主要建于 20 世纪 50～70 年代，有些社区的部分楼栋修建、改建或翻修于 80 年代以后，特别是 90 年代我国住房改革前后，但社区的主体仍多为计划经济时期建设。

研究共得到 794 个企业社区 POI 数据，通过第三方机构（脉策数据）纠偏系统对其坐标进行纠偏处理，并输入到 ArcGIS 进行空间分析。经检验，纠偏结果基本符合实际情况。同时，纠偏后的精度为米级，满足研究要求。

利用空间自相关、热点分析和核密度分析等定量研判西安市企业社区空间分布状况。利用空间自相关方法描述企业社区集聚或离散程度，探究企业社区的整体分布态势，判断西安市企业社区分布是否有聚集特性存在；利用局域空间自相关的热点分析计算西安市局部的空间集聚性，明确企业社区的集聚地区，探索其热点分布区。利用核密度分析判断西安市企业社区的分布密度及集聚区，探讨其结果与热点分析的一致性。

### 2. 企业社区分布的空间结构

1934 年陇海铁路修至西安，现代工业和经济获得发展，为了交通运输便利，企业布置和城市建设受其影响极大。同时，西安位居平原地形，形成以钟楼为中心，明城墙里外为传统城区，企业与城市建设以此为依托不断向四周拓展和蔓延。可以说，钟楼和陇海铁路见证了现当代西安的发展建设，是考量企业社区空间结构的重要参考标的。

#### 1）集聚于明城墙之外，三环路以内

以钟楼为圆心，做半径为 2km、4km、6km、8km、10km、12km、14km、16km、18km 的缓冲区（图 2.5），分别统计企业社区数量与占总量的比例（表 2.3）。总体上看，

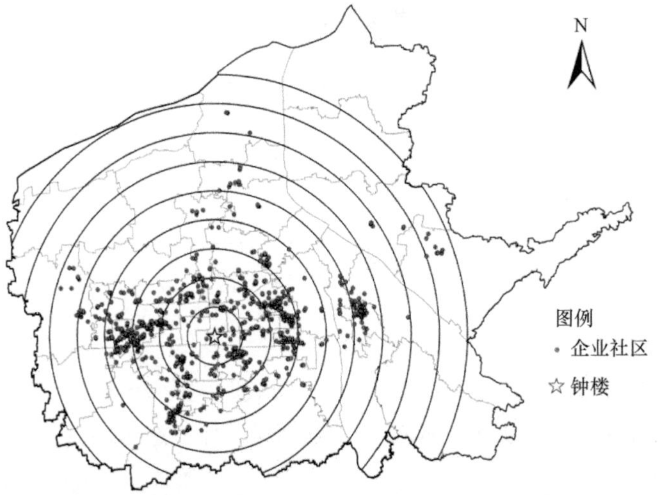

图 2.5　钟楼为中心不同半径的企业社区圈层分布

表 2.3 钟楼为中心的企业社区分布

| 半径/km | 2 | 4 | 6 | 8 | 10 | 12 | 14 | 16 | 18 |
|---|---|---|---|---|---|---|---|---|---|
| 数量/个 | 37 | 212 | 501 | 661 | 709 | 774 | 779 | 786 | 794 |
| 占比/% | 4.66 | 26.70 | 63.10 | 83.25 | 89.29 | 97.48 | 98.11 | 98.99 | 100.00 |

| 半径/km | 2 | 2～4 | 4～6 | 6～8 | 8～10 | 10～12 | 12～14 | 14～16 | 16～18 |
|---|---|---|---|---|---|---|---|---|---|
| 数量/个 | 37 | 175 | 289 | 160 | 48 | 65 | 5 | 7 | 8 |
| 占比/% | 4.66 | 22.04 | 36.40 | 20.15 | 6.04 | 8.19 | 0.63 | 0.88 | 1.01 |

企业社区广泛分布于主城区 18km 范围内，东至洪庆街道，西至三桥街道，南北分别为电子城街道与草滩街道，但近 90%企业社区集中于距钟楼 10km 范围之内。

此外，统计距钟楼 2km、2～4km、4～6km、6～8km、8～10km、10～12km、12～14km、14～16km、16～18km 范围内企业社区数量与所占比例如表 2.3 所示。企业社区分布较为集中，主要位于明城墙以外，西安三环路以内①，距钟楼 2～8km 的范围，每 2km 内分别占总量 22.04%、36.40%和 20.15%，共占 78.59%，以距钟楼 4～6km 范围最为集中；2km 以内的明城墙内部和 8km 以外社区分布较少。这个格局也在一定程度反映了计划经济时期西安城市的拓展空间、方向和范围。

2）沿陇海铁路东西带状延伸，南侧拓展

以陇海铁路为中线，南北两侧社区数量分别为 642 个、152 个，分别占 80.86%和 19.14%，以铁路南侧布局为主（图 2.6），主要受西安城市北部的仓储区、城市备用空间的定位，以及城区位于陇海铁路南侧等影响（周干峙，2014），北侧布置企业较少而致。陇海铁路两侧分别作宽度 2km、4km、6km、8km、10km、12km 的缓冲区，可以看出

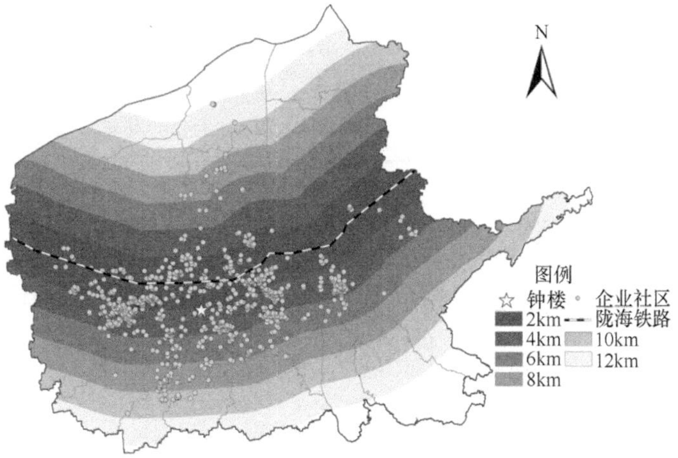


图 2.6 陇海铁路为中线两侧不同距离的企业社区分布

① 西安城墙为长方形，钟楼距四面城墙各 1.5km 左右；西安二环、三环路呈不规则圆形，分别距钟楼约 4km、8km。

企业社区基本分布在距陇海铁路 8km 范围（表 2.4），占总量 97.48%，呈“大分散、小聚集”的带状或团簇状分布，诸如 20 世纪 50 年代沿陇海铁路干线南侧从东向西依次兴建了面积大小不一的“纺织城”、“军工城”、“电工城”工业区（表 2.5）；以此为端，社区伴随企业向城市南部拓展，80 年代出现电子城街道电子工业区（电子城）的企业社区等。

**表 2.4　陇海铁路两侧企业社区分布**

| | | | | | | | |
|---|---|---|---|---|---|---|---|
| 陇海铁路以北 | 距铁路/km | 2 | 4 | 6 | 8 | 10 | 12 |
| | 数量/个 | 114 | 128 | 134 | 146 | 147 | 152 |
| | 占总量/% | 14.36 | 16.12 | 16.88 | 18.39 | 18.51 | 19.14 |
| | 距铁路/km | 2 | 2～4 | 4～6 | 6～8 | 8～10 | 10～12 |
| | 数量/个 | 114 | 14 | 6 | 12 | 1 | 5 |
| | 占总量/% | 14.36 | 1.76 | 0.76 | 1.51 | 0.13 | 0.63 |
| 陇海铁路以南 | 距铁路/km | 2 | 4 | 6 | 8 | 10 | 12 |
| | 数量/个 | 208 | 483 | 574 | 628 | 642 | 642 |
| | 占总量/% | 26.20 | 60.83 | 72.29 | 79.09 | 80.86 | 80.86 |
| | 距铁路/km | 2 | 2～4 | 4～6 | 6～8 | 8～10 | 10～12 |
| | 数量/个 | 208 | 275 | 91 | 54 | 14 | 0 |
| | 占总量/% | 26.20 | 34.63 | 11.46 | 6.80 | 1.76 | 0 |

**表 2.5　陇海铁路沿线部分工业区**

| 工业区 | 范围 | 面积/km$^2$ | 代表性企业（建设年份） |
|---|---|---|---|
| “纺织城” | 陇海铁路以南、灞河和浐河之间、南至北殿村 | 14.0 | 灞桥电厂（1952）、国棉三厂（1953）、国棉四厂（1954）、国棉五厂（1954）、国棉六厂（1956）、西北第一印染厂（1956） |
| “军工城” | 东起浐河、西至金花路、北邻陇海铁路、南达等驾坡 | 21.6 | 东方机械厂（1952）、黄河机器制造厂（1953）、昆仑机械厂（1953）、秦川机械厂（1953）、华山机械厂（1953）、西北光学仪器厂（1953） |
| “电工城” | 陇海铁路以南、鱼化寨以北、劳动路以西、未央路以东 | 10.0 | 西安绝缘材料厂（1953）、西安电力电容厂（1953）、远东机械制造公司（1953）、西安仪表厂（1954）、西安高压电磁厂（1954）、安庆宇航设备公司（1955） |
| “电子城” | 吉祥路以南、丈八东路以北、含光路以西、太白南路以东 | 10.0 | 陕西华山半导体材料厂（1983）、西安卫光电工厂（1984） |

注：资料源自实地调查并参考肖铁和任云英（2015）、魏琰和杨豪中（2015）。

同时，分别统计距陇海铁路 2km、2～4km、4～6km、6～8km、8～10km、10～12km 南北两侧企业社区的分布状况（表 2.4）：总体上距陇海铁路越远，企业社区越少（图 2.7）。南侧主要集中在距陇海铁路 8km 范围内，以 2～4km 分布相对最为集中；北侧集聚在距铁路 2km 范围内。

### 3. 企业社区分布的集聚特征

1）企业社区空间集聚明显

类比经典引力模型，基于反距离平方的权重系数，西安市 794 个企业单位社区的

Moran's $I$ 指数为 0.27，标准化 $Z$ 得分为 3.67，$P$ 值为 0.0002，且小于 0.01 显著性水平的临界值为 2.58，即在 0.01 水平上通过显著性检验，说明正向空间自相关关系非常显著。

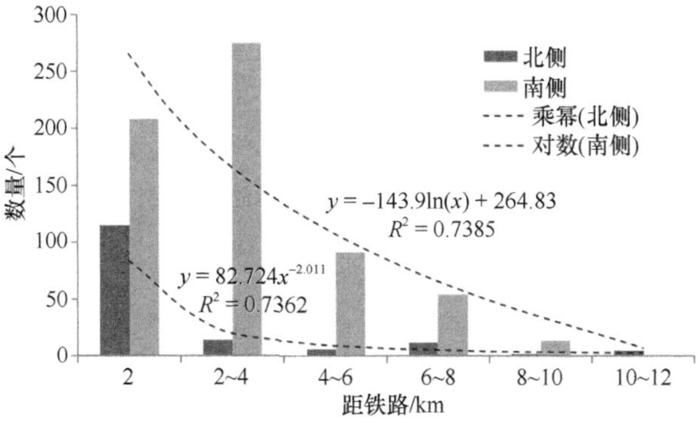


图 2.7　陇海铁路两侧企业社区

整体来看，西安市传统企业社区分布既非均一又非随机，而是呈现显著的集聚特性。从街道视角来看，传统企业社区多的街道趋向于空间集聚，即所含企业社区个数越多的街道趋于与其他的企业社区多的街道相邻；社区少的街道趋于相邻。

2）土门、枣园街道企业社区分布活跃，热点特征突出

利用 ArcGIS 中矢量数据的热点分析，从离散的各街道判断区域内部的空间异质性，识别企业社区的热点和冷点空间分布位置，将结果分为冷点、次冷点、过渡、次热点和热点区域五类（图 2.8）。结合表 2.6 的统计结果可以看出，以街道为单元，西安市企业社区分布符合热点分析聚类模式统计特征，即用于检验的 $Z$ 得分大于 1.96 且在 95%的置信度（$P<0.05$）的 $P$ 值要求的热点街道区域共有 4 个，分别为位于莲湖区的土门街道、邻近的枣园街道、新城区的长乐中路街道和灞桥区的纺织城街道；用于检验的 $Z$ 得分

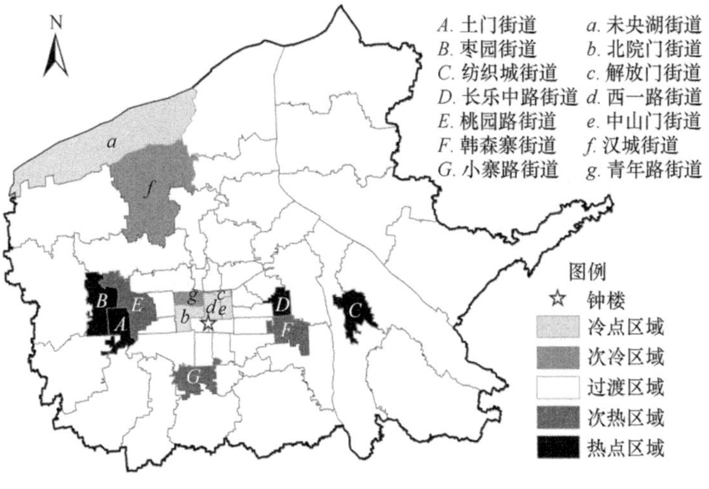


图 2.8　企业社区的冷热点分布

**表 2.6　企业社区热点分析的统计特征**

| 街道名称 | 所属行政区 | $Z$ 得分 | $P$ 值 | 所属地段 |
|---|---|---|---|---|
| 土门 | 莲湖区 | 2.35 | 0.0186 | 昆明路、汉城南路、大庆路、丰镐西路 |
| 枣园 | 莲湖区 | 2.35 | 0.0186 | 汉城南路西沿、枣园路、大兴路西段 |
| 长乐中路 | 新城区 | 2.34 | 0.0193 | 长乐中路、万寿路、幸福路 |
| 纺织城 | 灞桥区 | 2.04 | 0.041 | 纺正街、纺西街 |
| 韩森寨 | 新城区 | 1.89 | 0.0587 | 韩森路、万寿中路、幸福中路、咸宁路 |
| 桃园路 | 莲湖区 | 1.75 | 0.0802 | 劳动路、大庆路、沣镐东路、西二环 |
| 小寨路 | 雁塔区 | 1.70 | 0.0891 | 小寨东路、吉祥路 |

大于 1.65 但小于 1.96 且在 90%的置信度（即 $P<0.10$）的热点街道区域共有 3 个，分布在新城区的韩森寨街道、莲湖区的桃园路街道和雁塔区的小寨路街道。其中，土门、枣园街道的 $Z$ 得分为 2.35，大于 1.96，表明这两个街道中企业社区分布密集，且被企业社区分布密集的其他街道包围，是西安市企业社区分布最为活跃的区域。冷点主要集中在西安市主城区北部的大片地区及城市中心区域，其中以未央区的未央湖街道，莲湖区的北院门街道，新城区的解放门、西一路、中山门街道尤为突出。次冷点区域与冷点区域相邻，包括未央区的汉城街道和莲湖区的青年路街道。

3）企业社区大范围分散、小范围集聚

基于西安市主城区企业社区核密度图可以看出（图 2.9），企业社区空间结构以集聚为主，呈现大范围分散、小范围集聚的特征。其中，分布密度高值出现的地方，所属的街道分别为莲湖区的土门、枣园、桃园路街道，新城区的胡家庙、长乐中路、韩森寨街道，灞桥区的纺织城街道，雁塔区的电子城街道，与热点分析结果具有高度的一致性。

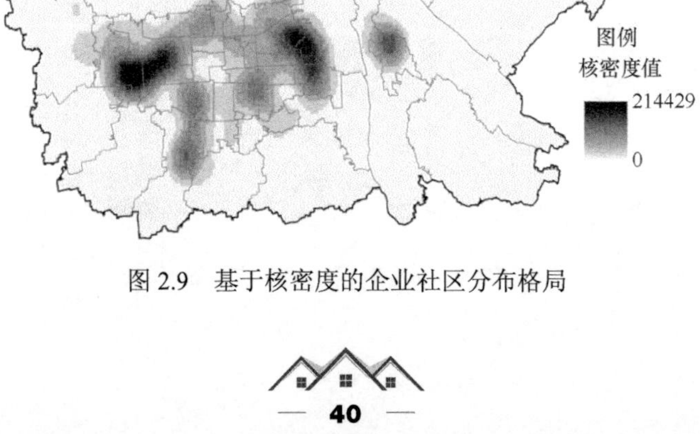


图 2.9　基于核密度的企业社区分布格局

### 4. 西安市企业社区分布成因

西安市主城区传统企业社区及其分布格局主要是计划经济时期城市社会发展的结果，具有时代和地方特色，受多种因素交织影响而成。为便于阐释，将主要因素的影响作用分述如下。

1）企业位置决定社区分布

计划经济时期，受苏联“办公+居住”的规划模式影响，按照“职住就近”原则，居住区以街坊形式就近工业区安排，形成以单位为基本单元的城市空间组织模式（肖铁和任云英，2015；魏琰和杨豪中，2015）。社区与企业多相伴而建，尤其功能相关或职能相近企业的层组布置决定了社区的近邻集聚与组团分布。

2）政策规划推动企业社区建设与分布格局的形成

1949 年以来，国家有计划组织大规模国民经济建设，尤其“一五”计划时期集中主要力量进行以苏联援助的 156 项建设项目为中心的工业建设，为平衡布局，推动内地发展，西安被列为全国第一批重点建设城市（魏琰和杨豪中，2015），随后“二五”计划时期强调尽快建立大型工业骨干和经济重心，形成若干有比较完整工业体系的城市及区域，西安被确定为“支援西北各省工业建设的基地”，加以“三线”时期部分工厂内迁西安，大量企业与社区自明城墙外围的城市近郊区向外布置，从根本上助推了传统社区的空间分布。20 世纪 70 年代末，国家逐步推行社会主义市场经济，工业和城市发展重心回归东部沿海地区，西安的企业和社区建设进入缓慢发展时期，受 80 年代大量返城人员及企业迁建的影响，部分社区继续在城市内部及边缘区建设开来，如韩森寨地区的陕汽集团社区、大庆路的法士特家园，以及南郊“电子城”的企业社区。90 年代以来受市场化机制和政府政策影响，各类开发区和商品房开始建设，城市继续向外围拓展，极大地改变了原有大规模的企业社区居住模式，也使其由城市外围的居住区逐步演变为城市内部的老旧社区。

3）交通线路吸引企业社区布置

国家计划的各类项目落户西安，首要考虑的是工业区布局的自然地理地质条件，企业间生产协作、成组布置，交通方便且便于修建铁路支线（周干峙，2014），有利于原材料、劳动力和产品的内外输送。因此，横贯城市北部（也是明城墙北侧）的陇海铁路沿线的东西两侧，构成了企业和社区布置的首要理想之地，呈现东西带状延伸、铁路南向拓展为主的分布格局。当然，社区分布依附于企业布局，但不局限于企业，形成了社区较之企业格局更为密集复杂的分布态势。

4）城市格局影响企业社区分布

西安南有秦岭，北有渭河，汉长安城、唐大明宫遗址保护区分布于明城墙围合区为主体的旧城区北侧，陇海铁路亦横跨明城墙北侧，构成东西轴向通道（图 2.10），就此形成了围绕旧城、保护遗址、东西开发为主，建设企业、配套社区的城市开发格局，进而影响社区分布，尤其影响了社区的集聚分布或热点分布。

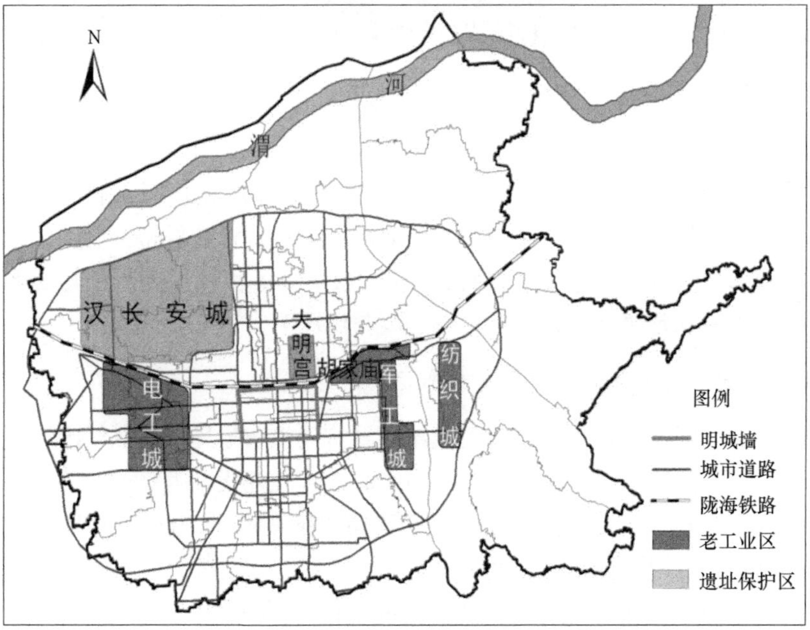


图 2.10　计划经济时期西安城市发展格局示意图

5）规划设计主导社区格局

1950～1952 年，西安城市建设部门每年都开展都市发展计划，提出旧城西部到土门一带为经济中心区，生产区与居住区相邻布置（魏琰和杨豪中，2015）。1953 年，开始编制西安城市总体规划，形成了“一五”计划时期以旧城为核心，沿陇海铁路建设工业区与企业社区的城市空间结构。1959 年西安市规划部门编制“大西安”城市总体规划，工业区继续东西扩充以外，南北方向开始拓展（魏琰和杨豪中，2015），企业社区以旧城为中心随之扩展和蔓延。

## 2.4.4　企业社区空间分布形成机理

企业社区现多分布在内城，早期随着企业的生产布局而出现。企业或集聚或分散布局，使得对应的企业社区呈现一种大分散、小聚集的分布态势；且由于企业形成与发展之初，对于公路、铁路等交通运输线路的依赖，便于原料或产品的运输，使得企业的分布沿主要对外交通干线，企业社区也相继形成了以主要交通干线为依托的拓展布局。总体来说，企业社区主要集中于城市内部空间，与企业相伴成组分布或以交通干线为轴拓展和延伸。

传统企业社区及其分布格局主要是计划经济时期城市社会发展的结果，具有时代和地方特色，受自然条件、政策推动、交通线路、城市格局、规划引领、企业位置及市场化、城市化等多种因素交织影响而成。计划经济时期，社会时代背景、经济发展需求、自然区位条件与城市历史基础影响工业产业政策与项目规划布局，政策规划又直接推动了城市格局、交通线路、规划设计引导的企业布局建设，进而决定企业社区布置；改革开放以来，市场经济和市场化住房时代的到来基本终结并定格了福利分房式企业社区的发展建设（吴文恒等，2016），政府的财政、土地政策驱动下各类开发区建设与基础设施、工业、住宅、商业开发带来的外围地区城市化，则不断改变着其与城市区域的空间关系（图 2.11），最终形成了内部市区为主、大分散小聚集的企业社区分布格局。

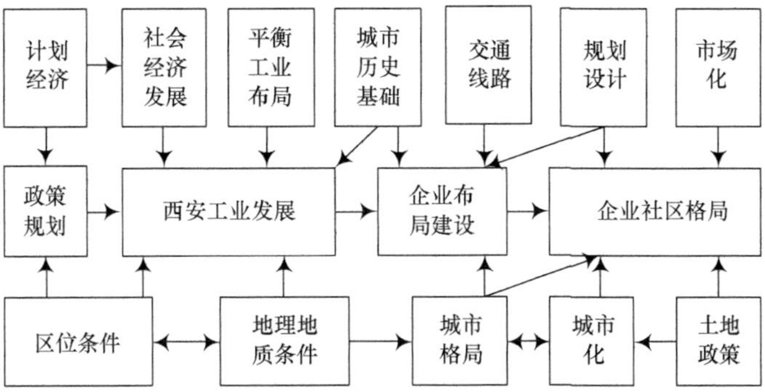


图 2.11　企业社区分布格局的形成机理

## 2.5　本 章 小 结

企业社区是中国计划经济时期城镇建设与城镇化的主要推动力量之一，是理解城市居住空间分异的一把钥匙。本研究有助于加强城市土地利用与空间更新格局的认识与理解，丰富城市居住区理论。

企业社区的空间分布与城市发展、老工业基地的建设及工业区的形成密切相关。从城市发展进程来看，在计划经济时期，“一五”“二五”计划时期随企业布局而形成的企业社区主要分布于城市与城镇外围、工矿资源开发地；“三线”建设时期受企业分散、进山、进洞思想的影响，新增企业社区多分布在城镇或边远山区；改革开放尤其 20 世纪 90 年代以来，伴随计划经济向市场经济转型、国企转型、各类开发区建设、住房商品化与住房市场形成而推动的郊区化，企业社区逐步演替为城市内部空间。

通过获取企业社区数据，结合 GIS 空间分析技术，可以定量研判城市尺度下企业社区的空间分布。基于西安市的案例来看，企业社区主要位于当前的内城地区，多沿早期的城市对外交通干线呈“大分散、小聚集”的带状或团簇状分布。企业社区分布格局是计划经济时期城市社会发展的结果，具有时代和地方特色，受自然条件、政策推动、交通线路、城市格局、规划引领、企业位置及市场化、城市化等多种因素交织影响而成。

# 第 3 章

# 企业社区外部建成环境

分析社区外部建成环境，可以更加清楚全面地认识企业社区及其所处的城市环境，认识社区居民的生活状况。所谓建成环境，从政治经济学角度看，包括生产性建成环境（工厂、仓库等）和消费性建成环境（住宅、居住区道路等），两者共同构成了城市建成环境，并由无数不同要素——道路、运河、港口码头、工厂、仓库、下水道、公共建筑、住宅等组成的复杂的、混合的商品，具有长期存在、难以变动、空间上不可移动、需要大量投资等属性，一般需要借助国家的力量来实现（许学强等，2004），所以建成环境即物化了的城市各类产物、设施等的总和。从规划角度看，城市建成环境是指为了满足人类活动需求而建设配置的人为环境，包含了城市设计、土地使用和交通运输系统，并涵盖了自然环境中人类活动的模式（Handy et al.，2002）。根据上述概念，我们可以解释企业社区的外部建成环境为，以企业社区为中心的外部街区或城区，经过一系列发展建设，所呈现出来的各类建筑、设施等人工景观为主的空间综合体。

本章介绍了外部建成环境的分析维度，以西安市抽样调查的150个老旧企业社区为对象，基于调查数据和网络数据，从道路、交通出行、商业服务业、教育机构、医疗机构、休闲活动场所、市政服务与环境卫生8个维度，分析并总结企业社区外部建成环境的一般特征，最后基于西安市、咸阳市4个典型样点的实地调查数据，进一步深入认识企业社区外部建成环境。

## 3.1 外部建成环境的分析维度

### 3.1.1 基 本 认 识

企业社区的外部环境分析必须考虑居民的需求、环境的感知、行为方式等因素，亦需要分析城市环境组成元素在满足和支持居民外在和内在的需要及价值方面的程度。大量研究表示，居民出行与社区的外部建成环境在统计学上显示出明显的关联性（Cao et al.，2008）。

城市建成环境要素复杂多样。根据已有文献，建成环境可以划分为多个尺度，即宏观、中观、微观尺度及邻里尺度。在宏观层面上，建成环境以不同的程度分为两种基本形式，即扩展和紧凑，当然还有介于两者之间的所有内容（Garfinkel-Castro et al.，2017）。在中观尺度上，建成环境可归纳为密度（density）、多样性（diversity）和设计（design）3个维度（3D）（Cervero and Kockelman，1997），在此基础上，Ewing和Cervero（2010）将城市建成环境影响要素扩展为7个维度（7D），即在以上3个维度后，新增了目的地可达性（destination accessibility）、公交站点距离（distance to transit）、需求管理（demand management）与社会经济特征（demographics）4个维度。在微观尺度上，城市规模与实地体验有关，人们所体验的建成环境的细微状态最能被敏锐地感受到，而且使最细微和质性的$D$变量变得亲密且人性化。在微观能够现场体验的城市规模下，通常根据步行能力来评估建成环境状况（Garfinkel-Gastro et al.，2017）。在邻里尺度上，建成环境至少有 5 个相互关联的维度，包括发展的密度和强度、土地用途混合、街道网络的连通性与地方的美学特质（Handy et al.，2002）。

衡量城市建成环境的要素亦多种多样。对建成环境的测量与暴露、碰撞风险这两个概念如何相关联的研究中，建成环境包括土地和街道两方面。土地因素包括人口密度和就业密度，土地使用的位置、安排和集中度，以及与街道相关的建筑物的物理设计等方面。基于街道的建成环境包括街道和相邻街景的设计、交叉口的设计及街道网络的设计（Merlin et al.，2019）；对建成环境的研究中，采用混合方法研究（定量和定性）可以帮助揭示现象的不同维度，使其有可能激发解决复杂性所需的方法论的创新（Mertens et al.，2016），这是因为定量研究在理解情境因素方面受到限制，而定性研究可能无法鉴定参与者感知不到的建筑环境的重要影响特征（Steinmetz-Wood et al.，2019）；对上海市的居民出行研究从街道建成环境、通勤时间与距离、社会经济属性三个方面进行描述性统计，其中，城市建成环境特征采用土地利用混合度、道路设计、密度与区位特征 4 个维度反映（孙斌栋和但波，2015）；对北京市郊区的居民汽车出行测度，采用了在一定地理背景下的居住地、工作地和活动空间内部的公交站密度、零售商业设施密度、建设密度和停车场密度等要素指标（塔娜等，2015）。基于全国 278 个城市社区建成环境对居民居住安全感影响的研究，采用了搜索范围内 POI 所属用地类型的信息熵（EI）来反映城市功能的多样性，以搜索范围内的道路网密度、次干道及支路占道路面积比重、道路平均宽度评价街区尺度的宜人性，以社区所在街道乡镇的常住人口密度，以及搜索范围内的 POI 密度反映各要素的紧凑性，以个体评价的社区内部体育锻炼和文化娱乐等公共设施的可达性来体现建成环境状况（张延吉等，2017）。当然，不同研究者会根据实际情况灵活采用指标要素，如由于数据限制，也可采用设施可达性、城乡属性及居住地距最近公交车站的距离作为建成环境变量（孙斌栋等，2016）。

另外，建成环境包括许多地方特征，但它不能仅简化为人们居住在那里的特征，如房屋形式、道路和人行道、交通网络、商店、市场、公园、其他公共设施，以及公共空间的配置。建成环境还可能会以直接方式（如对交通、噪声和空气污染的影响）与间接方式影响该地区的社区意识和社会资本，进而影响人们的生活环境（Weich et al.，2001）。

所以，根据以人为本、综合性、科学性、系统性、可操作性等原则，参考上述文献，结合案例研究地西安市企业社区外部空间的问卷数据与实地调研状况，分别从道路、交通出行、商贸服务、教育设施、医疗设施、休闲活动场所、市政服务、环境卫生 8 个方面，开展企业社区外部建成环境的维度分析。各个分析维度的具体解释及其变量介绍如下。

### 3.1.2 分析维度

**1. 道路与交通出行**

道路、交通出行反映企业社区与外界的连通性，以及居民出行的便捷程度。我们拟通过企业社区周边实地调查与室内网络搜索相结合的方式，获取每个样本社区周边道路的多寡、宽窄、路面平整、清洁状况等信息；通过网络搜索，获取社区为质点的一定范围内公交站点数，社区最近公交站的线路数，以及最近地铁站的直线距离。

### 2. 商贸服务

商贸服务反映企业社区外部建成环境的经济发展活力。拟通过企业社区实际调查与地图搜索相结合的方式，获取每个样本社区周边商场与连锁超市的数量。

### 3. 教育设施与医疗机构

教育设施、医疗机构反映企业社区所在片区社会公共服务设施的质量。采用企业社区实地调研与网络搜索相结合的方式，获取每个样本社区周边的幼儿、小学、初中与高中、职业技术教育等机构、三甲医院与普通医疗机构的数量。

### 4. 休闲活动场所

休闲活动场所反映企业社区居民日常外出活动空间的完善程度。采用对企业社区居民的访谈调研与网络地图搜索查找的方式，收集每个样本社区周边公园、绿地、广场的数量。

### 5. 市政服务

市政服务反映企业社区居民日常生活事务处理的便捷程度。拟通过企业社区周边的实地调研、居民的访谈调查与网络搜索的方式，获取每个样本社区周边的市政服务、便民设施等相关信息。

### 6. 环境卫生

环境卫生反映企业社区所在区域的环境质量和卫生状况。拟通过对企业社区周边的实地调查与居民访谈，获取每个样本社区周边的环境卫生状况。

对于上述的网络搜索，依据地区的空间尺度，为保证并表现企业社区外部建成环境属性的差异性，拟以社区为质点，500m 或 1km 为搜索半径。公交站密度、公交线路数量可以用来衡量公交便捷性，公交站密度采用的测量方式为在搜索范围内的公交站点数量除以搜索范围的面积。一定搜索范围内的商场、连锁超市、教育机构、医疗机构、休闲活动场所（绿地、公园、广场）的数量可以用来衡量外部建成环境的完备程度与功能多样性（表 3.1）。

**表 3.1　解释变量说明**

| 概念维度 | 变量名 | 变量描述 | 测量方式 |
| --- | --- | --- | --- |
| 道路 | 道路状况 | 企业社区周边道路情况 | 基于调研记录的社区周边道路的多寡、宽窄、路面状况等，以及卫星街景地图、实地照片反映 |
| 交通出行 | 公交站密度 | 500m 区域内公交站点数量占区域面积的比重 | 以社区为质点的 500m 范围内公交站点数量与该圆形区域范围面积的比值 |

续表

| 概念维度 | 变量名 | 变量描述 | 测量方式 |
| --- | --- | --- | --- |
| 交通出行 | 公交线路数量 | 企业社区最近公交站的公交线路数量 | 基于高德地图查找社区最近公交站点的公交线路数量 |
|  | 地铁站距离 | 企业社区距离最近地铁站的直线距离 | 高德地图测量 |
| 商贸服务 | 商场数量 | 以社区为中心 1km 范围内的较大面积、有若干大小商铺的商场 | 实地调查，辅以高德地图，搜索 1km 半径内商场个数 |
|  | 连锁超市数量 | 以企业社区为中心 1km 范围内的连锁超市 | 实地调查，辅以地图搜索 1km 范围内连锁超市数量 |
| 教育机构 | 教育机构数量 | 以企业社区为中心，1km 范围内幼儿、小学、初中与高中、职业技术教育等机构 | 实地调查，辅以地图，搜索 1km 范围各类教育机构个数 |
| 医疗机构 | 省市级大型医疗机构 | 社区 1km 范围内三甲医院 | 社区调查问询，1km 范围医院数量 |
|  | 普通医疗机构 | 普通的市区县级及专科医院，街道、社区卫生机构 | 实地调查，辅以高德地图，搜索 1km 范围内，除三甲医院外的各类医疗机构 |
| 休闲活动场所 | 休闲活动场地 | 企业社区周边的广场、街头绿地、公园等活动场地数量 | 搜索社区为质点的 1km 范围以及实际调查 |
| 市政服务 | 便民设施状况 | 企业社区周边银行网点、便民商店、电信服务网点等便民设施状况 | 实地调研 |
| 环境卫生 | 社区周边环境卫生管理 | 居民对社区周边环境卫生管理的满意程度 | 实地调研 |

## 3.2 外部建成环境的维度分析

笔者以西安市新城、碑林、莲湖、灞桥、未央、雁塔 6 个区构成的传统主城区为实证区域，分街道对其内部一定比例的企业社区随机抽样，共得到 150 个社区的相关资料与数据。选取的老旧企业社区样本分布见图 3.1。

### 3.2.1 道路密集，路网成熟

经过改革开放 40 年的城市化历程，总体来说，企业社区所在区域多演替为城市内部的老城区。据笔者在西安、兰州、宝鸡等地的调研发现，企业社区所在街区道路状况良好，路网密集，主次干道分明、数量较多，道路的连通性较好。路网中的点与线相互协调、互相连通，组成有一定规律的整体。例如，调研样本昆仑小区 35 街坊（图 3.2），社区周边路网密集，道路四通八达，支干道数量较多，外出方便，反映了社区与外界的连通性较强。当然，有些企业社区的外围街道修建时间长，缺乏更新维护，路面窄、不平整、停车多、脏乱现象等问题亦时有相伴。

图 3.1　西安市主城区老旧企业社区样本分布

图 3.2　西安市昆仑小区 35 街坊路网格局

根据笔者在抽样企业社区的调研，居民对社区外部道路状况的评价认识中使用频率最多的语句包括“路面平整”、“街道密集”、“街道连通好”、“主路和支路状况好”、“行道树多、时间久、绿化好”、“路边停车多”、“乱停乱放”、“有些地方脏乱窄”和“经常堵车”等，不过总体上居民对社区周边的道路状况较为满意（图 3.3）。

### 3.2.2　交通便捷，出行方便

根据对企业社区一定范围内的地图搜索查找及实际调查（表 3.1），可以统计出样本社区周边的公交站数量、公交线路数量、至最近的地铁站距离，对结果进行汇总，然后分级处理分析，可以得到如图 3.4～图 3.6 的结果。

图 3.3　企业社区周边街道

公交站密度为 10～15 个/km$^2$ 的样本社区占比最多，占总体社区样本数量的 38.67%；小于 5 个/km$^2$ 和大于 20 个/km$^2$ 的社区样本较少，所占比例分别为 5.33%和 6.0%，说明大部分老旧企业社区周边的公交站数量可观，地方通达性强，交通出行方便（图 3.4）。样本社区 500m 内公交站点数量最多达到 22 个，最少 1 个，平均数量 9 个，但以 8 个的最多（21 个社区），同样说明企业社区周边的公交站点数量普遍较多，公共交通便捷，在城市内的道路通达性好。

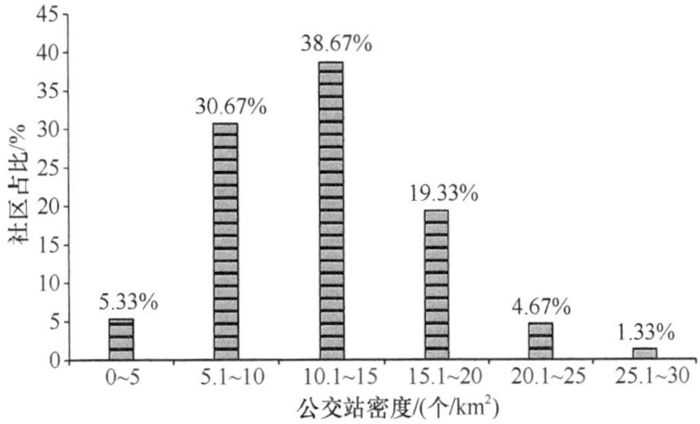


图 3.4　企业社区周边公交站密度情况

整体上看，最近站点的公交线路数有 6 条以上的企业社区个数占总体样本的比例，达到 61.33%（图 3.5），说明大部分老旧企业社区的最近公交站的线路较多，到市区各地的公共交通便利；从各分段来看，公交线路数 5 条以下的社区个数在总体社区样本中占比最大，达到 38.67%，说明仍然有相当部分老旧企业社区最近公交站的线路较少，出行相对不够便利；公交线路数有 21～23 条的社区个数在总体样本中的占比小，仅占 3.33%。样本社区最近站点的公交线路数最多达到了 23 条，最少的只有 1 条，平均数量达到 8 条，说明企业社区周边的公交线路普遍较多，社区到城市各地的公共交通可达性较好，出行方便。

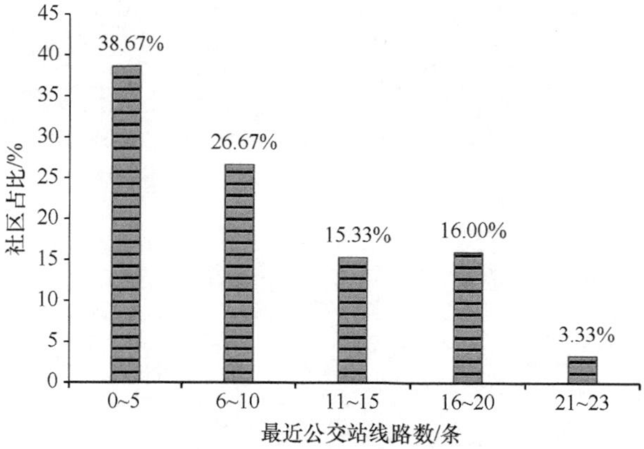


图 3.5　企业社区最近公交站线路数量情况

样本社区距最近地铁站距离在 1km 内的社区占总体样本的比例达到了 52.35%，即有超过一半的社区距离地铁站十分接近，乘坐地铁方便快捷；距离小于 2km 的社区数占比 97.32%；企业社区样本距最近地铁站距离大于 2km 的社区数在总体样本中占比 2.68%，说明存在小部分企业社区距离地铁站过远，平时搭乘地铁不方便。总体来看，大部分社区的居民搭乘地铁方便，距离地铁站较近（图 3.6）。所调查的老旧企业社区样本距最近地铁站距离最近的仅有 0.135km，最远的达到 2.6km，平均值 1.023km。

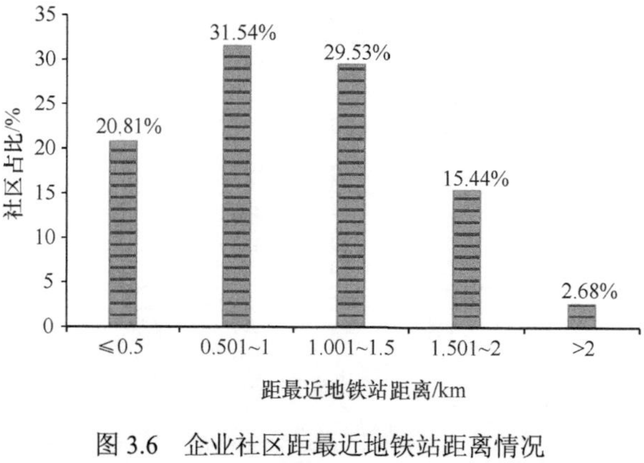


图 3.6　企业社区距最近地铁站距离情况

综合来说，老旧的企业社区经过了几十年的空间实践而演变成内城地区，区位位置优越，出行方式和交通线路多（图 3.7），距离市中心或到市区内各地的交通便捷，在城市内的道路通达性普遍较好。同时，根据笔者对社区样本的调研，由于企业社区的特殊性，企业在修建社区时并未考虑到未来车辆的发展，社区内部停车位少，致使社区周边街道停车较多，甚至混乱停放，居民出行和车辆交通深受影响。

图 3.7　企业社区外部临街公交站

**居民访谈**

“社区门口就是公交站，出门就能坐上公交，去哪里都可以，特别方便。”——韩大伯

“公交站很近，线路也挺多，出门很方便。”——武大伯

“出门很方便，公交站和地铁站都很近，去哪里都挺快的。”——陈大伯

## 3.2.3　商贸服务发达，经济活力较高

依据网络地图，用“商场”和“连锁超市”为关键词，搜索企业社区 1km 范围内的商场与连锁超市的数量。商场指建筑面积达一定规模以上的商业综合体；连锁超市是指那些用连锁形式经营多家超市，实行统一进货、配送和管理，规模大小不一。经汇总与统计后，分析企业社区周边的商业服务业状况，如图 3.8 与图 3.9 所示。

根据图 3.8 可以看出，有 1～5 个商场的企业社区占比最多，达到 65.10%，表明大部分企业社区周边的商场数量较少，但能满足人们生活所需，也符合商场的市场分布规律和一定服务腹地的要求；有 27.50%的社区周围的商场超过 6 个，说明老旧企业社区中少数社区的周边商场数繁多，商业服务业较为发达；有 7.38%的社区周围没有商场，说明较少的企业社区周边商业不太繁华，经济活力较弱。企业社区样本周围 1km 内商场个数最多的达到了 31 个，最少的为 0，平均数量为 5 个，但以 4 个最多（26 个社区），说明老旧企业社区周边的商业服务业发展基本较好；居民购物等的需求方便。

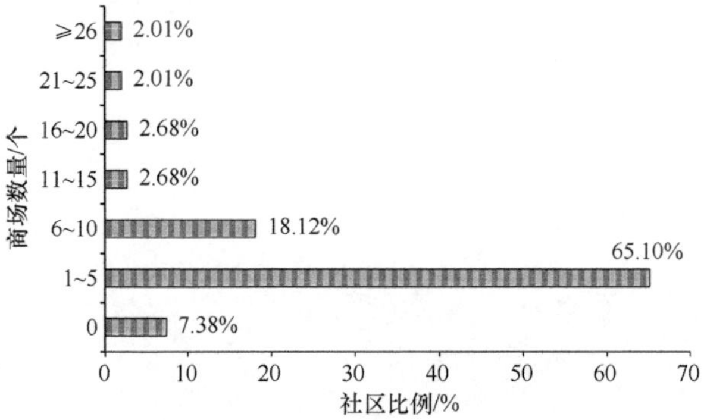


图 3.8　企业社区 1km 内商场数量情况

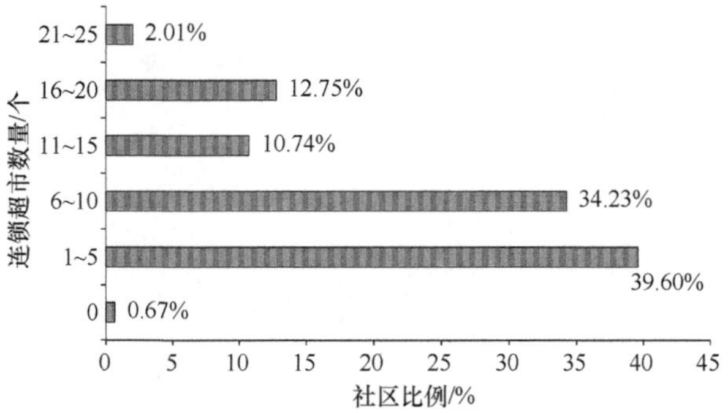


图 3.9　企业社区 1km 内连锁超市数量情况

企业社区样本周围 1km 内（图 3.9），仅有 0.67%的社区没有连锁超市；连锁超市数量在 1～5 个和 6～10 个的社区样本数较接近，同时在总体样本中也是占比最大的两个区间，所占比例一共达到了 73.83%；有 25.50%的社区周围连锁超市个数超过 10 个；企业社区样本周围 1km 内连锁超市个数最多的达到了 25 个，最少的为 0，平均值达到了 8 个，表明了超市分布较为合理。以上所有数据都说明大部分企业社区的周边连锁超市数量较多，居民购物方便。

总的来说，每个社区所在区域的商贸服务会以居民的消费需求为主导来自我塑形，灵活地进行结构调整，并通过市场机制形成一个内在的体系。企业社区周边的经济发展较好，商业服务业发达，商场、连锁超市的分布较为合理，同时也基本满足社区居民的日常生活需求，居民购物方便。

### 3.2.4　教育机构多

在总体社区样本中，距企业社区 1km 范围内，有 38.67%的社区拥有 11～20 个教育机构，占比最多；27.33%的社区拥有 0～10 个教育机构；21.33%的社区拥有 21～30 个教育机构；10.0%的社区拥有 31～40 个教育机构；2.67%的社区拥有 41 个以上的教育机构，占比最少（图 3.10）。平均分布数量为 18 个，其中教育机构数量为 12 个的社区最多，达到 15 个。总的来说，拥有 10 个以上教育机构的企业社区接近 3/4，表明大部分社区周边教育机构数量分布较多，教育资源比较充足，教育机构分布平衡（图 3.11）。

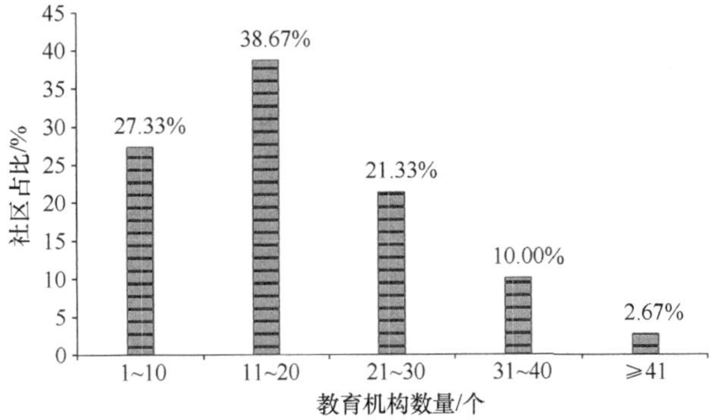


图 3.10　企业社区 1km 内教育机构数量情况

图 3.11　企业社区附近学校

## 3.2.5　医疗机构较为完备

根据对西安市样本企业社区的实地问卷调查及地图信息查询，在距社区 1km 的范围内，有 65.33%的社区没有三甲医院，在总样本社区中的占比最多；有 30.67%的社区拥有一家三甲医院，4.0%的社区拥有 2 家三甲医院（图 3.12）。

卫生所、卫生室包括社区卫生服务中心、诊所、紧急救援站等小型医疗机构。总的来看（图 3.13），绝大多数企业社区所在区域的医疗机构较为丰富。社区周边的卫生所、卫生室数量最少的有 5 个，平均值为 15 个，但以 11 个的企业社区数最多（16 个社区），表明医疗机构的分布相对比较均衡，大部分企业社区周边的医疗机构足以满足居民需求（图 3.14）。

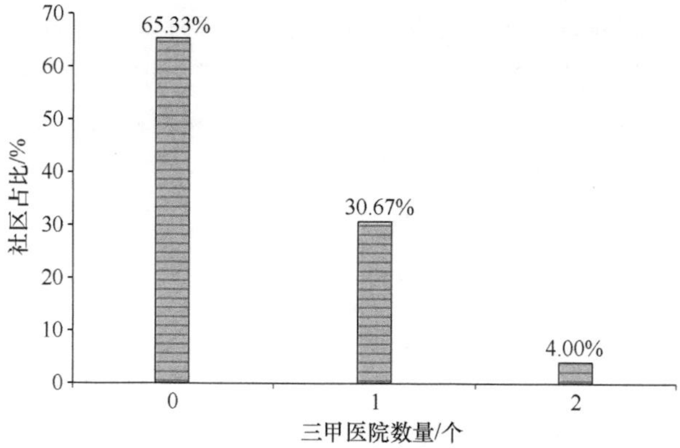


图 3.12　企业社区 1km 内三甲医院数量情况

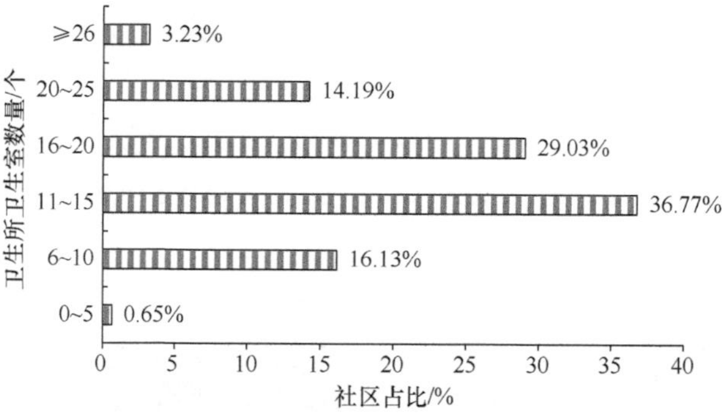


图 3.13　企业社区 1km 内卫生所、卫生室数量情况

图 3.14　企业社区附近医院

## 3.2.6　休闲活动场所有待完善

在总体社区样本中，距企业社区 1km 范围内，有 33.33%（50 个）的社区周围缺少休闲活动场所（绿地、公园、广场），58.00%（87 个）的社区拥有 1～2 个休闲活动场所，整体状况一般（图 3.15）。另外，企业社区周边休闲活动场所数量的均值为 1 个，

而且有 1 个休闲活动场所的社区最多，达到 60 个；数据方差为 1.43，标准差 1.20，表明休闲活动场所的分布比较均匀，离散程度不大。

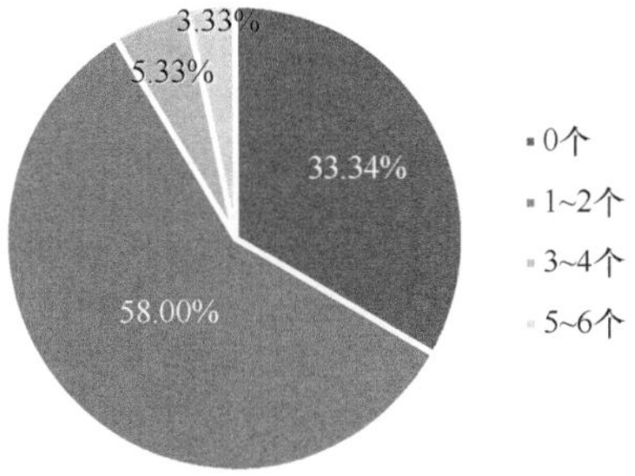


图 3.15　企业社区 1km 内休闲活动场地（绿地、公园、广场）数量情况

## 3.2.7　市政服务设施较好

根据笔者在宝鸡、西安等地调查，企业社区周边的社区服务中心、街道办事处、银行网点、电信服务网点等市政服务设施齐备完善，居民日常生活方便（图 3.16）。同时，大部分居民对社区周边的市政服务与便民设施较为满意，存在的问题主要包括市政基础

图 3.16　企业社区外部市政服务设施机构

设施维护不到位、燃气暖气供应不足、市容环境监管治理不及时、小区周边绿化管理迟缓、便民设施不足或没有，以及服务中心的管理与服务态度差等。

总体而言，各个社区外部的市政服务管理良好，便民设施完备，市政服务基本完备，管理有序，基础设施维修及时，市容环境监管到位，绿化管理完善，卫生、安全、科学、政策等的宣传教育普及性强。

### 3.2.8 环境卫生状况参差不齐

近些年，在政府的管理下，企业社区外围的环境、绿化、卫生整体得到极大改善，但临街的环境卫生状况一般。在城市衰退区域或边缘地区，企业社区周边环境卫生状况一般较差，居民反映时常出现垃圾不能及时打扫、地面脏乱、环境卫生相关管理较松散等问题。相比之下，在城市片区开发改造或内城更新范围内的企业社区，外部环境卫生状况整体上较优良，环卫设施有序，绿化、环境卫生基本较好。

总体而言，企业社区比较集中的城市衰退区域，社区周边环境卫生状况较差；城市片区开发改造或内城更新范围内的企业社区周边环境卫生状况整体较为优良（图 3.17）。

图 3.17　企业社区周边环境卫生

## 3.3 外部建成环境实例

上述基于网络数据结合实地的总结，反映了企业社区外部建成环境的整体状况——建成环境成熟，状况良好。事实上，笔者调研过程中也发现了另一个现象，尽管企业社区距离城市中心远近不同，但大部分企业社区的建成环境状况相差无几，尤其企业社区外部的商贸服务的复杂程度基本一致，且以居民的消费需求为主导来自我塑形，囊括了人们的衣、食、住、行四大需求，紧密贴合着企业社区居民的日常生活需求。本节选择西安市西侧，距离市中心（钟楼）由近及远不同的3个社区——团结中路西变公司丰登小区、阿房二路陕棉十厂社区二村和建章路中国北车集团西安车辆厂小区，以及咸阳市七九五厂生活区（华星社区），基于实地调查数据，进一步梳理并综合认知企业社区外部建成环境状况。

### 3.3.1 西安市企业社区外部建成环境

西安市3个企业社区调研的直观总体印象是，企业社区外部道路平整、交通畅通，多为双向四车道（图3.18），部分支道、侧道坑洼不平，如陕棉十厂社区；公共交通线路尚好，出行方便，3个社区主出入口临街分别有1个、2个和6个公交车线路，西变公司丰登小区北侧约1.5km主干道（大庆路）上公交线路众多，地铁畅通。

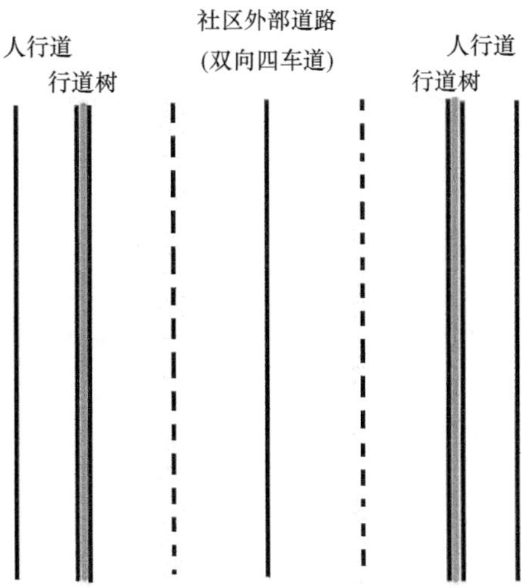


图3.18 双向四车道示意图

公共服务设施齐备。在1km范围内，3个社区分别有小学2所、2所和1所，初高中（完中）1所、2所和1所；西变公司丰登小区有三甲医院1所、社区医院1所，陕棉十厂社区有社区医院1所，车辆厂小区有社区医院1所，3个社区外围各类临街私人诊所众多。调研反映，居民对社区外部公共服务设施普遍满意。

环境卫生状况如上文所述，参差不齐，差异较大。3个社区行道树特征突出，临街行道树以早期盛行的法国梧桐为主，普遍缺乏街头绿地；在国家生活垃圾分类政策导向下，3个社区的街道都增设了新型临路垃圾箱，配有环卫工人，整体卫生状况较好，但部分社区的侧路、支路上临街商铺、街头商贩、停泊车辆等众多，造成街容街貌凌乱，卫生状况不佳。

另外，每个企业社区统计了外围其中三条临街道路两侧，长度分别控制在1km的商业业态类型、数量、空间面积等方面数据。企业社区外围商业服务业等状况介绍如下。

### 1. 西变公司丰登小区

西变公司丰登小区，隶属于西安西电变压器有限责任公司，位于西安市莲湖区团结中路，地处西安市城西板块，在所选取的 3 个社区中距离市中心最近（5.1km）。社区外部道路平整，双向四车道（图 3.19）。

图 3.19　西变公司丰登小区外部道路状况

社区外部临街商铺多为小型门面房，20～40m$^2$，少数大型门面房（如车辆维修保养店），80～100m$^2$，规模以上的超市、餐饮店与宾馆较少。社区外部临街商铺最多的类型为饭馆，共有 82 个；其次为小商店，有 27 个；水果蔬菜店和服装店，均为 12 个；理发店和熟食饮品店，数量分别为 11 个与 10 个；剩余商铺类型都在 10 个以下。临街的药店诊所共有 8 个，卫生站 1 个，中医馆 1 个，儿童医院 1 个，银行 1 个。以上调研结果反映出，老旧企业社区外部商业业态多为满足居民的日常生活需求品类，商铺类型丰富，包括了人们的衣、食、住、行四大方面，贴合了现代人的日常生活实际需求（表 3.2、图 3.20）。社区周边有 1 个大型公园（1.5km），社区服务中心距离社区较近，方便居民的日常生活，临街卫生状况良好。

**表 3.2　西变公司丰登小区临街商业业态**

| 临街道路 | 业态类型与数量/个 |
|---|---|
| 团结中路、桃园西路、丰登路 | 饭馆（82）、小商店（27）、水果蔬菜店（12）、服装店（12）、理发店（11）、熟食饮品店（10）、休闲保健（9）、车辆维修保养（9）、便民服务点（8）、便利超市（7）、彩票站（4）、宾馆（4）、殡葬（4）、五金店（3）、中介机构（2）、旅行社（2）、驾校报名点（2）、建材店（2）、焊接加工（2）、眼镜店（1）、化妆品店（1）、花店（1）、广告（1）、网吧（1）、粮油店（1）、蔬菜市场（1） |

注：便民服务点包括手机与电脑服务、快递服务、物业、打印等，下同；此表未包括药店、医院等，下同。

**居民访谈**

“社区外的道路平整，但是道路等级不同，它的维修和干净状况不同。公交线路挺多，去哪都可以，出门很方便。”

“最近的连锁超市是华润万家，有两个，离社区只有一站公交的距离。银行、药店也都方便。”

“社区附近的幼儿园有两个，小学有两个，中学有 1 个，学生上学很方便。”

“社区附近只有一个劳动公园，还有个小树林，没有其他的大型广场或者公园。”

“社区街道服务站离社区很近，平时去办事很方便。”

图 3.20　西变公司丰登小区外部商铺状况

**2. 陕棉十厂社区二村**

陕棉十厂社区二村建于 20 世纪 50 年代，典型的苏式建筑，隶属于陕西第十棉纺织厂，工厂现已倒闭，位于西安市未央区阿房二路，距离市中心 9.4km。社区主出入口外部为阿房二路的支路，道路狭窄而不平整（图 3.21），两侧商贩众多，但行道树（法国泡桐）茂密。

图 3.21　陕棉十厂社区二村外部道路状况

社区外部临街商铺多为小型门面房，20～40m$^2$，贴近居民的日常生活，无现代化的大型商业设施。社区外部道路临街商业业态状况如表 3.3 所示，较多的依次为饭馆、服装店、小商店、熟食饮品、休闲保健、水果蔬菜店、便民服务点及理发店。临街的药店诊所共 10 个，卫生所 1 个，银行 3 个，敬老院 1 个。从以上的调研数据来看，企业社区外部商业业态仍主要为贴合居民日常生活的类型，丰富多样（图 3.22）。社区附近没有大型的公园与广场，居民日常没有较大的活动场地。该社区主出入口外部道路卫生情况较为一般。

表 3.3　陕棉十厂社区二村临街商业业态

| 临街道路 | 业态类型与数量/个 |
|---|---|
| 阿房二路、阿房二路支路、陕西第一针织厂社区通道 | 饭馆（60）、服装店（34）、小商店（23）、熟食饮品（13）、休闲保健（13）、水果蔬菜店（12）、便民服务点（12）、理发店（10）、便利超市（8）、家居（8）、蔬菜与批发综合市场（6）、干洗店（3）、广告（3）、驾校报名点（3）、殡葬（3）、彩票站（2）、化妆品店（2）、书画店（2）、宠物店（2）、旅行社（2）、洗浴（2）、车辆维修保养（2）、五金店（2）、购物广场（1）、眼镜店（1）、俱乐部（1）、中介机构（1）、网吧（1）、宾馆（1）、建材基地（1） |

图 3.22　陕棉十厂社区二村外部商铺情况

**居民访谈**

“社区外道路较窄，且是水泥路，不太平整。公交线路有两条，有到市里的，也有去咸阳的。”

“社区门口的流动摊位横竖交叉，还有菜市场、小吃城、批发市场，商铺都是小型的产权房。社区最近的大型商场只有宜家超市，大型的连锁超市也比较远，5km有一个华润万家，星级宾馆也较远，距离有 2～3km。社区方圆 3km 内基本没什么大的商业设施。”

“社区附近学校很完善，幼儿园、小学、中学都有。”

**居民访谈**

“平时看病去附属医院，是原来的陕西三棉厂职工医院。门口的小诊所较少。”

“社区附近没有公园、广场，至少距离 2km 以外有个广场。”

“社区外的环境一般较为脏、乱、差，主要是打扫后不能保持，很快就脏了。”

“以前社区周边聚集了三印社区、一针社区、十棉社区，除了成衣制作外是一个完善的地区。”

### 3. 西安车辆厂小区

西安车辆厂小区建立于 20 世纪 50 年代，隶属于中国北车集团西安车辆厂，位于西安市未央区建章路，距离市中心 11.1km。社区外部干道（建章路）双向四车道，平整通畅（图 3.23），两侧皆有人行道，行道树茂密。

图 3.23　车辆厂小区外部道路状况

社区外部临街商铺密集，多为小型门面房，少数大型门面房，高档、大型的超市、餐饮店与宾馆较少。社区外部临街商业业态状况如表 3.4、图 3.24 所示，饭馆、服装店、熟食饮品店、便民服务点、小商店与休闲保健店为主要类型。临街的药店诊所共有 11 个，银行有 4 个。企业及社区建有宾馆、附属学校（幼儿园、小学和中学）、附属医院、活动中心和社区广场。社区临街的环境卫生状况一般。

**表 3.4　车辆厂小区临街商业业态**

| 临街道路 | 业态类型与数量/个 |
| --- | --- |
| 建章路、花园西街、花园东街 | 饭馆（55）、服装店（23）、熟食饮品店（20）、便民服务点（15）、小商店（14）、休闲保健（14）、水果蔬菜店（10）、便利超市（10）、理发店（8）、化妆品店（5）、培训机构（5）、彩票站（4）、车辆维修保养（4）、眼镜店（3）、婚庆及摄影（3）、旅行社（3）、驾校报名点（3）、五金店（2）、花店（2）、广告（2）、宾馆（2）、干洗店（1）、游乐园（1）、数码科技（1）、书店（1）、中介机构（1）、网吧（1）、菜市场（1）、建材店（1）、贵金属加工（1） |

图 3.24　车辆厂小区外部商铺与活动中心

**居民访谈**

“社区属于老小区，外面的街道比较窄。”

“公交方便。”

“建章路有早市，摆摊较多，会比较堵，周末最堵。”

“距离社区大约 1km 有商场。社区附近就是车辆厂幼儿园、小学、初高中。西安北车医院也在附近，规模不大，但平时看病足够。社区门口有建行、工行。社区周边的商业、医疗、教育都很方便。”

“环境、卫生都有工人打扫，但感觉一般。”

## 3.3.2 咸阳市企业社区外部建成环境

七九五厂生活区（陕西华星电子集团有限公司社区）位于咸阳市渭城区的老城区，1952 年建厂于当时的郊区，发展至今，外围的郊区已转变为内城区域，但周围建成环境并不太好，该社区与外围区域被居民戏称为“城中村”。社区外部新铺设柏油马路，道路平整，机动车车道属于双向四车道（图 3.25），与人行道之间种植有茂密的行道树（法国泡桐），以前的苏式规划风格强烈。道路两侧停有车辆，占据车道部分空间，人行道旁设立共享自行车点，约每 100m 设立 1 个垃圾桶。社区北门与最近公交站的距离为 21m，周边的公交线路共 3 条。

图 3.25 七九五厂生活区外部道路状况

社区外部商铺多为临街楼房一层所改造的小型门面房，面积 20～40m$^2$，大型商铺较少，缺高档、成规模的超市、餐饮店、宾馆等现代化商业设施。社区外部临街商业业态如表 3.5 所示，多饭馆、小商店等，类型较为丰富（图 3.26）。临街的药店诊所共有 13 个，银行 3 个。社区外部设有幼儿园、小学与中学，没有大型的公园与广场等活动场所，居民平时多在社区内部活动，临街的环境卫生状况良好。

**表 3.5 七九五厂生活区临街商业业态**

| 临街道路 | 业态类型与数量/个 |
| --- | --- |
| 毕塬东路 | 饭馆（22）、小商店（21）、便民服务点（9）、理发店（8）、服装店（7）、便利超市（6）、车辆维修保养（6）、休闲保健（5）、彩票站（4）、旅行社（3）、干洗店（2）、花店（2）、熟食饮品店（2）、广告（2）、宾馆（2）、驾校报名点（2）、建材（2）、网吧（1）、旧货市场（1）、五金店（1） |

该社区一个典型特征是，过去计划经济时期内部的商业服务业设施保留和改造使用较好，居民的日常生活需求大多可以在社区内部得到满足，一定程度上削弱了社区外围

商业服务业的发展势头。从调研数据来看，社区外围的商业业态没有城市中心的现代化商业景象，商铺多是贴合社区居民的日常生活需求。

(a)

(b)

图 3.26　七九五厂生活区外部（a）与内部（b）商铺情况

**居民访谈**

“社区是在老区，马路情况和街道卫生不如新区，人行道不平，路边停车多但基本不干扰车辆或行人。”

“社区门口只有一条公交线路，其他的线路需要走一段距离。”

“附近有三四个大超市，很近，坐公交过去很快。社区正门外商业不发达，店铺较少，也没有空间可以建设大型商场。”

“学生上学很方便，不是太远，幼儿园在社区内，社区附近小学、中学都有。”

“社区周围小诊所之类的挺多，但看病一般去社区外的大医院，如区第一人民医院和市医院，坐公交很快就可以到。”

“社区里有活动场所，社区附近没有公园、广场之类。”

“社区的服务中心不方便，对社区的管理不及时。”

“临街道路的卫生还可以。”

## 3.3.3　基于实地调查的外部建成环境认识

基于上述西安市内不同区位，以及西安、宝鸡、咸阳等地的企业社区外部建成环境的调查结果，可以得出以下认识。

（1）老城区或企业社区外围建成环境的总体特征是历史悠久，多苏联规划风格。社区临街建筑、道路交通、行道树等多采用苏联规划设计风格，道路较窄，单行道、双向两车道或双向四车道居多，人行道较宽，行道树茂盛，且为20世纪60～80年代法国梧桐，分隔机动车道与非机动车道、人行道，枝叶茂盛，遮阴效果好，但同时也对临街建筑内的采光有一定的影响。依据调研结果同时发现，老旧企业社区内部与社区外部的街区缺乏停车场，社区外部临街停车较多，基本是常态，致使双向四车道变成两车道通行。

（2）居民出行方便但不够便捷。1km范围内公交线路3～5条居多，但2km左右范围内或主干道上交通方式和交通线路多种多样。

（3）临街商铺面积较小，但服务类型丰富。商铺面积不等，10～20$m^2$、40～50$m^2$、80～100$m^2$居多。以小饭馆、零售商店、服装店、理发店等为主，缺乏较大规模连锁超市、酒店和宾馆等服务设施机构。现代商业服务业多需要大占地、大空间、大人流，交通区位优，而企业社区所在街区限于空间、临街建筑面积和区位，一般很少有该类设施机构。当社区内部的商业设施较强，外部的商业设施一般较弱，居民的日常生活需求大多在社区内部得到满足。

（4）教育、医疗、金融服务设施较佳。在1km左右的范围内，一般有2～3所幼儿教育机构，2所小学，1～2所中学（含初中和高中）。在市场导向下建立的街道诊所、社区医院、片区医院、银行机构配备齐全。

（5）街道环境卫生欠佳。老区街道窄，车辆停放多，路面尘土多，即使有了现代化的环卫设施，但与城市内现代化城区相比，仍旧有较大的差别，居民对社区外的街道卫生意见不一，但都认为需要改进。

（6）区位影响社区建成环境。离开城市中心一定距离后，越向外围，企业社区建成环境越趋于简单。当然这不是绝对的，如“城中村”式的社区，尽管距离城市中心相对较近，但社区外部的建成环境差强人意。

（7）企业社区建成环境与城市社会经济发展状况等相关。与西安相比，咸阳的七九五社区（华星厂社区）除40～50年前种植的行道树装裱的绿化环境，以及苏式风格的道路、人行道外，公交通勤环境、商贸服务设施环境、金融服务设施环境等较同在内城的西安企业社区仍有一定差距。

（8）企业社区外围缺乏大空间大设施的现代建成环境。企业社区属于老旧社区，一般内外空间利用充分，商业用地规模亦有限，无法像现代商品房小区拥有较大商业用地以建立大型现代化商业设施，以致社区附近大型连锁超市、商场、星级宾馆、较大规模的酒店等相对较为匮乏。

## 3.4 本章小结

企业社区的外部建成环境主要是以企业社区为中心的外部街区或城区，经过一系列发展建设，所呈现出来的各类建筑、设施等人工景观为主的空间综合体。本章结合西安、咸阳等地的企业社区外部空间的网络搜索数据、实地调研状况、问卷与访谈数据，通过对道路、交通出行、商贸服务、教育机构、医疗机构、休闲活动场所、市政服务与环境卫生 8 个维度的介绍，充分剖析和认识企业社区的外部建成环境。

通过本章的研究可以看出，企业社区外部的建成环境的整体状况是，集聚于内城老区，建成环境成熟，状况良好。企业社区的道路密集，路网成熟，临街建筑、道路交通、行道树等多采用苏联规划设计风格，道路较窄，单行道、双向两车道或双向四车道居多，交通便捷，出行方便。企业社区大范围内的商业服务业发达，但临街商铺多面积较小，现代化商业设施较少，社区周边的商贸服务多以居民的消费需求为主导来自我塑形，通过市场机制形成一个内在的体系，囊括了人们的衣、食、住、行四大需求，满足社区居民的日常生活需要。然而，当企业社区内部的商业设施较强，外部的商业设施一般较弱，居民的日常生活需求大多在社区内部得到满足。企业社区周边的教育设施较多，医疗机构较为完备，休闲活动场所有待完善，外部的市政服务、便民设施较好，临街的环境卫生状况参差不齐。社区的外部建成环境与区位、城市社会经济发展状况等相关，且外围缺乏大空间大设施的现代化建成环境。

# 第 4 章

# 企业社区内部居住环境

随着经济社会的发展，中国已进入全面建设小康社会的关键时期，追求幸福美好的生活成为个人和社会共同的目标。居住环境作为基本生活的场所，其优劣对于人们所追求的美好生活和主观幸福感至关重要。居住环境是指围绕居住和生活空间的生活环境的总和，包括自然条件、各种设施条件和地区社会环境等（Asami，2001）。从狭义上来说，指的是我们居住的实体环境，从广义上来说，还包括社会、经济和文化等环境（浅见泰司和高晓路，2006）。企业社区作为时代发展的产物，其建设始终与新中国工业及城市发展的轨迹挂钩，社区建筑与环境也在企业发展及城市更新的浪潮中不断变化、改造。同时，伴随经济制度转型及国企改革，企业社区经历了生活福利设施从内部齐全、分散布局，到大部分设施退出企业大院，再到各类设施周边式布局，社区内部设施及环境景观一直处于动态更新变换中。另外，企业改革及住房商品化等一系列原因致使社区居民从原来的同质性企业职工转向异质性多行业杂化、老龄化及贫困化，社区管理也相应发生转换。因此，本章主要从企业社区住房特征、社区居民、社区内部配套设施、社区管理及居住环境评价等方面介绍企业社区内部居住环境。

## 4.1 企业社区住房特征

### 4.1.1 企业社区住房概况

企业社区作为时代发展的产物，其发展建设始终与我国的工业及城市的发展轨迹挂钩。新中国成立初期，工业化与城市建设在中央政府的统一领导下，逐步从半殖民地半封建转入了以苏联模式为示范、以重工业为中心、以计划经济体制为核心的工业化与现代化发展路径（周明长，2004），因此有了“一五”（1953～1957 年）、“二五”（1958～1962 年）计划时期首批军工、煤炭、电力、机械、冶金、石油和化工等企业及企业社区的大规模建设，主要布置在东北、中部和西部地区的沈阳、北京、太原、武汉、郑州、西安、兰州、重庆等城市。20 世纪 60 年代中期的“三线”建设（1964 年以来），又一批大规模国防、科技、工业、电力和交通基础设施企业及企业社区在“三线”地区［中国西北和西南地区的 13 个省（区）］建成，70～80 年代国际关系缓和后国家对“三线”企业实施“关、停、并、转、迁”等政策，部分企业被兼并、转制，从边远山区迁移至城区。1978 年改革开放，市场经济转型，又一次带动一大批企业社区的建设。紧随其后为一系列国企改革，对出现亏损的国有中小型企业、集体所有制企业实行“破产”和“解体”，没有亏损的企业实行“转制”，促使企业及企业社区发生了较大的改变。此过程中依然伴有企业社区建成，但数量少。因此，企业社区作为工业企业建设过程中不可或缺的附属品，其发展建设与企业建设同步或稍晚于企业建设。

企业社区建筑在企业发展及城市更新的浪潮中不断更新、改造。由上文可知，我国企业社区建设主要集中在 20 世纪 50 年代、60 年代以及 80 年代，一般每个社区都存有不同时期的建筑。从 20 世纪 50 年代企业社区初建至今，社区建筑一直处于动态改造、拆旧建新中，因此，50 年代至今的建筑在企业社区中或多或少都能有所留存，只是不同时代建筑结构、材质、样式、层数、现存数量等各不相同。另外，现存建筑建设年代与企业社区建设年代、企业发展、社区管理、城市建设，以及建筑建成时长等因素相关。

通过对西安、宝鸡、咸阳等地企业社区调查统计发现，整体而言，企业社区建成年代主要集中在 20 世纪 50 年代（35.71%）与 80 年代（27.14%），其他时期零星有社区建成，相对较少（图 4.1）。各个时代的建筑都有所保留，但数量不一。其中，80 年代的建筑最多（24.78%），90 年代（20.6%）次之，其次为 70 年代（15.22%）及 2000～2010 年（16.72%）的建筑，50～60 年代的建筑因建设年代久远，无法满足居民居住需求、社区建设与城市发展等的需要而拆除，留存较少，2010 年之后，拆旧建新步伐放缓，主要着力于旧房改造，因此，新增建筑最少（图 4.2）。

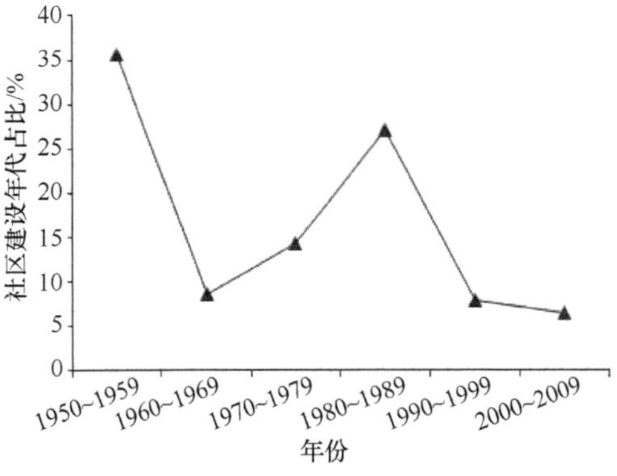


图 4.1　企业社区建设年代

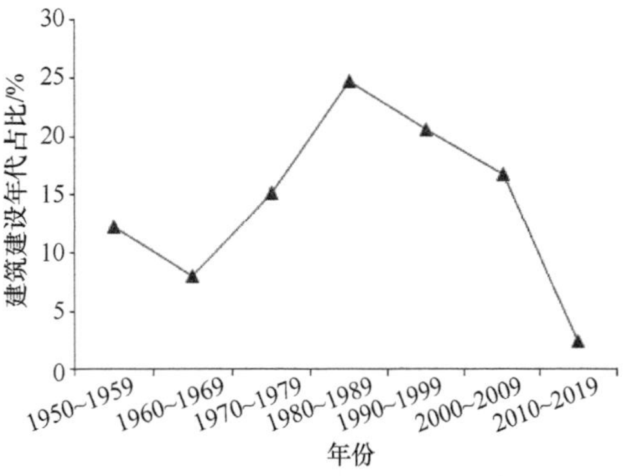


图 4.2　企业社区建筑建设年代

### 4.1.2　不同时期住房特征

**1. 20 世纪 50～60 年代：单层或低层砖结构建筑为主，苏式特色突出**

“一五”计划期间，工业化大生产带来了苏联的生产模式，也由于工业生产模式带来了苏联的居住区建设模式。楼栋建筑在布局设计、建设模式等各方面都带有明显的苏式风格。厂区与住宅区混合布置，二者相邻或临街相对，住宅区中的建筑物一般包括住宅、公共建筑和杂用建筑，均注重艺术，富有美感。公用和杂用建筑主要为日常使用的生活文化等福利设施，通过统一规划，全面配置文化、生活等服务建筑，如运动场、小公园、商店、浴室、图书馆、体育馆、幼儿园、小学、初中、高中、俱乐部、影院、剧场、食堂，以及职工医院等。住宅楼主要为中低层建筑，楼和楼之间没有太多景观小品，主要以景观绿化为主。为了交通方便，住宅楼的主体沿道路规划，强调街道对称和楼房布局。受“先生产、后生活”政策及建造水平等的制约，住房建设只讲究实用，多为低层平房，筒子楼或者简易单元楼。

一方面，苏联援建住宅，每栋房屋户型不等，各种套型采取定型化设计。3～5 层楼一般为方方正正的大楼模块，长方形大窗户，同时，每间房屋的天花板离地 3～4m 高，房屋注重装饰点缀，门洞、楼梯、窗户、阳台等都带有设计感。设计巧妙，注意通风，不存在遮阳干扰问题。同时，建筑质量较好，尽管几十年过去了，苏联建筑依旧结构完整，结实牢固，冬暖夏凉，受到居民好评，如图 4.3 所示。

图 4.3　苏联援建住宅

另一方面，受当时社会环境的影响，在住宅建设和居住区规划上，片面强调发扬“干打垒”精神（一种简易的筑墙方法，在两块固定的木板中间填入黏土来筑墙盖房），也建设了一批劣质住宅，住房面积大小及户型设计等没有针对性和实用性，不同需求居民居住不便，居民楼拐角多，住宅采光差，室内空气流通性差，或几户合用一个厕所，或几户共用一个上下水，或以土坯作墙体建楼房，或以加宽走廊作为户外厨房，楼房日照间距小。这种设计建造，不仅给居民居住生活造成不便，而且为后期邻里之间的摩擦带来了隐患（图 4.4）。

图 4.4　陈旧破败的劣质住宅

依次为楼道阴暗、陡峭，多户共用卫生间，以土坯作墙体建房

**2. 20 世纪 70～80 年代：平房与低层、多层单元楼混杂分布**

20 世纪 70～80 年代，企业单位在社区内部拆旧建新或直接增建住宅楼，尤其 1978 年以后，各企事业单位认真着手解决多年积累的住房紧张问题，增加住宅建设资金，扩大住宅建设规模。新建一大批多层砖混结构楼，包括单元楼及筒子楼。该时期，企业社区内部住房按房屋层次构成分类：平房及 2～3 层楼房占到社区住宅楼的一半左右，4～6 层楼房占 1/3 左右，其他则在 7 层以上，9 层以下，整个社区中平房、筒子楼、单元楼混合布局。

**3. 20 世纪 90 年代：多层砖混及钢混结构楼为主，各年代住房混杂布局**

20 世纪 90 年代时期，随着经济、社会、制度转型，中国城市面临着剧烈的空间重构（吴缚龙等，2007）。1993 年开始实行土地有偿使用制度，土地市场逐步形成并完善，地价因素逐步开始发挥对城市空间的调整作用，导致城市土地重新配置，工业及低价格住宅外迁，地价较高的城市中心区逐步让位于商业用途。另外，随着改革开放、市场经济转型，住房商品化的深入，1998 年 7 月，国务院颁发了《关于进一步深化城镇住房制度改革加快住房建设的通知》，以“取消福利分房，实现居民住宅货币化、私有化”为核心，使得在新中国延续了近半个世纪的福利分房制度寿终正寝，“市场化”和“商品房”成为住房建设的主题词。

国企改革及一系列市场经济转型使得单位制度解体，单位办社会职能分离，全员实现劳动合同制。大多数单位企业面临合并、转制、搬迁或政策性破产，企业社区内部在所难免地经历了一场大刀阔斧的改造。首先，房屋产权由原来的国家、企业、个人各占 1/3，转换为企业向员工低价出售产权，大部分职工将产权买断，获得全产权；少部分产权依然归单位所有，自身仅有居住权；还有一部分通过低价租赁的方式继续居住。其次，非专业职能从单位中剥离并实现社会化（柴彦威等，2008），各类福利设施逐步从企业社区内部撤出，或迁至社区周边，或直接拆除。但同时，市场化的深入及城市快速扩张导致企业社区由郊区演变为内城，社区周边临街出现各种储蓄、邮局、书店、食品、超市，医药等商业服务设施和中学、小学、幼儿园、托儿所等教育设施。部分社区将临街住宅进行商业化改造，出租或出售给商贩进行商业活动，成为单位居民“隐形”的福利。

此时，企业社区内部见缝插针式新建，或拆除旧建筑、公共设施、厂房等边拆边建住宅楼。社区内部原建平房与 2～4 层楼房被大批拆除，兴建新的住宅楼，新增住宅以多层砖混及钢混结构单元楼为主，建造标准及配套设施较先前普遍提高，住房面积普遍增加。

**4. 2000 年之后：20 世纪 80～90 年代住房为主，新增多层、小高层或高层住宅**

2000 年之后，企业社区内部现存住房主要以 20 世纪 80～90 年代建筑为主，其次为 70 年代及 2000 年之后，50～60 年代的建筑大多已拆除。新增住房为钢筋混凝土或剪力墙结构为主的多层、小高层及高层住宅，住房面积大，各种配套设施齐全。

总之，企业社区一般随企业发展状况发生改变。企业在生产，社区则发展较好，在原社区继续拆建高层或兴建新的住宅小区。企业被兼并，原厂后勤管理则不复存在，导致社区管理空缺，基本放任社区及居民“自生自灭”，再无任何兴建项目。企业破产，国资委接手，社区则由国资委下属或委托的后勤物业负责管理，保持原建筑布局，拆建较少，但也不排除部分企业破产之后，在企业后勤物业及政府部门的努力下，继续新建住宅楼或改善社区居住环境。

同时，就住房特征而言，社区内部新旧住房共存，目前 20 世纪 90 年代之后的建筑功能足以满足居民居住需求，早期修建的房屋则老化严重。由于建成时间早，随着房屋使用时间的增加，部分建筑存在结构安全和防火性能差等质量安全问题；小区管网老化，给排水管道、电梯、水泵、配电、消防等设施落后或缺失，失修失养；楼梯等公共环境破旧，阴暗且陡峭，存在较大的安全隐患。企业社区自身所具有的区位优势导致住房水平和区位条件严重不符，造成内城空间住房供给与需求不匹配（塔娜和柴彦威，2010）。因此，亟需企事业单位自身及政府助力进行更新改造。

## 4.1.3 不同类型住房特征

**1. 行列式双面坡屋顶的单层砖建筑——平房**

平房主要建于20世纪50年代，是指由青砖或红砖加水泥建成的两面坡屋顶的单层建筑体，多间依次并排布置，每间面积 12～27m$^2$，单间或单间加厨房套间，配套公共厨卫或独厨公卫，住房建筑一般沿划分社区的城市道路布局，社区内建筑平行排列，分为纵向的单列或几列。建筑密度较大，基本无活动场地，人们的活动集中在行列平房和社区道路之间，如西安市鱼化寨街道的三五〇七社区，当前依旧能看到这类建筑。该社区中现存平房为纵向3列，68排，其中住房与厨房各34排，二者相对而建，即每户一间住房对应一间厨房，每排约18户，房屋面积约20m$^2$。对于当时而言，这种设计在满足居住方便的同时，促进了邻里之间的交流，为人们的集体生活提供了很大便利。而如今，这批房子在经历了 60 多年的风风雨雨之后，已经变得破败不堪，水电及各项基础设施老化，道路坑洼，面积狭小，设施不全无供暖，已无法满足居民居住安全、便利、舒适等需求，如图4.5所示。

图4.5 西安市三五〇七社区现存平房

**2. 长廊单间或套间——筒子楼**

筒子楼俗称“火车皮”，为一条长走廊串连着许多个单间，多为砖水泥或砖混结构，20世纪50年代为2～3层，每层6～10户，60年代所建为3～4层，70年代为4～5层，80～90年代为5～7层，均为一层多户（6～24户），户型主要包括单间（一室）、相邻套间（两室）或对门套间（一室一厨或一室一厨一卫）等，分为单身宿舍楼或母子楼，单身楼一般为单间，母子楼一般为套间，住房面积单间一般为12～18m$^2$，套间则在20～40m$^2$，独厨公卫，独卫公厨或公共厨卫，无厨房则在走廊或室内搭灶台做饭，如图4.6所示。

图 4.6　现存单身楼外观、楼道、走廊做饭、公共卫生间

母子楼也为单位宿舍性质，是单位专为带小孩的女性分配的宿舍，一些女性集中的企业单位往往要建造母子楼，如纺织厂、绒线厂等企业，住房面积小，如图 4.7 所示。

图 4.7　现存母子楼

### 3. 多样化住宅——单元楼

1）20 世纪 50～60 年代：低层简易单元楼

20 世纪 50 年代主要为 2～3 层，3～5 个单元，一梯三或四户，建筑面积在 30～60m²。普通单元楼一般在 30～40m²，仅较少部分领导干部楼住房面积在 50～60m²。一般仅为两室，没有客厅及阳台，独立厨卫或独立厨房，公共卫生间，为 2～3 家公用。

20 世纪 60 年代单元楼为 3～4 层，一梯三或四户，建筑面积普遍在 30～60m²。少数领导干部楼住房面积在 60～70m²，一般为两室，一室一厅或两室一厅，厨房卫生间独立或独立厨房公用卫生间，部分为后期改造加设了阳台及厨房卫生间，均为砖水泥结构。

2）20 世纪 70～80 年代：多层单元楼

20 世纪 70 年代单元楼以 4～6 层为主，一梯 3～6 户，一般为一室半，两室，三室或一室一厅，两室一厅等，客厅都很小，仅起过道作用，建筑面积为 40～60m²，领导干部楼住房面积为 70～80m²，厨房卫生间独立或独立厨房公共卫生间。

20 世纪 80 年代住房在 5～7 层，一梯两户或三户，两室、两室一厅或三室一厅，住房面积普遍在 50～60m²，少部分在 70～80m²，独立厨卫，砖水泥结构或砖混结构。

3）20 世纪 90 年代之后：多层、小高层或高层单元楼

20 世纪 90 年代住宅单元楼以多层或小高层为主，一梯两户或三户，普遍为两室一厅，客厅的作用和功能日益突出，个别为三室或四室一厅，建筑面积为 50～80m²，极少数面积较大，为 90～120m²，独立厨卫，砖混或钢混结构。

2000 年之后建筑主要为多层、小高层及高层单元楼，尤其 2010 年之后新建住宅均为高层（18 层、32 层或 33 层），一梯两户、三户或多户，每户两室或三室一厅、两室或三室两厅、四室两厅不等，一般在 90m$^2$ 以上，但也存在较多 60～90m$^2$ 的小面积户型，这些住房为独立厨卫，砖混、钢混及剪力墙结构（图 4.8、表 4.1）。

图 4.8　企业社区的多层住宅

**表 4.1　不同时期企业社区新建住房特征**

| 年代 | 住房类型 | 住房结构 | 住房面积 | 户型结构 | 厨卫特征 | 建筑结构 |
|---|---|---|---|---|---|---|
| 20 世纪 50 年代 | 单层平房 | 一排多户 | 12～27m$^2$ | 单间或套间（单间加厨房） | 独厨公卫或公共厨卫 | 砖木或砖水泥结构 |
| | 2～3 层筒子楼 | 6～10 户 | 单间 12～18m$^2$<br>相邻套间约 30m$^2$<br>对门套间约 40m$^2$ | 单间（一室）、相邻套间（两室）或对门套间（一室一厨） | 独厨公卫或公共厨卫，无厨房则在楼道或室内搭灶台做饭 | |
| | 2～3 层单元楼（3～5 个单元） | 一梯 3～4 户 | 建筑面积 30～60m$^2$，普通单元楼一般在 30～40m$^2$，仅较少部分（如领导干部楼）住房面积在 50～60m$^2$ | 两室 | 独立厨卫或独厨公卫（2～3 家公用卫生间） | |
| 20 世纪 60 年代 | 3～4 层筒子楼（如单身楼、母子楼等） | 一层多户 | 单间 12～18m$^2$<br>套间 20～40m$^2$ | 单间（一室）、相邻套间（两室）或对门套间（一室一厨） | 独厨公卫或公共厨卫，无厨房则在楼道或室内搭灶台做饭 | 砖水泥结构（青砖或红砖） |
| | 3～4 层单元楼（3～5 个单元） | 一梯 3～4 户 | 建筑面积普遍 30～60m$^2$，部分（如领导干部楼）住房面积 60～70m$^2$ | 两室、一室一厅或两室一厅 | 独立厨卫或独厨公卫 | |
| 20 世纪 70 年代 | 4～5 层筒子楼（单身楼、母子楼等） | 一层多户 | 单间 12～18m$^2$<br>套间 20～40m$^2$ | 单间（一室）、相邻套间（两室）或对门套间（一室一厨） | 独厨公卫或公共厨卫，无厨房则在楼道或室内搭灶台做饭 | 砖水泥结构或砖混结构 |
| | 4～6 层单元楼（3～6 个单元） | 一梯 3～6 户 | 建筑面积普遍 40～60m$^2$<br>干部楼 70～80m$^2$ | 一室半、两室、三室或一室一厅、两室一厅等 | 独立厨卫或 2～5 家公用卫生间 | |
| 20 世纪 80 年代 | 5～7 层筒子楼（单身楼、母子楼等） | 一层多户 | 单间 12～18m$^2$<br>套间 20～40m$^2$ | 单间（一室）、相邻套间（两室）或对门套间（一室一厨或一室一厨一卫） | 独立或公共厨卫，无厨房则在走廊或室内搭灶台做饭 | 砖混结构 |
| | 5～7 层单元楼 | 一梯 2～3 户 | 建筑面积 50～80m$^2$，普通住宅面积普遍 50～60m$^2$，干部楼 70～80m$^2$ | 两室、两室一厅、三室一厅 | 独立厨卫 | |

续表

| 年代 | 住房类型 | 住房结构 | 住房面积 | 户型结构 | 厨卫特征 | 建筑结构 |
|---|---|---|---|---|---|---|
| 20 世纪 90 年代 | 5～7 层筒子楼 | 一层多户 | 单间 12～18$m^2$<br>套间 20～40$m^2$ | 单间（一室）、相邻套间（两室）或对门套间（一室一厨或一室一厨一卫） | 独立或公共厨卫，无厨房则在走廊或室内搭灶台做饭 | 砖混结构 |
| | 5～11 层单元楼 | 一梯 2～3 户 | 建筑面积 50～80$m^2$，极少数面积较大，在 90～120$m^2$ | 普遍为两室一厅，个别三室或四室一厅 | 独立厨卫 | 砖混或钢混结构 |
| 2000 年之后 | 多层、小高层及高层单元楼 | 一梯 2～3 户或多户 | 建筑面积 50～160$m^2$ | 两室或三室一厅；两室或三室两厅；四室两厅 | 独立厨卫 | 砖混、钢混及剪力墙结构 |

在对西安市企业社区的调查中发现，现存的企业社区住房基本情况如下。

（1）住房结构以一梯两户为主，一梯 3 户次之，其次为一梯 4 户或多户，平房依旧存在，但所占比例极少（0.3%）（图 4.9）。

（2）社区内部住房依旧以小户型住房为主，两室一厅占比 70.62%，三室以上较大户型仅占 10%左右（图 4.10）。

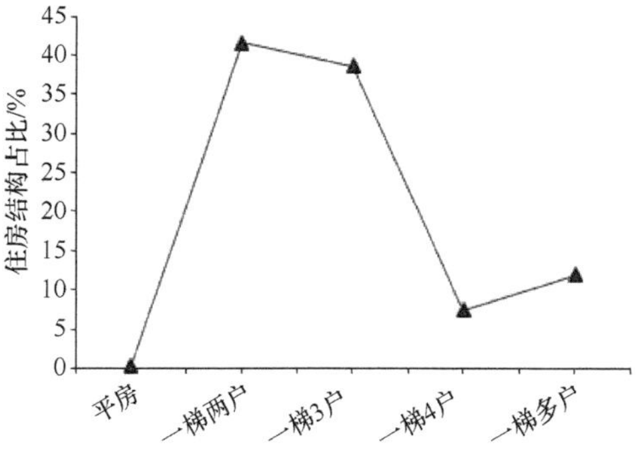


图 4.9 住房结构

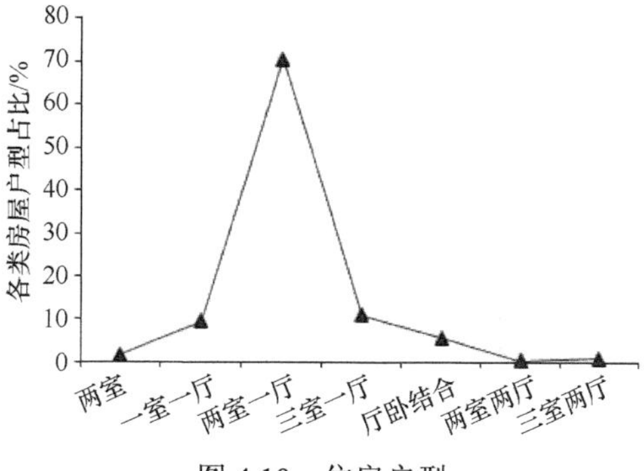


图 4.10 住房户型

（3）住房面积多为 40～60$m^2$、60～80$m^2$ 及 80～100$m^2$，100$m^2$ 以上仅占 6%左右。此外，依旧存在居住面积小于 20$m^2$ 的住户，但所占比例较小（图 4.11）。

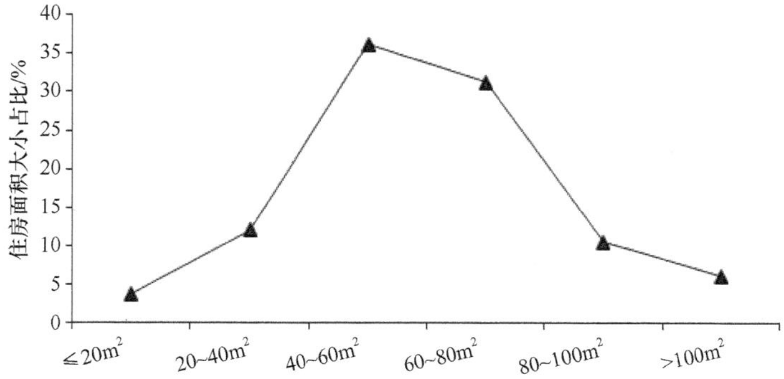


图 4.11 住房面积

（4）厨房卫生间多为独立厨卫，占比 91.93%。尚存在少数多户共用厨房或卫生间的现象，其中卫生间共用较多（图 4.12）。

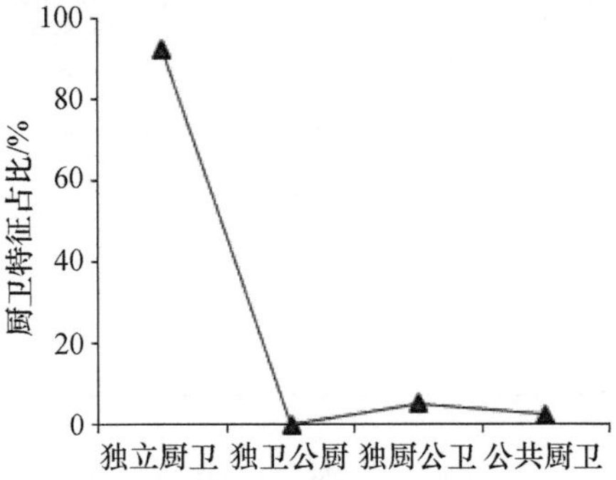


图 4.12　厨卫特征

（5）从居民反映的住宅存在的问题来看，因为企业社区目前居住的多为退休老职工，对于他们而言，目前存在的最大的问题就是多层住宅没有电梯，部分楼梯陡峭、狭窄、楼道阴暗，老年人上下楼极为不便。其次为住房老旧，居住空间狭小。另外，存在旧楼缺乏消防设备，房屋漏水，建筑质量差，建筑出现裂缝，下水管道容易漏水、堵塞，甚至无下水管道，电路管线等老化，无天然气，无市政供暖等。在抽样调查的 1000 多个样本中，11.33%的居民认为其住宅条件较好，不存在住房隐患，其余居民皆或多或少认为住房存在各种各样的问题（图 4.13）。

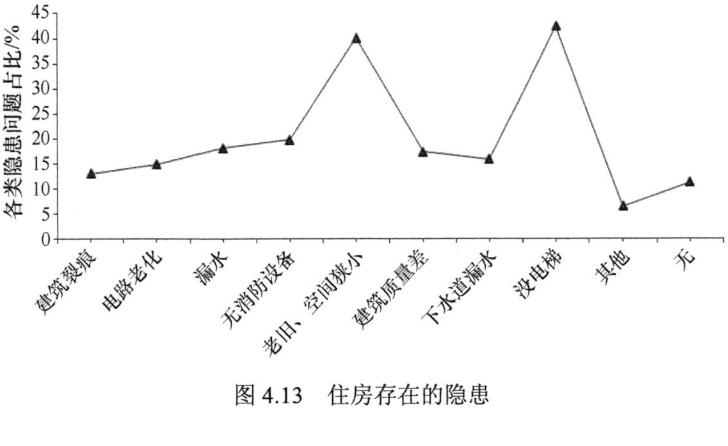


图 4.13　住房存在的隐患

## 4.2　企业社区居民及活动

### 4.2.1　社 区 居 民

#### 1. 单位制时期居民特征

单位制时期，单位作为基本的社会与空间单元，塑造了相对同质化的城市。居民以单位作为身份表征，空间以单位作为基础单元。单位全能化的制度安排带来了单位与社区在地理空间上的重叠和社会职能上的覆盖，单位的多元功能取代了社区的组织地位。单位作为一种制度与社会结构，决定了单位社区的封闭性和内聚性，规范了单位居民的行为模式，形成了具有类似“乡土性”的单位社会空间。同时，以地缘和业缘为基础，单位内部形成稳定的社区组成和集团聚居的格局，致使社区内部居民形成了以社区为中心的生活方式，首属关系、同事关系与邻里关系为主的社会网络关系，以及排外性和内聚性共存的社区认同等（塔娜等，2012）。单位制时期企业社区内部居民具有如下三方面特点。

1）同质性和稳定性的人口特征

一方面，单位制时期，由于国家对于人口迁移的严格管理和社会流动的相对缺乏，城市中少有职业流动和工作变更，企业单位与职工形成了长期稳定的就业关系。另一方面，单位制度决定了单位作为一种自上而下的资源分配方式，为单位成员及其家属给予全方面的社会保障和福利，其中最重要的就是住房的供给。对于企业社区的居民来讲，企业单位决定了其就业、迁居等一系列的重要事件的发生和变化，将居民的居住和迁居限制于企业社区内部。此外，一个企业单位的居民共同工作和生活，拥有相似的企业单位身份、社会背景、关系网络，其生活空间以单位为中心，形成了相似的行为模式和生活方式（塔娜等，2012）。

2）居民存在强烈的企业依赖与社区情结

一方面，户口制度、人事档案等将居民与企业单位紧紧结合在一起；另一方面，企业提供基本福利保障且配备功能齐全的生活设施，导致居民几乎一切日常需求都可以在企业社区内部满足，享有“从摇篮到坟墓”的待遇，因而形成居民对企业及其社区的依赖。

3）企业社区成为以业缘为基础的熟人社区

由于就业与居住高度重合，社区居民在日常工作、生活中互动频繁，通过每天面对面的接触和交流，彼此熟悉、了解，形成了亲密的同事及亲属、邻里关系。这种日常交往和亲密联系形成一种由认识、了解到熟悉、信任的人际关系。因而整个社区形成了一个相对封闭独立的熟人社会。

**2. 单位制解体后居民特征**

20 世纪 90 年代之后，随着社会发展以及制度变革，城市社会进入转型期，单位制度解体，部分企业单位合并重组、转制、搬迁或宣告破产。单位社区内部基础设施拆除或搬迁至社区周边，实现社会化转型，不再单独服务于本厂职工。同时，住房产权的私有化、社区组成的复杂化、社区空间的外向化和社区管理的社会化导致企业社区出现居住人员杂化和过滤现象（塔娜等，2012）。“单位人”到“社会人”的变化开启了单位企业社区居民组成结构和生活方式的转变，过滤、杂化等一系列的社会过程导致了社区内部居民由原始的单一化职工转向人口杂化、老龄化的同时又趋于贫困化，造成了一定的社会问题和社区管理负担。单位制解体后企业社区内部居民具有如下两大特点。

1）居民趋于老龄化

企业社区居民在追随企业度过大半个世纪之后，目前大多都已年迈，较低的经济收入及其对企业社区和熟人环境的眷恋将他们留在了社区，当其原来的邻居相继迁出和社区的住房逐渐老化时，他们经历了被动的过滤过程（塔娜和柴彦威，2010）。

2）贫困化及人口杂化特征明显

较低的收入水平和住房私有化的固化作用将低收入居民留在了企业社区内部，而高收入居民则选择迁出，在家庭生命周期，住房偏好和工作需求的共同作用下，形成以需求和支付能力为取向的市场引导迁居模式（高晓路，2008），购买商品房或被子女接去同住。过滤残留下来的居民多为本厂退休、离休及下岗老职工，离退休职工尚有退休工资养家糊口，若无大病大灾，便可安稳度日。但下岗及买断职工则无退休工资，年纪较轻者或有条件的老者可以另谋生路，而年龄较长或安于现状者可能会陷入贫困。与此同时，随着住房市场的发展，二手房市场和住房租赁市场逐步建立并发展壮大，增强了存量住房的流动性，使得过滤和居住演替成为重要的住房市场现象（塔娜和柴彦威，2010）。大部分迁出的居民将住房以出租的形式租赁给其他外来居民，如租给个体经营户、小商小贩、陪读家庭、进城农民等，部分居民将住房空置以等待新的政策或者拆迁，同时也存在住房二次出售现象，出售给部分消费能力较低的外来户。老旧的居住环境，较低的收入或无收入，致使企业社区内部在出现人口杂化的同时成为新城市贫困人口聚居区。

**3. 基于西安市的企业社区居民特征实证分析**

下面我们通过对西安市内城企业社区居民抽样调查问卷的分析，来进一步认识企业社区现居住居民的总体特征。在随机抽样的 1010 个样本中，企业社区居民总体特征状况包括以下六个方面。

1）男女性别比例基本持平，以 60 岁以上退休老年人为主

居民性别构成男性与女性大致持平，分别为 46%和 54%；从年龄构成上来看，主要以 60 岁以上的退休老年人为主，60 岁以上老人占到了样本数的 75%，30～60 岁的青壮年群体占 21%，而 30 岁以下仅占到 4%，可见，企业社区内部居民趋于老龄化（图 4.14）。从职业上来看，73%为离/退休工人，管理人员、职员、商服人员等占 14%，摊贩/个体经营户占 5%，而教师/科研人员仅占 1%，其他则为失/无业人员或学生等（图 4.15）。

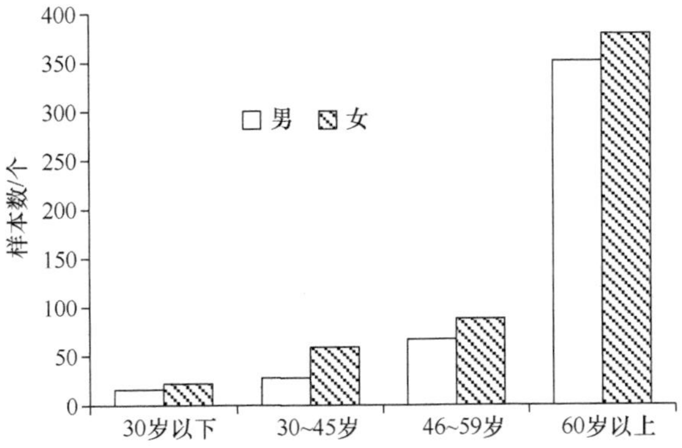


图 4.14 不同年龄段居民男女性别差异

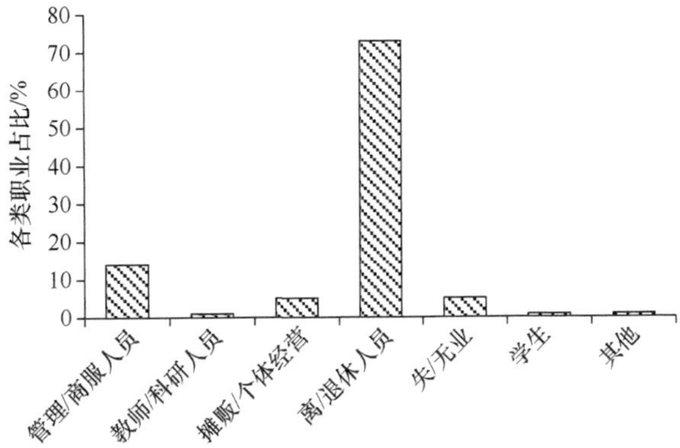


图 4.15 样本居民职业分布占比

2）低学历

从学历上来看，企业社区居民多为初高中毕业或小学毕业，大专、本科及以上学历居民所占比例较小（图 4.16），因而可知企业社区居民学历普遍较低。主要是因为企业

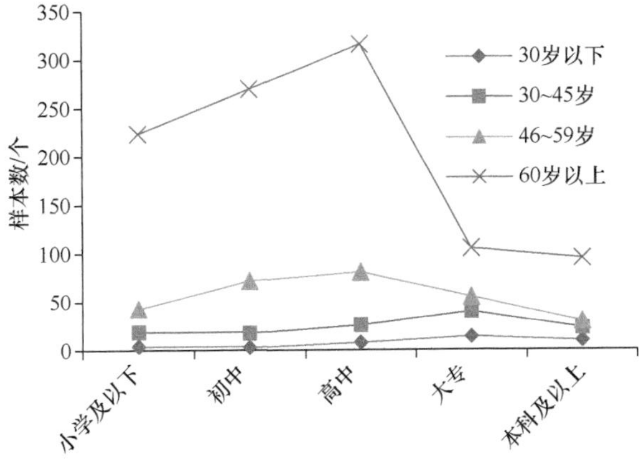


图 4.16 不同年龄段居民学历类型

社区居民多为20世纪50～60年代与60～70年代所生，就当时的社会发展及社会需求而言，初高中毕业即可胜任工厂工作，同时教育水平的限制及工作性质决定了大多工业企业的职工学历较低，但也存在部分研究所及企业领导层多为高学历人才。

3）低收入，贫困化特征明显

从收入来源来看，居民收入多源于离退休金、养老金等，主要因为居民多为离退休工人，上班族收入主要来源于工资、奖金等；其次，部分个体经营户、小摊贩，其收入来自生产经营所得；此外，部分无业居民收入主要靠家庭劳动力赡养所得。从个人月收入来看，当前月收入2500～5000元的占比最多，为69%，其次为2500元以下，占23%，5000元以上占比较小，主要是因为居民多为退休工人，因而收入普遍较低，同时存在部分下岗工人，无业居民，基本无收入（图4.17）。

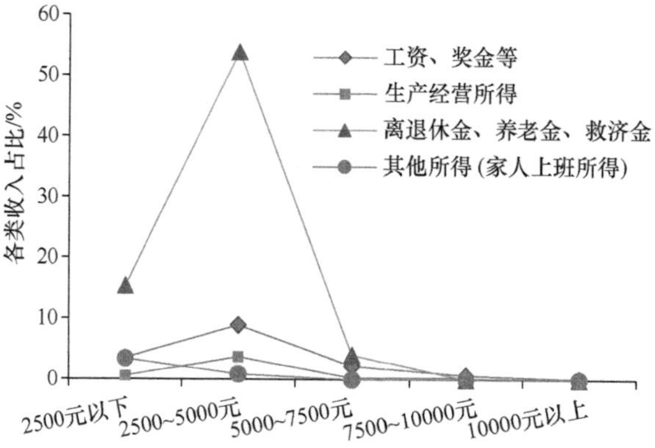


图4.17　居民收入主要来源与月收入分布

4）老年夫妻二人居住为主，居住年限普遍较长

社区居民本地人居多（69%），多为已婚（87%），以夫妻二人居住为主（60%），几代同住的也占据一定比例（28%），但相对较少，单身独自居住的最少（12%）。主要因为所调查样本中居民多为退休老年夫妻，出于生活习惯、居住方便、社区依恋、经济收入、年龄等各方面原因，他们多选择自己住而不是跟子女同住，日常生活也是俩老人互相照料。从居住时长来看，62%的居民居住时间超过20年，20%的居民居住了十几年，其他则居住了10年以下（表4.2）。

5）私有产权为主，人口构成趋于杂化

就住宅所有权而言，66%的居民是自己拥有住宅，17%的住宅产权依旧是单位及居民共有，居民仅拥有居住权而不具备买卖权，12%为租户，剩余属于继承父母住宅或借住在亲戚朋友家或其他原因。与之前单一化的企业职工构成相比，社区居民趋于杂化（表4.2）。

**表 4.2 企业社区居民样本特征**

| 特征项 | | 样本/个 | 比例/% | 特征项 | | 样本/个 | 比例/% |
|---|---|---|---|---|---|---|---|
| 户籍 | 本地 | 697 | 69 | 家庭构成 | 单身独住 | 118 | 12 |
| | 外地 | 313 | 31 | | 夫妻独住 | 604 | 60 |
| 婚姻状况 | 已婚 | 880 | 87 | | 两代及两代以上同住 | 284 | 28 |
| | 未婚 | 37 | 4 | 住宅所有权 | 自己拥有住宅 | 666 | 66 |
| | 离异/丧偶 | 93 | 9 | | 继承父母住宅 | 20 | 2 |
| 居住时长 | 1 年以下 | 19 | 2 | | 借住在亲戚朋友家 | 6 | 1 |
| | 1～5 年 | 90 | 9 | | 租赁住宅 | 126 | 12 |
| | 5～10 年 | 74 | 7 | | 单位及个人拥有 | 176 | 17 |
| | 10～20 年 | 202 | 20 | | 其他 | 15 | 1 |
| | 20 年以上 | 624 | 62 | | | | |

注：样本总量 1010 份，以上统计基于去除某些空缺值及无效值。

6）老年居民多身体健康，不太担忧养老问题且较为幸福

从对老年居民的专项调查分析得到，70%的居民身体健康，26%的居民患有疾病，但基本生活可以自理，剩余 4%的居民患有重病，日常生活需要他人不同程度的照料。尽管年龄较大，社区 85%老年居民思维敏捷，精神状态良好，50%左右的居民医疗负担不太重或不重，但仍然有一半左右的居民有医疗负担。对收入低无法养老、生病没钱医治、生活无人照料及子女不孝等问题的担忧程度多为一般，趋于不担忧。从老年居民目前的生活状态而言，仅有 1.5%的居民觉得自己生活很幸福，60.25%的居民觉得自己生活幸福，31.63%的居民觉得自己生活状态一般，不是很幸福也不痛苦，6%的居民觉得自己生活的不幸福，0.63%的居民觉得自己生活很不幸福。影响居民生活幸福状态的因素很多，包括年龄、受教育程度、婚姻状况、收入、职业、住宅产权、健康状况、居住环境、社会关系、居住时长、居住期望等各方面。因此，相同的居住环境下居民对社区的感知存在差异（表 4.3、表 4.4）。

**表 4.3 老年居民专项调查**

| 特征项 | | 样本/个 | 比例/% | 特征项 | | 样本/个 | 比例/% |
|---|---|---|---|---|---|---|---|
| 身体状况 | 健康 | 563 | 70 | 精神状况 | 思维敏捷 | 678 | 85 |
| | 小病自理 | 207 | 26 | | 记忆不好 | 109 | 13 |
| | 他人照护 | 30 | 4 | | 轻度失智 | 13 | 2 |
| 医疗负担 | 不重 | 256 | 32 | 生活状态 | 很幸福 | 12 | 1.5 |
| | 不太重 | 143 | 18 | | 幸福 | 482 | 60.3 |
| | 一般 | 258 | 32 | | 一般 | 253 | 31.6 |
| | 比较重 | 129 | 16 | | 不幸福 | 48 | 6 |
| | 非常重 | 14 | 2 | | 很不幸福 | 5 | 0.63 |

**表 4.4　老年居民对自身养老现状的担忧程度**

| 项目 | 非常担忧/% | 比较担忧/% | 一般/% | 不担忧/% | 完全不担忧/% |
|---|---|---|---|---|---|
| 收入低无法养老 | 2.51 | 26.22 | 37.64 | 31.49 | 2.13 |
| 生病没钱医治 | 2.39 | 25.75 | 37.56 | 32.29 | 2.01 |
| 生活无人照料 | 0.75 | 14.7 | 40.95 | 41.21 | 2.39 |
| 子女不孝 | 0.88 | 11.03 | 37.09 | 41.23 | 9.77 |

注：样本总量 1010 份，以上统计基于去除某些空缺值及无效值。

**居民访谈**

韩大爷：河南人，六七岁时随父亲从东北兵工厂迁至西安，招工进厂，厂子破产后返聘为门卫。

武大爷：上海人，1966 年从上海支内（支援内地）来西安，退休后自己开小吃店。

陈大爷：江苏扬州人，1966 年从上海来西安，退休后自己开修表店。

王大爷：祖籍宁波，1966 年响应“支援三线建设”号召，从上海金属表带厂来到西安风雷仪表厂，90 年代厂子破产，和他一起来的老乡部分回去上海，但他却永远留在了这里。

王大哥：祖籍宝鸡，2009 年来西安，租住，租金每月 800 元，夫妻二人用小推车摆摊卖煎饼。

林大姐：2011 年从渭南过来，陪孩子上学，租住在筒子楼，每月租金 300 元。

## 4.2.2　居民活动与日常生活圈

日常生活圈的概念最初源于日本，之后逐渐扩散至韩国、中国台湾地区，随后在中国大陆逐渐兴起（肖作鹏等，2014）。在有关生活圈的概念之中，日常生活圈是个人日常生活范围的集合，是居民以家为中心开展的日常生活活动，由居民的整日活动轨迹构成，空间关系的复杂程度较高，同时，由于不同活动在居民日常生活中的可达性不同、功能不同，生活圈会呈现出多个尺度、多个圈层，不同层级呈现嵌套关系。根据居民日常活动的距离及活动目的，可将居民日常活动划分为三个不同的圈层，即社区生活圈、通勤生活圈及扩展生活圈（孙道胜等，2016）。

从企业社区居民的日常生活圈来看，包括：①社区生活圈。发生在居住空间附近社区内部的日常散步、锻炼、社交、打牌等活动；②街区生活圈。发生在社区周边的满足居民基本生活需求的日常活动，如生活必需品的购买、体育锻炼、在社区周边的休闲等；③通勤生活圈。发生在居住地与工作地之间的通勤行为及通勤出行链上的关联活动。鉴于企业社区与企业的位置关系及社区自身所处地理区位的原因，企业社区居民通勤圈可分为两类：工作地在社区附近步行上下班的步行式通勤圈与工作地距离社区较远，靠交通工具支持的交通工具主导式通勤圈；④扩展生活圈。偶发行为，如周末前往市中心或周边大型购物休闲场地所进行的远距离休闲（图 4.18）。

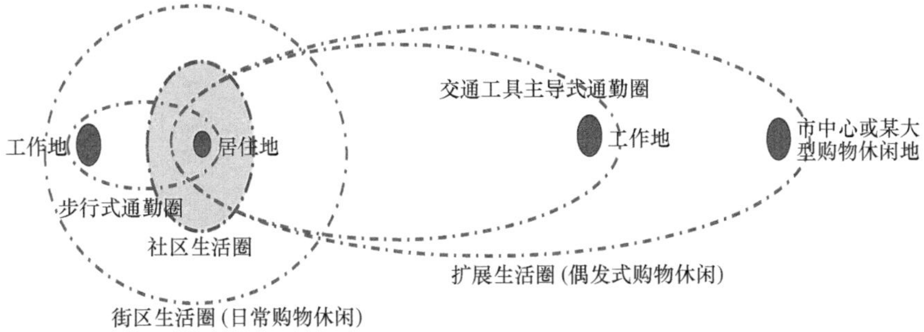


图 4.18　居民日常活动圈

因不同年龄段居民日常活动存在显著差异，社区居民的日常生活时间分配主要表现为两种模式：一种是年轻群体以生产活动为主、非生产活动为辅的生活时间分配模式；另一种是老年群体以非生产活动为主、生产活动为辅的生活时间分配模式。依据企业社区居民自身活动特征，下面将分别阐述社区老年群体及年轻群体各自的生活日常。

**1. 老年群体——社区生活圈为主，扩展生活圈为辅的日常**

对于老年群体而言，日常生活活动能力下降严重，年龄、经济收入、生活现状、朋友、老年人慢性病等对日常活动的影响相当大。因此，其日常生活主要以社区生活圈为主，极少存在远距离的扩展生活活动。研究表明，中国城市社区老年人的日常活动有规律但整体节奏性不强，休闲活动持续时间长且集中发生在特定的时间段（李庆丽和李斌，2012）。同时，老年人的日常活动与生活作息状况密切相关，日常行为模式几乎完全依赖设施，呈现出显著的生活行为、活动领域、生活作息时间的设施化现象（吴茜，2006）。

据笔者调研分析发现，可将企业社区老年群体分为三类，低龄老年群体（60～69岁）、中龄老年群体（70～79 岁）和高龄老年群体（80 岁以上）。高龄老年群体的日常活动主要集中在距家 150m、250m 的宅前、社区内部及周边 500m 范围；中低龄老年群体在社区内的活动空间范围则主要集中在距自家 150m、250m、500m、1000m 的宅前、社区内部及周边。从 5 分钟、10 分钟、15 分钟生活圈来看，步行 5 分钟，活动半径约为 250m，主要在住宅前及居住组团内一些提供休憩凳椅的开敞空间活动；步行 10 分钟，活动半径约为 500m，主要在社区内并延伸至社区周边临近区域，如在社区花园、广场、提供健身器材及休憩设施的活动空间及社区周边邻近的小花园、小广场等；步行 15 分钟时活动空间主要分布在社区周边及街道范围，街道级或区级的公园、绿地、广场等，活动半径在 1000m 以内（图 4.19）。

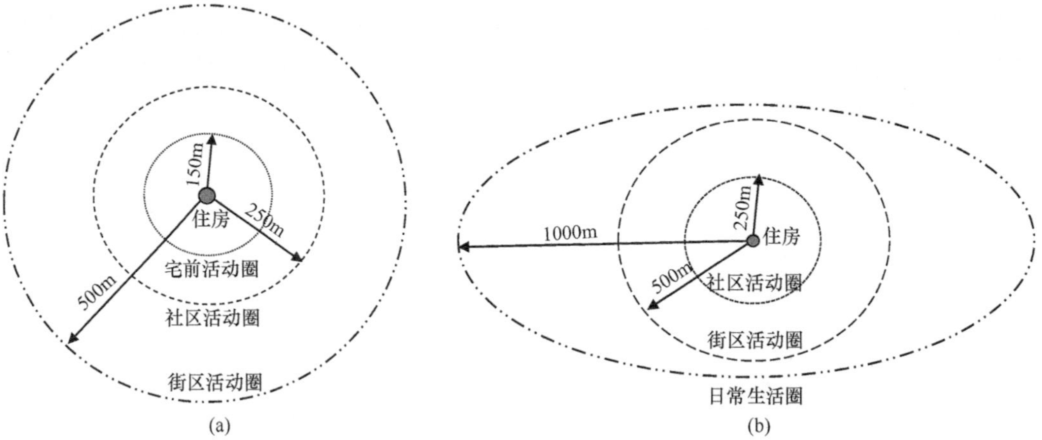


图 4.19　老年人社区（a）与街区（b）范围的日常活动圈

活动类型多样且与日常作息时间相对应，不同时间段活动类型及活动范围有较大差异。上午 7:00～12:00，大多数老年人在家、社区及社区周边活动，活动类型包括健身锻炼、购物买菜、逛市场、社交、休憩、照顾小孩、外出办事等；中午 12:00～14:00，老年人在家中用餐、午休；下午 14:00～17:00，老年人多在家中、社区内部、社区周边广场花园进行益智怡情类活动，包括打牌、看报、看书、读杂志、社交聊天、养花种菜、逗鸟遛狗、唱歌画画、练书法、听广播、唱戏、听戏等；17:00～18:00，在家用餐；18:00～19:30 在家、社区或社区周边活动，主要包括看新闻、餐后散步、跳广场舞、社交聊天等。特殊节日期间，部分社区会举办老年人文化活动，如送温暖、书法绘画歌唱比赛、冬至包饺子等（图 4.20）。

(a) 聚众打牌聊天晒太阳　(b) 老年活动中心打牌看报　(c) 冬至社区组织一起吃饺子　(d) 社区门口打牌聊天

(e) 凉亭休憩聊天　(f) 带小孩　(g) 体育运动　(h) 长凳休憩聊天

图 4.20　老年人日常活动场景展示

总之，年龄段的高低对老年人日常活动影响显著（谢波等，2019）。低龄老年人活动范围大，外出频率高，活动类型多样化；中龄老年人活动范围主要集中在社区内，外出频率较高；高龄老年人活动人数少，范围小，主要集中在宅前与社区内部，活动类型单一，以散步、打牌聊天、休憩为主。

**2. 年轻群体——通勤生活圈为主、社区生活圈及扩展生活圈为辅的日常**

因企业社区自身的特殊性，年轻群体主要包括本厂在职职工（企业搬迁或倒闭，则极少甚至没有）、租户（年轻打工者、个体经营者、小摊贩、陪读家长等），以及少数消费能力较低的买房者（收入较低的年轻人或进城农民）。企业社区居民的工作活动职住接近的特征非常明显，大部分居民工作活动距家 1km 以内，部分居民工作地距家 1～5km 范围内，少数居民工作地在距家 10km 或更远距离，因此，年轻职工日常通勤圈范围较为多样。于他们而言，社区空间更多是为他们提供一种通勤作用。除上下班通勤外，活动时间无规律，活动类型多样化。

对上班群体而言，日常活动区分工作日与非工作日，因工作占据了他们大半的时间，工作日在社区中逗留的时间会更少，所以周内活动除了上班外，其他时间会选择在家里休息，有些会选择晚上出去散步，或者在周边逛街购物，周末时光可能会安排外出或者在家休息；对于个体经营者或小摊贩而言，每天的日常便是开门出摊，早出晚归，休闲活动很少；对陪读家长而言，因与社区居民互不认识，很少在社区逗留，除接送孩子、外出购物外，多数时间在家中度过，部分家长抽空干钟点工补贴家用，有条件离家近的一般周末或晚上回家居住。因此，社区活动一般在 300m 范围内，街区活动大约在 500m 范围内，日常活动圈范围大约为 1.5km，周末、假期等节假日所进行的一系列偶发性购物、休闲、娱乐等活动则一般在 10km 及以上更远范围，日常大部分活动发生在居住地与工作地之间的通勤出行链上（图 4.21）。

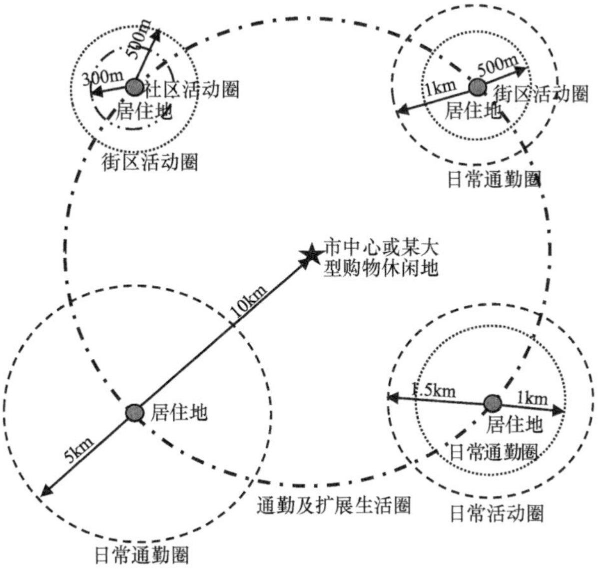


图 4.21 年轻群体城市范围日常生活圈

年轻群体日常活动也区分不同年龄阶段，不同年龄段的人群其日常活动存在很大差异，如青年群体一般很少在社区里面逗留，日常生活除了工作外一般都在外边活动，包括市区、周边繁华区等，中壮年人群则会更多地选择在社区周边或内部活动。

## 4.3 企业社区内部设施与服务

### 4.3.1 内部设施环境

单位制时期，单位不仅是工作场所，还提供生活教育文化卫生等设施（柴彦威等，2007），如运动场、小公园、商店、浴室、活动中心、文化站、阅览室、图书馆、幼儿园、小学、初中、高中、食堂，以及社区医院等，单位居民及其子女，几乎一切日常需求都可以在单位社区内实现。单位制解体后，非专业职能从单位中剥离并实现社会化，但是，“单位办社会”的形式，导致很多优质的公共服务设施仍分布在单位社区周边，成为单位居民“隐形”的福利。另外，随城市扩张，企业社区由原来的城市外围区演变为内城，区位优势明显。但就社区内部设施环境而言，不同单位不同社区之间存在显著差异。因此，企业社区中存在各方面都很完备的优质小区，但也存在很多破旧衰败的问题小区。

企业在生产，社区一般发展良好，社区内部干净整洁，外墙美化刷新整齐，道路硬化完善，绿化率高且修剪整齐，社区内部建有运动场、花园广场、老年活动中心，设有社区诊所、小商铺，健身器材、消防、路灯照明等设施齐备，市政设施完善，住房舒适安全，楼层普遍较低，社区居民又多为本厂退休老职工，社会网络关系和谐融洽，可谓一“天然养老院”，但此类小区相对来说仅为个例，占比较少，大多小区仅具备部分如图 4.22 所示特征或设施。

大多企业社区或多或少存在各种问题，如因建设年代久远、经济技术受限，大多企业社区存在社区老旧、建筑陈旧、生活环境恶劣、传统的服务设施功能失灵、休闲娱乐设备不足、配套设施不全等问题。具体如下。

（1）由于建设时期标准低，社会经济发展水平不高等原因，大部分小区建筑结构未达到现行的标准要求，住房面积小，户型简单，生活设施配置简易，厨卫空间小，有些楼栋共用厨卫空间，无消防设备；多层建筑普遍无电梯，楼梯陡峭、狭窄且阴暗；现如今住房老旧且经久失修，更新改造少，有些建筑存在墙壁裂缝、漏水、水电气管道线路老化、下水管易堵塞或漏水、供暖设施缺乏或供暖不足等情况（图 4.23）。

（2）社区医院、小诊所等撤出或拆除，老年人行动不便，大型医院就医过程繁琐，看病不方便。

（3）停车空间配置严重不足，导致路边停车占道，造成人员通行受阻，过往及消防车辆无法驶入，同时部分小区未设消防通道。

(a) 环境优美宜人　(b) 建筑布局整齐绿化率高　(c) 社区小品　(d) 社区公园

(e) 道路硬化　(f) 社区体育馆　(g) 社区体育场　(h) 社区幼儿园

(i) 健身器材　(j) 老年人活动中心　(k) 社区诊所及消防设施　(l) 社区内部商铺

图 4.22　发展良好型企业社区特征

(a) 住房面积小　(b) 楼梯陡峭狭窄且阴暗　(c) 单间无厨房楼道做饭　(d) 公共水房卫生间　(e) 住房老旧，经久失修

图 4.23　破败型企业社区特征

（4）小区绿化景观少，绿化面积远不达标，或任由树木生长无人修剪，致使社区景观杂乱且影响到房屋采光。

（5）安防监控及安保设施不到位，盗窃、老年人被诈骗等行为时有发生。

（6）室内、外活动中心面积太小甚至无活动场所，公用休憩设施年久失修；有些楼栋较少，只有一栋或者两三栋楼的小区，基本无休憩活动空间，居民只能在周边较远的广场花园活动锻炼，时有老人坐在马路边上打牌休息（图 4.24）。

（7）物业管理不到位，在环卫、安全、公用设施维修等方面都存在问题，环境卫生脏乱差无人清扫，道路未硬化，坑洼不平，下雨出行极为不便。同时，无路灯和公厕，无障碍设施和养老服务设施缺乏。

（8）临时停车、违章停车占据大块空间的同时，垃圾回收车、摊贩小推车、居民生活杂物等经常占用大量碎片空间，使得整个社区看起来格外破旧。旧物堆置，混乱的社区环境，破损的设施，都促使人们更少地进行利他行为，居民“破罐子破摔”，使得居住环境更加恶劣（图 4.24）。

(a) 停车占道通行困难　(b) 无绿化　(c) 树木杂乱无人修剪　(d) 无活动场地及休憩设施

(e) 道路坑洼下雨行走不便　(f) 休憩设施差, 杂物多　(g) 健身及环卫设施破败　(h) 环卫设施堆放脏乱

(i) 杂物堆放, 环境脏乱　(j) 道路坑洼, 杂物乱放　(k) 环卫差, 尘土飞扬　(l) 建筑破败, 环境脏乱

图 4.24　企业社区存在的问题

社区内部设施的供应及服务质量取决于多种因素，主要归结为以下几个原因：企业目前运营状况如何，是否归并重组、搬迁、转制或者破产倒闭，政府、企业单位等对老旧小区更新改造力度，资金筹措能力及工作是否做到位，社区规模大小及社区居民改造的主动性及意愿等。在这种老旧社区里，空间失序和公共空间失活是最为严重的问题，而造成这一情况主要是由于社区中粗糙的空间管理，不能灵活地组合微空间功能。要让社区成员自发地维护和合理使用社区公共资源，要从改善每一个人的生活微环境入手。因此，企业及政府有必要在积极改善住房及社区环境，精细化管理的同时，引导居民主动维护社区环境及设施，积极参与到社区改造中来。

## 4.3.2　运营与日常管理

单位制向社区制的管理模式转化带来了社区功能组织的重构，社区公共物品提供方式的转变，促进了封闭隔离的单位大院向开放融合的公共空间转变（塔娜等，2012）。社区管理方面存在少量仍在运营的企业自主管理社区，部分企业被兼并重组后被粗放管理的社区，以及大量企业破产倒闭后国资委负责的物业管理机构维持运行的社区，同时存在部分缺少物业管理的社区。由于 20 世纪 90 年代以来，城镇住房制度改革逐步推进，多种房屋产权形式共存的局面，形成了较为复杂的所有权结构，产权界定模糊不清。同时，与之配套的物业改革相对滞后，物业服务和收费标准无法统一，物业费收缴困难，造成老旧小区普遍缺乏必要的物业管理服务，部分小区呈现出“脱管、失管、弃管”，处于无人管理和维护的状态。

2016 年 6 月 11 日国务院办公厅转发国务院国资委、财政部《关于国有企业职工家属区“三供一业”分离移交工作指导意见的通知》，2016 年 10 月 26 日陕西省财政厅、陕西省人民政府国有资产监督管理委员会《关于印发〈陕西省中央下放企业职工家属区“三供一业”分离移交中央财政补助资金管理办法〉的通知》先后提出，在全国全面推进国有企业（含中央企业和地方国有企业）职工家属区“三供一业”分离移交工作，对相关设备设施进行必要的维修改造，达到城市基础设施的平均水平，分户设表、按户收费，交由专业化企业或机构实行社会化管理，提出 2018 年年底前基本完成，2019 年起国有企业不再以任何方式为职工家属区“三供一业”承担相关费用。2018 年及之前企业社区物业多是由企业后勤直接管理，或由国资委下属或委托的物业公司管理，2019 年起转为社会物业公司管理。大多数居民认为，社会物业公司管理远不及之前企业管理的好，物业费大幅提高但服务质量却跟不上，在环境卫生打扫及公用设施等维修方面存在很大缺陷。

## 4.4 居民感知视角下企业社区内部居住环境评价

从 19 世纪末开始，以霍华德、道萨迪亚斯、格迪斯、芒福德等为代表的城市规划先驱们开创了“人居环境”研究的先河。至 20 世纪 50 年代，希腊学者道萨迪亚斯正式提出人居环境的概念。1961 年世界卫生组织（WHO）总结了满足人类基本生活要求的条件，提出了人居环境的基本理念，即“安全性（safety）、健康性（health）、便利性（convenience）、舒适性（amenity）”。居住环境的内容多是基于此四个理念，表现了在一定的场所，能够享受怎样的环境的观点。自 1974 年以来联合国召开多次会议讨论人类居住问题，1996 年第二届联合国人类住区会议把“城市化世界中的可持续人类住区发展”作为主题之一，致使城市化过程中的人居环境问题成为国内外建筑学、环境科学、地理学等领域的研究热点。

国内关于人居环境评价的研究始于 20 世纪 90 年代，主要关注人居环境的评价和分析。其中，吴良镛是国内最早进行人居环境的理论和实证研究的学者，他指出人居环境包括人、自然、居住、社会和其他支撑系统等五大系统，涵盖建筑、社区、城市、区域、全球等五个层次（吴良镛，2003）。居住环境的研究内容与人居环境相似，但在研究尺度及范围上有所不同，居住环境的研究尺度通常是一个独立的城市或城市内部的街道、社区和建筑层面，研究范围也集中在城市的物质和社会环境等方面（党云晓等，2016）。随着人本主义兴起，居住环境理念从早期只关注建筑、街道等物质环境，开始更加注重人的尺度和人的需要，强调社会环境的重要性（张文忠等，2013）。总体而言，小尺度居住环境的主观感知一般借助满意度测评法，以满意度为主线，常采用主成分、层次分析等方法，利用问卷调查或国情普查数据，探索主观或者主客观居住环境质量（马仁峰等，2014；2015）。

从企业单位大院物质空间及居住环境演变过程来看，经历了生活福利设施齐全分散布局，到大部分设施退出大院，再到各类设施周边式布局三种形式。初期，借鉴苏联大街坊和地域生产综合体的建设经验，兴建了大量的单位大院型综合居住区，生活区与生产工作区就近配套建设。整个单位大院是由产品生产空间和劳动力再生产空间组成的，具有轴线和中心-边缘结构的封闭性院落空间。囊括各类人们日常生活所需设施，涉及衣、食、住、行、学、生、老、病、死、伤残等各方面，依照个人职务和资历定出不同等级的供给标准，在相对集中的空间内形成了一整套的社会服务体系，形成典型的“企业办社会”格局。

然而，改革开放尤其是20世纪90年代之后，随着经济体制转型的深入，产业升级、城市土地功能置换、国有企业改革、环境治理等使得大型工业企业单位面临重组、破产及外迁。单位制解体，企业单位大院大规模拆迁改造，院内完整的生活、文教、医疗卫生等福利设施陆续撤出，产业活动退城进园或迁至郊区。后期，随城市进一步发展建设，各类商业服务设施呈现出社区周边式布局，同时，随着去单位化及市场化的发育，部分单位大院开始沿街破墙，将一部分沿街住宅的底层空间进行改造、出租或者出售，吸引了一些个体工商户建铺开店，形成以零售与生活服务业为主的底层空间商业化（肖作鹏和柴彦威，2014）。由于配套政策的不全面，解体后的单位大院内出现了很多非正规建设与建造行为，如破墙开门、底层加建、占用过道空间、占用公共设施等，致使企业社区内部居住环境发生巨变。

现如今，老旧企业社区在不断地更新改造中正在向现代化住宅小区的步伐迈进，但因受到各种限制，在物质环境上依旧与商业住宅小区之间存在较大差距。随着时代的变迁和生活居住标准的提升，老旧小区已经跟不上时代的需求，甚至影响到城市居民的生活质量，严重制约着城市建设的发展，亟需改造升级。同时，推进老旧小区的综合改造，也成为解决新时代人民日益增长的美好生活需要和不平衡不充分发展之间矛盾的有效措施之一。

“感知”是社会心理学中的重要概念，用以解释、预测和描述人们在受到对象（个人、事件、社会问题、环境等）的刺激后所做出的反应。一般用感知来描述人们对各种事物产生的反应，因个体差异，不同的人对同一客体有不同的感知（史雯，2012）。企业社区作为社区居民生活的空间，其内部物质空间的优劣直接影响居民的生活品质。基于居民主观感知对社区居住环境所表现出来的满意度，对社区内部居住环境进行定量分析评价，有助于深入了解社区物质环境质量、居民生活状态及居住诉求，对提高土地利用效益、提升城市发展质量、改善人居环境具有重要的价值，对城市可持续发展、基础设施建设、地产评估、居民选购住房及迁移具有理论依据和现实意义，为政府及管理部门认识城市内部空间与实施老旧小区改造提供重要参考。

## 4.4.1 评价指标体系

### 1. 企业社区居住环境评价指标体系

社区居住环境质量评价指标体系是描述和评价居住社区是否安全、舒适、和谐、方便的一套可感知的参数集合，是评价居住地域可居性、可持续性的重要依据（陈浮，2000）。居住环境评价指标的筛选和体系的构建作为居住环境可持续发展的一部分，指标体系的完善与否直接关系到居住环境的优化结果。因此，在指标选取过程中，不仅应遵循客观性、科学性、完整性、有效性等普遍原则，还应满足以人为本、全面性、层次性、针对性、可操作性、可比性等原则。此外，选择的指标既应该能够用数量来表达，以保证可以定量计算，也应注意数据来源的渠道，保证数据的可采集性。

以企业社区内部居住环境评价为总目标，在上述原则的指导下，参考同类型指标体系框架，结合相关领域专家的意见与建议，基于居民主观判断，从舒适、安全、方便、和谐等要求出发，筛选出包括建筑环境等在内的 5 个准则层要素及居住面积等 20 个指标层指标作为调查与评价因子，构成企业社区内部居住环境评价的基本框架。其中，建筑环境是居民居住生活的最小单元，其质量决定了居民居住的安全、健康及舒适程度；社区环境包括社区内部绿化、景观、环卫、休憩场地、停车现状等环境配套状况的优劣；社区管理主要用来检测社区居住安全程度及物业服务质量；内部配套设施主要用来反映社区内部医疗诊所、健身休憩设备、便民超市、托幼机构等的配置状况；最后，通过社会网络关系表达居民邻里关系及其社区日常活动情况。

### 2. 指标权重的确定

基于居民主观评判，结合专家咨询，借鉴社区内部居住环境评价指标体系，采用 AHP 层次分析法，对同一层次各指标的重要程度进行两两比较，求取各指标评判的重要程度标度值的平均值，构建判断矩阵，并进行了一致性检验，按照层次分析法的规则计算各指标的权重（由 yaahpV10.0 实现），所得结果如表 4.5 所示。

**表 4.5 企业社区内部居住环境评价指标体系及权重**

| 目标层 $A$ | 准则层 $B$ | 指标层 $C$ | 指标含义 |
|---|---|---|---|
| $A$ 社区内部居住环境 | $B_1$. 建筑环境（0.5128） | $C_1$. 居住面积（0.2346） | 反映居民住房面积大小 |
| | | $C_2$. 冬季取暖（0.1350） | 反映居民住房冬季供暖设施状况 |
| | | $C_3$. 日照采光（0.0721） | 反映住房日照及采光程度 |
| | | $C_4$. 隔音通风（0.0379） | 反映住房隔音通风状况 |
| | | $C_5$. 厨厕条件（0.0211） | 反映住房厨房卫生间条件优劣 |
| | | $C_6$. 建筑外观（0.0120） | 反映建筑外立面新旧及美观程度 |
| | $B_2$. 社区环境（0.2615） | $C_7$. 社区景观（0.0628） | 反映社区内部景观布局 |

续表

| 目标层 $A$ | 准则层 $B$ | 指标层 $C$ | 指标含义 |
|---|---|---|---|
| $A$ 社区内部居住环境 | $B_2$. 社区环境（0.2615） | $C_8$. 社区清洁（0.0286） | 反映社区环境卫生清洁程度 |
| | | $C_9$. 垃圾处理（0.0286） | 反映社区内部垃圾收集处理状况 |
| | | $C_{10}$. 绿化配置（0.1207） | 反映社区绿化质量、面积及布局状况 |
| | | $C_{11}$. 休憩场所（0.0135） | 反映社区内部休憩设施及场所的配置状况 |
| | | $C_{12}$. 停车现状（0.0073） | 反映社区内部停车便捷度及停放情况 |
| | $B_3$. 社区管理（0.1290） | $C_{13}$. 物业服务（0.0967） | 反映社区物业服务质量 |
| | | $C_{14}$. 治安管理（0.0322） | 反映社区内部安全管理状况 |
| | $B_4$. 内部配套设施（0.0634） | $C_{15}$. 医疗诊所（0.0358） | 反映社区内部医疗设施配套状况 |
| | | $C_{16}$. 健身休憩设备（0.0166） | 反映社区内部休憩健身设施配套状况 |
| | | $C_{17}$. 商业设施（0.0074） | 反映社区内部商业设施配套状况 |
| | | $C_{18}$. 托幼机构（0.0035） | 反映社区内部托幼机构配套状况 |
| | $B_5$. 社会网络关系（0.0333） | $C_{19}$. 邻里关系（0.0250） | 反映社区居民邻里关系好坏程度 |
| | | $C_{20}$. 社区活动（0.0083） | 反映社区居民社区日常活动 |

## 4.4.2 评价方法与过程

### 1. 评价方法与数据来源

根据居住环境评价指标的要点与特点，采用问卷调查法结合模糊综合评判法，基于居民主观满意程度评判，对企业社区内部居住环境进行评价。在问卷中，居民依据自身感受对所处社区进行感知评价，对建筑等社区物质硬环境及相关服务、社会网络关系等软环境的满意程度依次分为：很满意、满意、一般、不满意、很不满意等五个层次，采用李克特五点量表分别对各个评语进行赋值，由很满意到很不满意依次为 5 分、4 分、3 分、2 分及 1 分。

评价数据来自 2018 年 11 月至 2019 年 4 月在西安市老工业企业社区集中布局的新城、碑林、莲湖、灞桥、未央、雁塔等行政区进行的“老工业企业社区空间更新潜力与发展路径研究”问卷调查。调研社区选择主要依据企业社区在各个行政区的分布特征，结合典型企业社区分布情况，按占各行政区企业社区数量 20%左右的比例进行典型社区抽样，共涉及 158 个企业社区，收集社区居民对所在社区的居住环境评价及社区满意度等信息数据。调查主要通过在社区里调查人员当面问询后填写、居民自己填写，以及与居民深度访谈等形式进行，问卷当场回收，回收率 100%，有效问卷 1010 份，并基于 SPSS、Excel 等软件统计分析数据。

### 2. 评价过程

为了确保结论的可靠性，首先对居民感知量表的 20 个题项进行信度检验。本书以

SPSS 22.0 显示的克朗巴哈系数为信度判断标准，系数 $\alpha$=0.905（$\alpha$<0.6，一般认为内部一致信度不足；$\alpha$ 达到 0.7～0.8 时，表示量表具有相当的信度，$\alpha$ 达 0.8～0.9 时，说明量表信度非常好），符合检验标准，表明问卷的信度较好。

对居民满意程度进行汇总，求出各个社区各项评价指标满意度平均值，结合各指标对应权重，求出各项指标最终的加权得分，然后结合准则层，进行综合评价，得出居民感知视角下的各个企业社区内部居住环境综合评价结果，最后进行所有企业社区样本各项评价指标的综合评价。

居住环境质量综合计算模型，采用多目标线性加权函数法建立评价函数，将指标权重 $W_j$ 与各指标无量纲化后的值 $x'_{ij}$ 进行合成运算，得出各指标的评价值 $f_{ij} = W_j \times x'_{ij}$；最后，得出社区内部各指标质量综合评价值为 $U_i = \sum f_{ij}$。

1）单个样本社区评价

判断社区居住环境建设各项指标的水平和程度，需要划定一个等级标准。参考现有研究，结合各个企业社区综合评价结果，制定相应评价分级，对单个样本社区综合评价结果进行级别分类（表 4.6）。

**表 4.6　企业社区内部居住环境评价指标分级标准**

| 评价等级 | 一级 | 二级 | 三级 | 四级 | 五级 |
|---|---|---|---|---|---|
| 评价结果 | ≥0.7 | 0.6～0.7 | 0.5～0.6 | 0.4～0.5 | ≤0.4 |
| 质量状态 | 优 | 良 | 中 | 差 | 劣 |

从单个社区综合评价结果来看，158 个社区中，各社区评价值得分多在 0.5～0.7，即二级和三级社区数量较多，分别为 57 个和 49 个；四级与五级社区数量较少，分别达到 28 个和 14 个；一级最少，仅 10 个社区。表明企业社区内部居住环境多处于中等与良性状态，居住环境较为优质的社区仅为极少数，而较差较恶劣的社区却占据一定比例（图 4.25）。

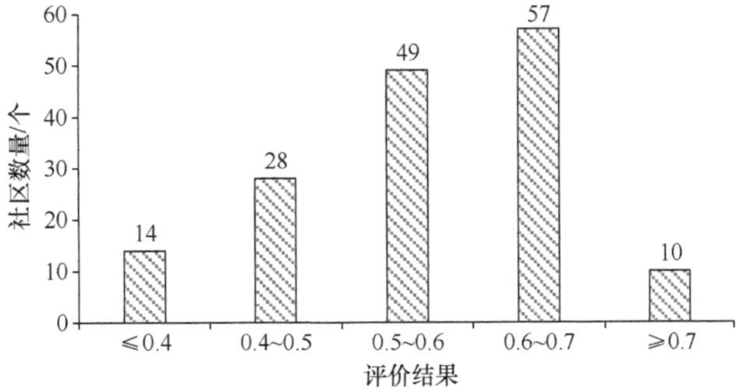


图 4.25　单个企业社区综合评价结果分级

2）样本社区整体综合评价

汇总所有社区各项指标不同满意程度所占比例，得出居民对各项指标的满意程度。

计算各项满意度平均得分，通过加权，求出各项指标评价结果（表4.7）。整体而言，各项指标综合评价结果与指标权重直接相关，权重越大，得分越高（表4.8）。

**表4.7　居民各项指标主观满意度占比与加权评价得分表**

| 评价指标 | 很满意/% | 满意/% | 一般/% | 不满意/% | 很不满意/% | 满意度平均得分 | 加权得分 |
|---|---|---|---|---|---|---|---|
| 居住面积 | 1.58 | 48.12 | 33.27 | 15.94 | 1.09 | 3.3317 | 0.1369 |
| 冬季取暖 | 1.09 | 49.70 | 32.08 | 14.06 | 3.07 | 3.3168 | 0.0791 |
| 日照采光 | 0.99 | 58.81 | 29.21 | 10.40 | 0.59 | 3.4921 | 0.0449 |
| 隔音通风 | 0.69 | 51.19 | 33.96 | 13.27 | 0.89 | 3.3752 | 0.0225 |
| 厨厕条件 | 0.69 | 50.89 | 33.66 | 13.37 | 1.39 | 3.3614 | 0.0125 |
| 建筑外观 | 0.79 | 40.50 | 44.75 | 12.77 | 1.19 | 3.2693 | 0.0068 |
| 社区景观 | 0.20 | 37.23 | 51.09 | 10.79 | 0.69 | 3.2545 | 0.0345 |
| 社区清洁 | 0.30 | 38.42 | 36.93 | 21.19 | 3.17 | 3.1149 | 0.0151 |
| 垃圾处理 | 0.30 | 43.07 | 37.62 | 18.22 | 0.79 | 3.2386 | 0.0160 |
| 绿化配置 | 0.20 | 36.53 | 37.43 | 23.47 | 2.38 | 3.0871 | 0.0630 |
| 休憩场所 | 0.30 | 32.57 | 38.71 | 26.34 | 2.08 | 3.0267 | 0.0069 |
| 停车现状 | 0.00 | 9.60 | 20.79 | 14.26 | 55.35 | 1.8465 | 0.0021 |
| 物业服务 | 0.30 | 37.23 | 35.74 | 22.48 | 4.26 | 3.0683 | 0.0500 |
| 治安管理 | 2.38 | 53.37 | 27.23 | 15.45 | 1.58 | 3.3950 | 0.0192 |
| 医疗诊所 | 0.1 | 24 | 51.3 | 23.6 | 1.1 | 2.9842 | 0.0178 |
| 健身休憩设备 | 0.3 | 19.6 | 42.4 | 36.2 | 1.5 | 2.8099 | 0.0075 |
| 商业设施 | 0.4 | 34.5 | 55 | 9.7 | 0.4 | 3.2475 | 0.0042 |
| 托幼机构 | 0.1 | 32.6 | 52 | 14.4 | 1 | 3.1644 | 0.0019 |
| 邻里关系 | 50.30 | 23.96 | 15.54 | 9.80 | 0.40 | 4.1673 | 0.0196 |
| 社区活动 | 1.98 | 10.10 | 30.40 | 34.85 | 22.67 | 2.3393 | 0.0028 |

**表4.8　综合评价表**

| 准则层 | 满意度得分 | 权重 | 综合评价得分 | 满意度总排序 | 评价总排序 |
|---|---|---|---|---|---|
| 建筑环境 | 3.3578 | 0.5128 | 0.3026 | 1 | 1 |
| 社区环境 | 2.9281 | 0.2615 | 0.1376 | 5 | 2 |
| 社区管理 | 3.2317 | 0.1290 | 0.0692 | 3 | 3 |
| 内部配套设施 | 3.0515 | 0.0634 | 0.0313 | 4 | 4 |
| 社会网络关系 | 3.2533 | 0.0333 | 0.0224 | 2 | 5 |
| 综合评价结果 | 3.1645 | 1 | 0.5631 | | |

### 4.4.3　居住环境评价

通过对西安市企业社区居民感知视角下的内部居住环境五大评价要素20个评价指

标的满意度得分，以及加权综合得分进行计算分析，结果如下。

（1）从单个社区评价结果来看，企业社区内部居住环境大多处于中等及良性状态，优质社区极少而劣质社区却占据一定比例；就所有社区整体评价结果而言，综合评价得分偏低（0.5631），居民对社区内部居住环境的主观满意度总体处于中等水平（3.1645）。表明西安市企业社区居民对社区内部居住环境的综合满意度不高，综合评价结果一般，内部居住环境总体处于一般水平。

（2）建筑环境作为居民选择住房的首要因素，所占权重最大（0.5128），综合评价得分相对最高（0.3026），满意度得分也相对最高（3.3578）。一方面，企业社区建筑老旧，以 20 世纪 80～90 年代住房为主，居住面积狭小，为 40～80$m^2$，同时，随着住房使用年限的增加，部分建筑电路、管网老化，配套设施落后或缺失等，给居民居住造成很大困扰。另一方面，企业社区居民多为本厂退休老年群体，以夫妻二人居住为主，对住房空间需求小，尽管住房存在各类隐患，但在政府及企业的助力改造之下有所改善，如冬季取暖问题基本得到解决，部分建筑外观经粉刷亮化后焕然一新。另外，惯性使然，居住时间过久而习惯了房屋特征，如日照采光、厨厕条件、隔音通风问题等，因而多满足于现状，对住房相对满意。因此，评价结果与满意度相对最高，但依旧存在部分居民对住房不满意。

（3）作为居民居住选择的重要因素之一，与建筑环境相同，社区环境所占权重较大，因而综合评价得分相对较高（0.1376），成为居民最不满意（2.9281）的要素。主要原因在于：一方面，企业社区多建于 20 世纪 50 年代或 80 年代，大多存在社区老旧、建筑陈旧、生活环境恶劣、传统的服务设施功能失灵、休闲娱乐设备与空间不足、配套设施不全等问题。另一方面，社区景观、绿化等配置不足或缺失，道路坑洼，车辆乱停乱放占道，对于日常生活完全依赖于社区活动空间与健身休憩设施的退休居民而言，社区环境的优劣在一定程度比住房更重要。因此，相较而言，社区环境综合满意度最低。

（4）社区管理综合评价得分（0.0692）与满意度得分（3.2317）均处于一般水平。就治安而言，除个别社区无安保设施外，大部分社区设有门卫及社区监控装置，社区安全保障性强，居民满意度较高（3.3950）。但在物业管理方面，企业社区物业原属企业后勤自主管理，仅征收极低卫生费且管理到位，认真负责，但伴随企业减负，各类设施社会化，物业逐步移交社会物业负责管理，居民多表现出对社会物业服务质量、服务态度、费用征收等方面的不满意，因此满意度较低（3.0683），因而社区管理总体满意度得分不高。

（5）就社区公共服务设施而言，因其权重较小（0.0634），不同年龄段居民对各类设施需求及满意度相差较大，综合评价得分较低（0.0313）。60 岁以上居民对医疗保健、蔬菜商店、花园广场、健身休憩设备、社区公厕等需求较高，45 岁以下居民对各类学校、文化娱乐设施及儿童活动娱乐设施等需求较高。社区内部 60 岁以上老年人居多但医疗诊所缺乏，看病困难，因而医疗设施满意度较低（2.9842）。另外老旧企业社区休憩健身设备、社区公厕等的缺乏导致居民社区活动不便，因而健身休憩设备满意度很低（2.8099）。此外，就商业及教育设施而言，因企业社区周边商业发达，学校较多，且鉴于对商品质量及学校教学水平的要求，居民对社区内部商业及托幼机构等的需求较低，所以满意度相对较高。

（6）社会网络关系权重最小（0.0333），综合评价得分相对较低（0.0224），但总体满意度相对较高（3.2533）。一方面由于社区居民大多为退休老年人，邻里之间多为老同事老伙伴，因而邻里关系满意度较高。另一方面，社区内部活动较少，且较为单一，因此居民满意度较低。总体而言，社会网络关系总体评价较低。

## 4.5 本章小结

企业社区作为单位制遗留下来的产物，无论住房、居民、社区配套设施，社区管理，亦或居住环境，皆与新型商品房小区存在很大差异。

首先，企业社区建设始终与新中国工业及城市发展的轨迹同步，社区住房在企业发展及城市建设的浪潮中不断更新、改造。不同时期住房各具特色，经历了由单层、低层到多层、小高层及高层住宅混杂布局。现存住房中，住房类型多样，一梯两户、三户居多，住房面积普遍偏小（40～80$m^2$），户型以两室一厅为主。作为老旧小区，住房问题依旧突出。

其次，企业社区居民特征由单位制时期的同质性、稳定性转向人口异质、杂化、老龄化与贫困化。住房商品化带来了以支付能力为导向的市场引导迁居模式，高收入居民选择迁出，而低收入居民则留在了企业社区内部。现住居民包括退休老人、外来买房户及租户，学历普遍较低，以初高中文化水平为主，收入整体不高。单位制度的解体，带来了异质性多行业人口混居，往日那个以业缘为基础的熟人社区大多已不复存在，居民强烈的企业依赖与企业情结也已逐渐淡化。

另外，企业社区经历了生活福利设施内部齐备，到设施社会化，大部分设施退出企业大院，再到各类设施周边式布局。同时，社区管理也从企业自主管理转为社会化管理。就内部环境设施而言，企业社区中存在各方面都很完备的优质小区，但也存在很多破旧衰败的问题小区，主要与企业发展状况相关。企业在生产，社区住房、环境、设施、管理等各方面都比较完善；企业被兼并、搬迁、转制或破产，社区住房与居住环境则趋于破败化，部分社区出现管理真空化问题。

最后，基于居民主观满意度，对企业社区内部居住环境进行评价，结果发现，从单个社区评价结果来看，企业社区内部居住环境大多处于中等与良性状态，优质社区极少而劣质社区占据一定比例；从所有样本社区整体评价结果来看，综合评价得分偏低（0.5631）。从居民主观满意度来看，居民对社区内部居住环境的主观满意度总体处于中等水平（3.1645），居民最满意的为建筑环境，其次依次为社会网络关系、社区管理及内部配套设施，最不满意的为社区环境，表明企业社区大多存在社区环境脏乱的问题。从居住环境五大评价准则综合评价得分来看，评价结果与指标权重直接相关，权重越大，综合评价得分越高，依次为建筑环境、社区环境、社区管理、内部配套设施及社会网络关系。综合来看，满意度与综合评价结果并不同步。

# 第 5 章

# 企业社区居民的地方认知与愿景

居民作为社区空间的主体，是企业社区延续和发展的意义所在。他们对社区的认知及其居住意愿与期望，影响着企业社区的未来发展和改造方向。本章基于质性研究方法，通过访谈资料概括总结居民对企业社区的认知，包括历史记忆、情感依恋、居住感知、与周围小区的对比认识，以及居住意愿与未来期望等方面，然后结合社区现存问题与居民自身需求，梳理其对社区的愿景。

## 5.1 企业社区居民的地方认知

质性研究是以研究者本人作为研究工具，在自然情境下，采用多种资料收集方法（访谈、观察、实物分析），对研究现象进行深入的整体性探究，从原始资料中形成结论和理论，通过与研究对象互动，对其行为和意义建构而获得解释性理解的一种活动。本节针对传统工业企业社区的发展变化、规划、管理认识，以及地方情感、地方认同和感知感受、居住意愿和未来期望等内容，对西安、宝鸡、咸阳等地企业社区居民、管理者等不同对象，进行开放式访谈，并整理相关资料与数据。

### 5.1.1 居民认知总体概况

居民对于企业社区及地方的认知因人而异，立场不同，社区认知及地方感知皆不同。原厂老职工们对本企业社区的依恋程度远高于年轻职工及外来人员。另外，相同的客观物质环境，因个体属性特征不同（如身份、年龄、居住时长、生活现状、工资、受教育水平等），个人认知、感知及期望等方面亦存在一定差异。

老职工对企业社区依恋程度高。老职工为新中国的工业发展和社会进步作出了巨大贡献，现如今渐渐老去，与那些老旧厂房、住宅建筑一起成为一个时代凝固的记忆。企业是他们奋斗和贡献青春的地方，社区则是他们长期居住的场所并已然成为精神和心灵的依托。虽然来自五湖四海，很多人从最初建设，到一次次的拆旧换新，都亲历了企业社区一砖一瓦、一草一木的变化。他们比任何人都更加依恋工作的城市，熟悉和爱护社区的一切，这里邻里同事亲切，是倾尽一生的老地方。尽管时过境迁，相比现代化的商品住宅小区，企业社区的居住条件简陋破败，但他们依然选择留守，而不是搬离或与儿女同住。

**居民访谈**

“对这儿的住房跟环境都不满意，但也不想搬去跟儿子住，在这儿住了几十年了，习惯了，有感情的，也有个说话的人，对西安也有感情，不想回上海了，气候也不适应了。”（访谈对象：矛女士，82岁，1956年从上海过来支援大西北。）

个体客观属性影响居民对居住环境的感知（Cao，2016）。扎根在此的老职工们，以及购买了企业社区房产的外来群体，对社区或好或坏的各个方面都较为在意，积极主动反映自己的诉求，满怀期待盼望社区能够更好；同时，部分居民对物业管理与社区改造较为失望。年轻职工和租户群体，大多对企业社区没有太多情感或较少考虑社区发展，对于其好坏并不特别关注。一些住户认为自己是租户和过客，自身与社区没有太大关系，更多的只是关心生活中的不便，如环境卫生、住房质量、公共设施等。例如，对西安市秦川二十五街坊北院的居民进行调查访谈，询问其对住房、楼栋、社区、内部环境等的满意度及个人感知，外部环境个人感知及未来期望时，居民表现出不同的认知和看法。

**居民访谈**

居民个人情况：魏先生，47岁，西安本地人，下岗后患病在家休养，高中毕业，未婚，家庭主要收入来源为父亲退休工资，3000多元/月，在小区居住近30年，目前跟父亲俩人居住。住房为20世纪80年代5层砖混楼，一梯3户，自有产权，建筑面积60$m^2$左右，两室一厅，每月生活花销2000多元，仅医药费就占了1000多元。

居民空间认知："住房结构不好，没有将客厅设计出来，跟过道一样，不像现代化住宅那样，多数活动都在卧室。房子隔音采光还可以，楼道卫生明暗等经改造后也还可以。"

内部环境认知："社区以前乱，到处坑坑洼洼，最近才整好，路面硬化了，还装了路灯，楼道也装了灯。"

外部环境认知："外部交通很方便，公交车很多，离地铁站也不远；医院、诊所、药店、学校都挺多，环境卫生、社区绿化也还好。"

未来愿景："对未来没什么期望，房子已经成型了，院子也变小了，年纪大的都不愿意折，房子、楼层不高，设施旧但也能用，社区环境好不了多少了，但比以前好。"

**居民访谈**

居民个人情况：矛女士，82岁，1956年从上海过来支援大西北，退休老职工，初中毕业，每月退休金老两口共6000多元。从社区建成就在此生活，当前居住的楼栋为20世纪70年代后建的5层砖混结构楼，一梯3户，现在产权自有，住房建筑面积60$m^2$，使用面积50$m^2$左右，3室1厨1卫，每月总花销2000多元。

居民空间认知："满意啥，都不满意，咋满意，烂房子，太老了，小区还没有健身的。”

内部环境认知：“物业也不满意，以前只交 6 元卫生费，现在还要收物业费，光公摊费就 12 元，这乱七八糟的房子收啥费；二楼以上楼梯口处阳台破旧，都可能掉落，还有人在阳台上放花盆，怕掉下来砸人，太危险，底下都不敢走人；临街楼栋一楼出租做饭店，各种烟，油烟全都吹到院子里，熏人；小区没有消防通道，救护车进不来，存在安全隐患。”

外部环境认知：“交通挺方便，医院学校也挺多，买东西也方便，环境卫生现在好点，以前下雨都没法走，绿化也就那样吧。”

未来愿景：“希望社区能关心下老年人，让大家住得舒适安全，设置消防通道；晒台维修一下，上面不要再放花了，还有以前都不收物业费，现在不应该收。”

**居民访谈**

居民个人情况：魏女士，40 岁，高中学历，家庭主妇，2011 年因孩子上学从渭南市过来在此租住，目前为止住了近 10 年，在渭南买了房，周末去西安西郊的自家店里，仅周内孩子上学在此居住。夫妻二人及两个孩子，一个读初二，一个未上学。住房为 20 世纪 60 年代 5 层砖水泥结构筒子楼（单身宿舍楼），租金每月 300 元，一室，建筑面积 $18m^2$，实际使用面积仅 $12\sim13m^2$。一层共有 24 户，一层一个公用卫生间，楼道做饭，楼道潮湿阴暗，卫生脏乱差，每月总花销 2000 多元。

内部环境认知：“房子还可以，凑合，在这儿就是为了孩子，社区也还可以。”

外部环境认知：“公交地铁、学校医院都很方便，购物最方便。”

未来愿景：“娃考上高中都不知道去哪儿了，我们只是过客，有啥期望呢，不是本小区的人对小区期望都不太高。”

企业社区整体环境卫生、住房、道路、休憩娱乐设施等存在不同问题，致使部分居民对社区的依恋终究无法弥补现实居住环境的不足带给他们的不满，让部分居民对住房、社区，乃至对生活充斥着抱怨。

**居民访谈**

居民个人情况：兰女士，63 岁，西安本地人，高中学历，居住 30 年，目前夫妻俩住，住房为 20 世纪 80 年代建的 6 层砖混楼，住房建筑面积 $30\sim40m^2$，一梯 3 户，隔音采光都不行，每月总花销 2500 元。

居民空间认知：“房子不好，太老，各方面都不好，幸福感一般。”

内部环境认知："社区满意不满意老百姓说了也没用，管理不行，说了有啥用呢，社区远没有以前好。"

外部环境认知："交通、医院、学校、吃饭买东西都方便，环境卫生很差劲，绿化也一般。"

未来愿景："希望赶紧改造，赶紧拆，改善环境。"

**居民访谈**

居民个人情况：乔先生，88 岁，1962 年从山西过来，文盲，退休职工，退休金 1500 元/月。1962 年进厂，最开始住的平房，80 年代分配单元楼后，一直在此。目前是老两口跟小儿子、儿媳和孙子一起住，儿子身体不好没工作，儿媳下岗，家庭每月日常花销 3000 元左右。

居民空间认知："房子不行了，以前还好，现在家人多、面积小，没钱买房。采光还可以，人淘汰了，房子也淘汰了；楼有啥满不满意，有电梯就满足了。"

内部环境认知："小区还行，但现在没人管，物业光收钱不管事儿。"

外部环境认知："交通、医院、学校、买东西都挺方便，环卫绿化还行。"

未来愿景："不希望拆楼，拆了要钱呢，没钱，只希望有个电梯就行了，老了转不动了，能下楼晒晒太阳就行。"

很多居民留恋过去一体化管理的日子，生活中各种问题在社区都能得到解决。"自己什么都不用想，什么都不用考虑，厂子就一切都给你安排好了，该上班就上班，该休息就休息，该升职就升职，该结婚了就结婚，给你重新安排房子，生活真的是无忧无虑。"人际关系上，人更纯粹，邻里同事友好、亲切，整个社区就是一个熟人社会，好比农村的一个村子一样，互相都很熟悉、相互照顾。现在的邻里，居民大多都互不认识，熟悉的只有以前的一些老同事，整个社区缺少人情味儿。以前大家一起上下班，企业会举办各种集体活动，大家一起嬉笑玩闹，生活充满乐趣。如今很多人都离开了，熟悉的人也没多少了，社区活动也很少，甚至部分居民觉得"连个基本的活动设施都没有，想看个报纸都得自己订"，缺少了昔日的惬意与美好。

**居民访谈**

"以前 30～40 元的工资，虽然收入低，但大家都一样，厂里啥都便宜，看病都不要钱，福利非常好。以前养几个孩子都养得起，现在养个孩子太难了；不过说到底，以前跟现在比，时代在进步嘛，各有各的好处。"（访谈对象：矛女士，82 岁，

1956 年从上海过来支援大西北。）

“70～80 年代被称为‘小香港’，90 年代企业效益开始下滑，到后来破产，现在这儿成‘贫民窟’了。”（访谈对象：王先生，57 岁。）

但也有一些老人觉得现在的生活更好，科技的进步让日常生活比以前方便了很多，各种电子产品带来很大便利；生活质量明显提高，娱乐方式也变多了，而且管理制度更加合理，没有了各种制度的束缚，生活也更加自由；社会的发展变化拓宽了人们的眼界，精神与物质上都得到了极大满足，他们更喜欢现在的生活。

部分老年群体（退伍军人）表现出对过去那段红色革命年代的怀念，难忘的是金戈铁马的峥嵘岁月，那时的他们正当年少，英雄不愁无用武之地，他们的人生价值得到了充分的体现，而如今他们已垂垂老矣，以前企业社区建设的各种群众文化站、阅览室、老年活动站等都关闭或撤走，缺少了聚众玩乐的场所，同龄的伙伴相继离世，昔日的乐趣彻底缺失，部分老年人因缺乏文化活动而容易产生孤独、失落心理。

**居民访谈**

“老年人现在最怕的就是孤独，以前在部队的时候，大家都是激情高涨，响应主席的号召，让干啥干啥。转业后进厂子，也很受人尊敬，那时候我们一群朋友经常去门口的茶楼，老板给我们沏好茶，我们就在那画画，练书法，谈天说地，不上班的话就在那待一天，中午老板给我们做好饭，请我们吃饭，吃饭喝茶都不要钱，我们觉得不好意思，走的时候就把写的字或者画的画送给人家。但现在啥都变了，茶馆也没了。一起的老伙伴们死的死，走的走，剩的不多了，社区也没什么活动，老了也走不动，就在楼底下转转，晒晒太阳。”（访谈对象：张先生，80 岁，祖籍沈阳。）

从物业管理上来讲，对比以前与现在，以前都是本厂后勤总务科管理，现在物业社会化，交给社会物业公司来管理，一些居民表现出对物业管理的不满。首先是在物业收费上，以前仅交几元钱的卫生费，现在各种物业费、公摊费，得多交几十块钱，让居民一时怨声载道。另外，他们认为以前厂里的后勤管理是真正为居民考虑，社区管理的很好，专门负责的人经常到处检查社区问题，及时维修处理，但现在的物业公司有的“驱逐于利益，光收钱不管事儿”。

**居民访谈**

“物业管理很差劲，期望住房稍微改善一下，装修美化一下，打扫清理干净就行；

少一些面子工程，多为住户考虑，至少把环境卫生弄干净了。”（访谈对象：张女士，43岁。）

“最需要改善小区设施和环境，对物业涨钱最有意见。”（访谈对象：李先生，67岁。）

“封闭小区更好，要求不高，希望物业服务能改善就行。”（访谈对象：陈先生，62岁。）

### 5.1.2 居民对企业社区的认知评价

以西安市为例，在对内城企业社区居民的1010份问卷调查访谈中，询问其“与周边小区相比，本小区服务设施及生活居住环境如何？”时（图5.1），22.57%的居民觉得本小区“比周边小区好”，“比周边小区管理好，设施完善，而且干净”。12.85%的居民认为本小区还可以，“比周边老小区好，没新小区好”“没有商品房好，但环境还可以”“相对来说比较新”“高层住宅比周边条件好”。2.26%的居民觉得本小区相对较好，“对年轻人来说比新小区方便”“环境比其他老社区好一些”“比周边城中村好一些”。23.96%的居民认为本小区“与周边小区差不多”，“和周边同类小区差不多，周边也有一些高层小区”。同时，有12.67%的居民认为与周边小区相比，本小区较“一般”，“不如周边小区”。2.6%的居民认为本小区相比较差，“修建年代较早，房屋老化”“比周边小区小，更缺乏管理”“比周边社区破旧”“是周边比较差的小区”。3.99%的居民认为本小区老旧，“周边都是同类社区，有的已经改造，该社区没改造过，与周边小区相比更老旧”。18.58%的居民认为本小区比周边小区更差，“不仅较老旧，而且管理也差”，还“落后”。0.52%的居民认为周边小区中本小区是“附近小区中最差的，收费多还不合理”。

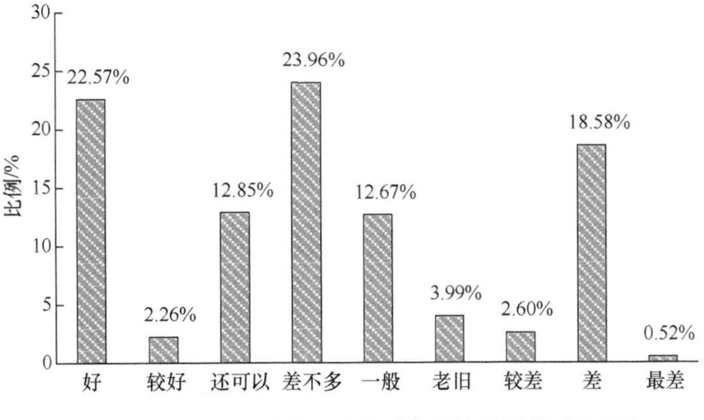


图5.1 企业社区居民关于本小区与周边小区的对比认知

总体看，居民对企业社区服务设施及生活居住环境的感受与认识优劣参半，参差不齐，也反映了企业社区依然存在较多问题，需要被充分地关注和重视。

在被问到“怎样评价您所在的社区？”时，居民则各持己见（图 5.2）。15.54%的居民觉得本小区很好，区位优势带来一系列商业服务业及教育医疗等的便利，内部设施完善，住房满足，安保设施齐备，绿化率高，景观较好，宜居度高，且“整体完善，环境也好”。5.48%的居民觉得本小区挺好，“生活配套设施便利，邻里氛围好”“公共环境较好，楼房状况较好，室内室外活动场地都有”。10.42%的居民觉得本小区还可以，“设施齐全，绿化也还行，卫生也较干净”“尽管老楼比较破旧，但新楼还行”“虽然住房环境都比不上商品房，但对职工来说方便，成本低”。7.49%的居民觉得本小区可以，“没新小区好，但比周边老小区好”。6.58%的居民觉得本小区差不多，“居住成本低，适合刚毕业人群居住”。2.38%的居民觉得本小区满足自身居住需求，“房屋合适，距离上班地点近，可以满足生活”“面积很大，内部比较混乱，很多小院子组成，但内部设施完善，适宜老人居住”。

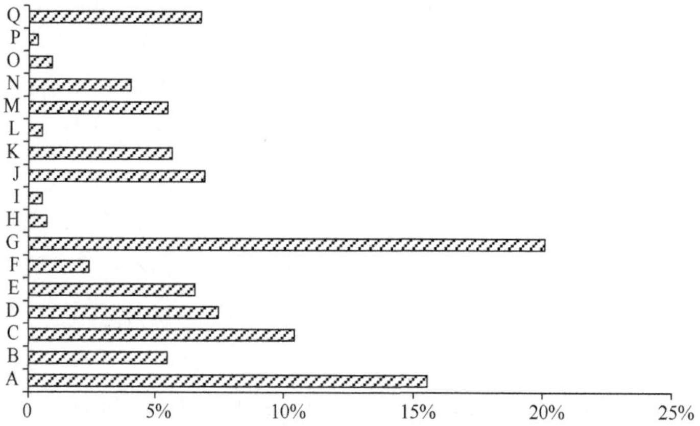


图 5.2　居民对于本小区的认知评价

A. 很好；B. 挺好；C. 还可以；D. 可以；E. 差不多；F. 满足自身居住需求；G. 一般，凑合，可以住；H. 社区比较老旧，但已经住习惯了；I. 方便；J. 不好；K. 差；L. 太差；M. 缺乏管理；N. 破旧，老旧，且缺乏管理；O. 老年人居住不方便；P. 住房面积小；Q. 其他

另外有 20.10%的居民觉得本小区“一般，凑合，可以住，要求不高”，由于企业社区居民自身特征存在特殊性，经济收入、年龄、居住习惯、工作求学方便等多种原因将其限制于该类小区。0.73%的居民认为“社区比较老旧，但已经住习惯了，和社区内老人熟悉，有归属感”，“生活习惯了，如果可以优化更好”。0.55%的居民认为社区吃穿用住都“方便”。

与之相反，有 6.95%的居民认为本小区不好，“老楼条件太差，无法满足居住需求”“居住人口复杂而且贫穷”“居民素质低”“出租户比较吵闹”“没有新小区环境好”。同时，有 5.66%的居民觉得本小区差，“不适合自己居住”“不喜欢，希望搬入商品房小区”，甚至有 0.55%的居民觉得本小区“太差”，没有比这更破的小区了。此外，5.48%的居民认为本小区因缺乏管理，导致社区环境卫生差，绿化差，内部设施缺乏或后期维护不足，如“建筑还可以，比周边稍好，有简单的健身设施和空间，满足老年人简单的需求，但缺乏管理”“后勤物业完全没有管理，内部环境差，公共空间脏乱破旧或没有公共空间”“社区不统一管理，机动车乱停乱放严重，停车占了人行道没人管，消防车都进不来”“外来租户多，社区管理太差，安全难以保障”“周围工地多，影响社区卫生环境”“地无人扫，养狗的人太多，狗经常随地大小便，搞得环境特别脏”“绿化太差，物业从来也不管”“设施还算完备，但缺乏后期维护”“设施不完善，不能满足需求”“社区内没有健身活动设施”等。4.03%的居民觉得本小区“破旧，老旧，且缺乏管理”，“太过老旧，不适合年轻人居住，管理差”或“太老旧，基本生活都不能满足，社区状况太差”“社区比较老旧，后期缺乏维护”。0.92%的居民觉得小区老年人居住不方便，“多层普遍没电梯，且楼梯狭窄陡峭空间小，老年人上下楼不方便”“社区内部医疗室、诊所都被拆了，看病很不方便”，有 0.36%的居民认为本小区“住房面积小，一家六口不够住”，“社区空间太过狭小，没有休闲活动场地”，剩余其他居民认为“没以前方便”及“三供一业后，没有食堂和社区医院，就医就餐不方便，生活成本变高”。

## 5.2 企业社区居民的居住意愿与期望

选取“西安市老工业企业社区空间更新潜力与发展路径研究”的 1010 份调查问卷数据。依据获取的企业社区空间分布、样点数量、规模与建设时长等方面信息，选择在生产、被兼并或破产倒闭企业的各类型案例社区实地调查，概括梳理企业社区居民的居住意愿与期望。所涉及的调查内容包括：①居民基本信息，如住户人口、年龄、受教育程度、职业；②居民与家庭收入状况；③居民来源、居住时长；④居住原因、未来居住打算；⑤企业与社区运营管理情况；⑥居住成本、住房与社区的满意度、对社区发展期望等方面。

### 5.2.1 企业社区居民的未来居住意愿

依据表 5.1 的访谈提纲，对企业社区的居民进行居住意愿的调查。

依据实地调查与访谈、结合调查问卷的内容，对社区居民的未来居住意愿进行分析（表 5.2）。30.62%的居民有搬离社区的意愿，在搬入住房类型选择上，对商品房的倾向最大（85.76%）。影响居民住房选择的因素中，占比最大的是房价（75.40%），表明居民的

**表 5.1 企业社区居民居住意愿访谈提纲**

| 编号 | 访谈问题 |
|---|---|
| ① | 有机会是否愿意搬离社区 |
| ② | 若想搬离，选择社区类型的倾向 |
| ③ | 若想搬离，选择社区考虑的因素 |
| ④ | 不想搬离的原因 |

**表 5.2　居民搬离企业社区意愿、选择社区因素以及不搬原因汇总表**

<table>
<tr><th>样本类型</th><th>意愿住房类型/不搬原因</th><th>样本数/个</th><th>样本占比/%</th><th>考虑因素</th><th>样本数/个</th><th>样本占比/%</th></tr>
<tr><td rowspan="11">愿意搬离</td><td rowspan="2">A 商品房</td><td rowspan="2">265</td><td rowspan="2">85.76</td><td>A. 房价</td><td>233</td><td>75.40</td></tr>
<tr><td>B. 生活配套</td><td>104</td><td>33.66</td></tr>
<tr><td rowspan="2">B 经济适用房</td><td rowspan="2">40</td><td rowspan="2">12.94</td><td>C. 地段</td><td>110</td><td>35.60</td></tr>
<tr><td>D. 物业费</td><td>4</td><td>1.29</td></tr>
<tr><td rowspan="2">C 二手房</td><td rowspan="2">0</td><td rowspan="2">0.00</td><td>E. 公共维修基金</td><td>1</td><td>0.32</td></tr>
<tr><td>F. 公共设施配套</td><td>54</td><td>17.48</td></tr>
<tr><td rowspan="2">D 自建私有房</td><td rowspan="2">4</td><td rowspan="2">1.29</td><td>G. 物业服务质量</td><td>11</td><td>3.56</td></tr>
<tr><td>H. 文体娱乐活动</td><td>5</td><td>1.62</td></tr>
<tr><td rowspan="2">E 租赁房</td><td rowspan="2">0</td><td rowspan="2">0.00</td><td>I. 邻里氛围</td><td>11</td><td>3.56</td></tr>
<tr><td>J. 安全</td><td>21</td><td>6.80</td></tr>
<tr><td>F 单位福利房</td><td>21</td><td>6.80</td><td>K. 周围环境</td><td>64</td><td>20.71</td></tr>
<tr><td rowspan="3">不愿搬离</td><td>A 经济能力不够</td><td>402</td><td>57.40</td><td colspan="3" rowspan="3">不愿搬离的其他原因包括：对社区内外部条件满足；社区满足了居民的日常需求，出行方便，不需要搬离；已经习惯居住的社区；年纪大，不方便再搬</td></tr>
<tr><td>B 邻里关系依赖</td><td>218</td><td>31.14</td></tr>
<tr><td>C 其他原因</td><td>224</td><td>32.00</td></tr>
</table>

注：因居民住房选择因素与不愿搬离原因等为多项选择，因此，百分比占比存在交叉。

搬迁意愿更多考虑的是经济因素；其次为区位地段（35.60%）与生活配套设施（33.66%）。69.38%的居民不愿搬离社区，其中 31.14%的居民对社区感情深厚，依赖邻里关系而不愿搬离，表明社区的人际网络对居民的社区归属感、地方依恋情感有重要的作用；32.0%的居民对居住现状足够满意，也不愿搬离社区，其中社区区位、物质环境改造提升、社会关系网络等对其影响较大；57.40%的居民迫于经济水平、生活成本、支付能力等不能且没有意愿搬离社区。

### 5.2.2　企业社区居民对社区的未来期望

随着时代进步与经济社会的快速发展，居民开始关注和重新审视自己的生活空间和居住空间，日益增长的美好生活需要和不平衡不充分的发展之间的矛盾不断凸显，居民维护权益、改善居住条件、争取美好生活的诉求之声时有响起。2019 年以来，我国全面推进城镇老旧企业社区改造，一些地方将“城市补漏”形容为雪中送炭的民生工程，很多城市的老旧企业社区经过政府支持、居民自治管理、社会组织和企业帮扶、商业化融资等措施，面貌焕然一新，既满足了居民日益增长的美好生活需求，同时也提升了整个街区的“颜值”，增强了地区的宜居品质，起到了多方共赢的效果。在企业社区改造上，一方面，通过改造，可以使老旧社区达到功能完善、环境优美、节能环保、适宜人居的目的；另一方面，社区改造涉及成千上万居民的不同利益诉求，很难达成共识。因此，倾听不同声音，尽可能考虑大多数群体的呼声与期望，是政府及社会力量珍视企业社区群体与社会空间可持续发展，给予老工业城市企业社区的最好支持。

依据实地调查、访谈及问卷调查（表 5.3），基于居民对于企业社区未来发展或改造的期望、建议情况进行分析，进而了解居民对企业社区的发展与改造期望。

**表 5.3　企业社区居民未来期望访谈提纲**

| 编号 | 访谈问题 |
|---|---|
| ① | 您在本社区的日常生活有哪些不便 |
| ② | 对于社区改造您希望解决哪些问题 |
| ③ | 您觉得社区最需要改造哪些方面 |
| ④ | 您对社区的未来发展有什么期望 |

居民最希望解决的问题是增设社区户外活动场地（43.5%），究其原因，主要在于企业社区中退休老年群体占主体，其日常活动主要在社区内部及周边的户外场地，居民户外活动场地缺乏，给老年群体日常生活带来极大不便，居民需求迫切（图 5.3）。其次为绿化的增加与管理（39.6%），在大部分企业社区中，社区绿化率低，绿化管理不尽如人意，居民意见较多。另外，增设停车位（29%）、增设室内文化娱乐空间（26%）等也成为居民重点关注的问题，停车位不足导致车主停车困难，路边停车占道，给居民出行、日常活动等带来困扰；室内文娱活动空间不足，造成居民室内活动缺乏。25%的居民对住房极度不满意，迫切希望拆除重建。22%的居民认为社区道路急需硬化整修，破旧坑洼的道路对出行造成极大不便。有 5%～10%的居民希望对住房进行改造，包括户型

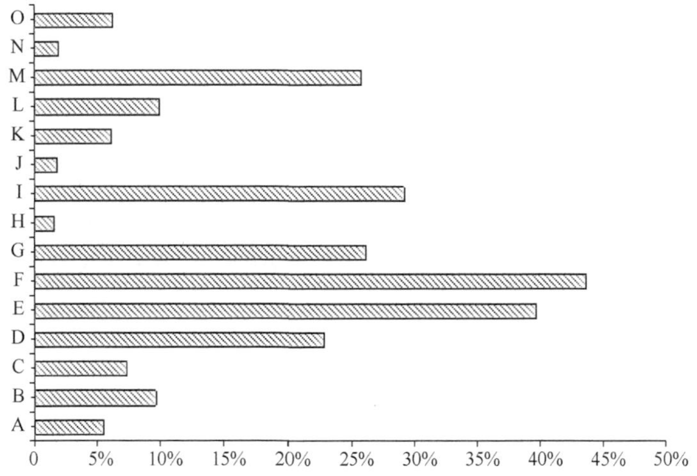


图 5.3　企业社区居民希望解决的各类问题情况

A. 户型改善；B. 外立面修缮；C. 房屋加固；D. 道路整修；E. 增加绿化；F. 增设户外活动场地；G. 增加室内文化娱乐空间；H. 增设教育设施（如托儿所、幼儿园）；I. 增设停车位；J. 增设零售商店；K. 增设垃圾收集点；L. 给排水、电力电信、供热、燃气等市政设施整修；M. 房屋重建；N. 乱搭乱建治理；O. 其他，包括物业管理、电梯、环卫与供暖

改善（5%），外立面修缮（9%），房屋加固（7%），给排水、电力电信、供热、燃气等市政设施整修（9%）等。有少数居民希望增设垃圾收集点（6%），增设教育设施（如托儿所、幼儿园）（1.6%），以及增设零售商店（1.7%），治理乱搭乱建（1.9%），同时，增强物业管理、加建电梯、改善环卫与供暖（6%）等。

依据居民所反映的日常生活中的不便与自身需求，汇总居民关于企业社区需要配备的基础设施的建议（图 5.4），可以得到：鉴于个体属性特征与日常需求，居民对于增加活动场所、改善环境卫生、增设电梯等的诉求最多，占比分别为 19.41%、15.98%以及15.78%；其次为增加绿化（13.43%），管理维护各类设施（12.48%），增加停车位（8.24%）与活动空间（5.98%），增设健身设施（4.90%）。另外，整修道路（4.51%），加强物业（3.33%）以及安全管理（4.41%），增加医疗诊所（3.73%）等依旧是居民热衷关心的问题。最后，解决暖气问题（1.96%），更换天然气（1.08%）、上下水管道（1.08%），修建餐厅食堂（1.08%），增加公厕（0.88%）、消防设施（0.69%）、便利店（0.69%）、无障碍设施（0.69%）；以及增加老年活动中心（0.39%），提升建筑质量（0.39%），增设幼儿园等教育机构（0.39%），增设路灯（0.29%），维护社区内部外露电线（0.20%），增设休憩凳椅（0.20%），在社区附近增加菜市场（0.20%）、菜鸟驿站（0.20%）等日益成为居民日常生活的基本需求。

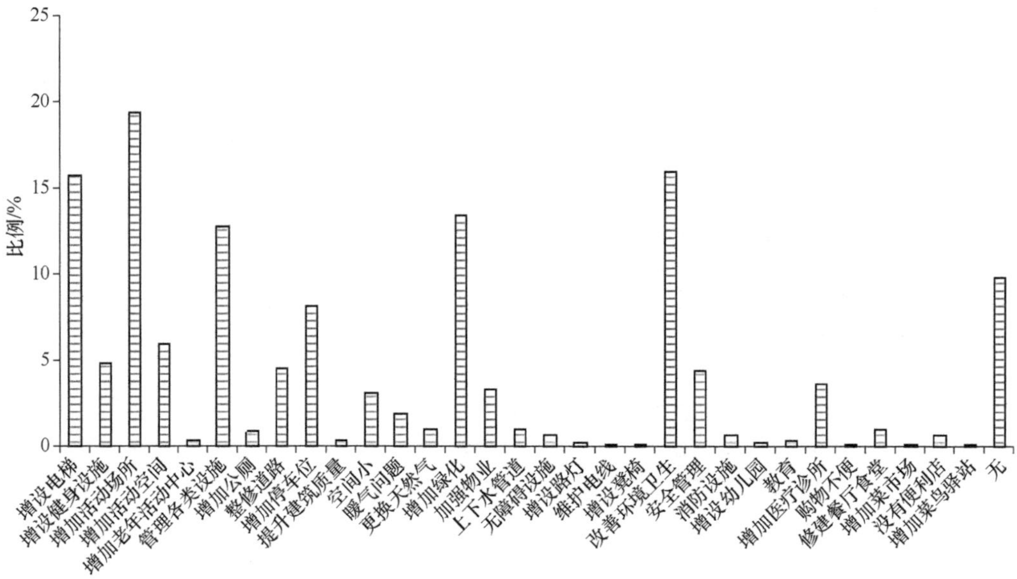


图 5.4　企业社区居民关于改善基础设施的建议分类

依据居民对社区的期望，汇总居民对于社区发展的建议（图 5.5），可以看到：5.72%的居民对目前的生活状态、居住环境等相对满意。20.33%的居民认为自己居住的社区建筑或环境过于老旧破败，无法满足正常生活需求，希望将住房或社区整体重建。此外，居民期望能够加强住房、环境、设施等的维护与管理（9.7%），增加活动场所、设施（8.4%）及健身器材（1.51%），强化物业管理（5.27%），增设电梯（4.97%），加强社区安全管理（4.82%），加强环境（2.86%）、卫生（4.07%）及绿化（3.61%）的管理。同时，增设养老设施（3.61%），增设停车位，加强对车辆乱停乱放问题的管理（3.31%）。存在部分仅有 1 栋住宅楼的社区（2.86%），居民日常生活、社区活动等均无处进行，急需增加活动空间。少数居民希望改善暖气、天然气（1.51%），以及户型改善（0.6%）、增加采光（0.3%），增加社区活动（1.51%），整修道路（0.75%），增加便民设施（0.45%），增设教育（0.75%）、医疗（0.45%）、无障碍设施（0.45%）及路灯（0.3%）等。除上述对社区居住现状较为满足或想要改善的居民外，也存在部分居民对社区发展持一种“无所谓”（7.53%）或“不关心”（4.22%）的态度，认为社区未来发展与自身无关，无期望与愿景可言。

总体来说，企业社区中的居民对自己所居住的社区拥有深厚的感情，对小区改造充满期望，积极踊跃提出各种与自身生活便利相关、涉及切身利益的期望和建议。

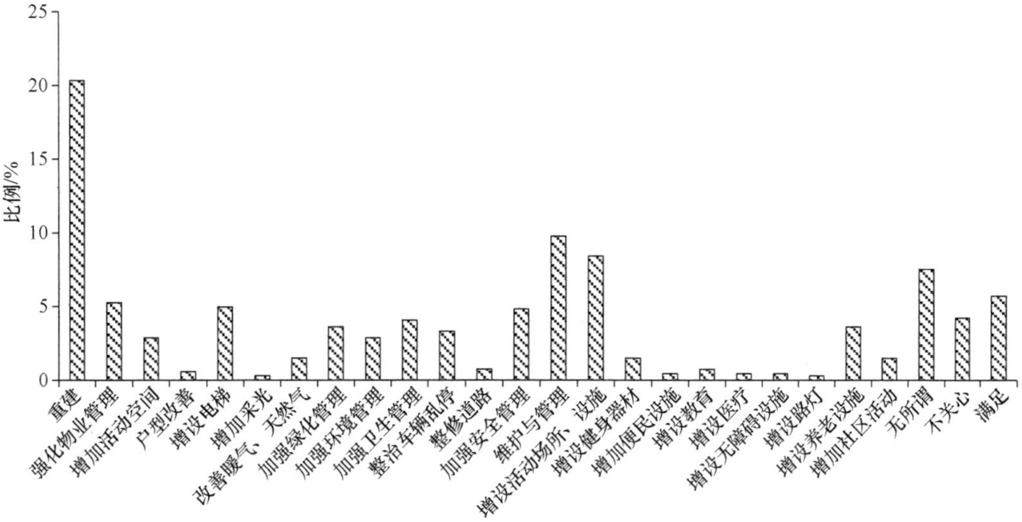


图 5.5　居民对企业社区的发展建议

### 居民访谈

“社区物业过渡阶段没人管，环境脏乱，马上要交接了才对社区环境道路等进行改造，现在环境卫生还可以，社区后面建了公园广场（2013 年建成），商业医疗教育设施都很齐全，交通也很方便，但住房不满意，楼道狭窄阴暗，没人打扫，树木长得都遮挡房子采光了也没人修剪。”（访谈对象：何女士，67 岁。）

“对社区不太满意，但有感情，道路交通不方便。物业管理越来越不好，卫生也差，小区路面、楼道打扫不干净，绿化管理也不及时，绿植疯乱生长。”（访谈对象：

陶先生，76 岁。）

“养老设施差，活动室小，但地理位置好。希望改造暖气。”（访谈对象：徐先生，76 岁。）

“收入足够生存，但一旦生病经济压力就加重了，希望社区加强对退休职工的管理和关照。不满意于社区公共空间环境，对社区物业管理极其不满。社区没有把加装电梯的政策落实好，希望实现老有所养，老有所依，物业和社区没有考虑到老年人的状况。”（访谈对象：李先生，80 岁。）

“住房满意，凑合住。收入足够生存，对社区比较满意，也有感情，道路交通都挺方便。医疗教育设施都很齐全，没太想到外面买房。但物业管理不如以前企业管理时好。供暖不足，停车位不够，希望增加停车位，也希望物业能给社区配置一些健身器材。”（访谈对象：袁女士，73 岁。）

对居民而言，住房、社区内外部环境、基础设施达到自身需求，居民生活质量得到提升，幸福感自然而然就有了。

**居民访谈**

“在这里居住了几十年，一切都很习惯，对社区有深厚的感情。子女都在宝鸡市上班，相隔不远，会时常回来看看，一大家子人家庭也很幸福。对社区比较满意，道路交通都挺方便，总体对生活和环境各方面都满意，幸福感较强。”（访谈对象：陈女士，83 岁。）

从居民对未来的愿景与诉求来看，主要集中在基础设施的增设，居住环境的改善及物业管理的提高等几个方面。基础设施老旧、使用年限长、设施维修养护难度大，或由于最初规划的不合理，企业社区的基础设施与配套设施空缺，服务设施的外向化等，都给社区居民带来极大困扰，对其日常生活造成很大不便；居住环境脏乱差，绿化率低，对居民日常活动或户外出行造成不便的同时，影响居民身心健康与生活质量；物业管理滞后、懈怠或真空化，成为社区衰败，居民居住不如意，迫切期望改造的原因之一。

## 5.3 本章小结

本章通过研究居民的企业社区认知及其居住意愿与未来期望，得到以下基本结果和认识。

（1）居民对于企业社区及地方的认知因人而异，立场不同，社区认知及地方感知皆不同。相对而言，一方面，原厂退休老职工对本社区的依恋程度远高于年轻职工及外来人员，企业社区依旧是一代老职工们凝固的历史记忆，是他们青春过往与未来余生的承载空间，但于后来者而言，相对外界的精彩世界，社区仅是其安身之所，一般并无太多情感依恋。另一方面，相同的客观物质环境，亦或因为个体属性特征的不同，在个人感知及居住意愿与期望等方面存在很大差异，居民对社区的依恋依旧无法弥补现实居住环境的不足带给他们的不满。与以前相比，居民或留恋过往、推崇计划包办与企业办社会的无忧无虑，或活在当下，认为各有利弊。但就物业管理上，大多居民表示对物业管理社会化带来的收费增多及管理质量下降等表现出严重不满。总之，个体属性特征对居民的评价结果具有较大影响。

（2）居民居住意愿取决于其自身条件。经济收入、年龄、家庭结构、居住现状、自身意愿等成为决定居民搬离与否的重要因素。就有意搬离者而言，他们更倾向于搬入商品房，考虑因素主要为房价，其次为生活配套、区位地段等。不愿搬离者，主要原因在于本社区居住生活成本低，居住条件满足自身需求；居住太久已经习惯；年龄太大不方便搬离；或对邻里、老同事及社区有情感依恋等，当然新购房成本过高也是居民望“搬”而止步的重要因素。对于社区未来期望，居民表现出不同看法，除居住条件满足自身需求的居民外，不愿搬离的退休老职工及打算在此扎根的在职职工与外来买房户等，对社区住房环境问题的未来改造各抒己见，表现出强烈的改造意愿与期望；大多租户则表现出一种局外人事不关己的淡漠心态，认为只是一个过客，在此居住仅是当前生活的需要，不会常住，但也不排除部分租户对社区改造充满期待。

# 第 6 章

# 企业社区的空间生产

空间生产是个循环往复、不断变化的过程。对于本书来说，为了便于分析，作者将中国经济改革或国有企业改革以前企业主导社区发展的阶段[①]，视为企业社区的空间生产阶段。所谓企业社区的空间生产，特指计划经济时期，企业管理部门及其相关机构、人员为了社区发展建设，在社区场所或空间塑造起来的物质、社会、精神等方面的构建物。本章以空间生产理论为指导，分别梳理了企业社区在物质、社会及精神上的空间生产，并以典型企业社区为例进一步剖析说明。

## 6.1 地方与空间生产

### 6.1.1 空间与地方

地理学界对于“地方”（place）内涵的认识复杂而多样，“地方”作为人文地理学最关键的理论视角之一，在人与地域、人与环境的学术探索中占据着重要的地位，可以认为是一个抽象的学术意象（朱竑等，2010）。“地方”的概念由美国华裔地理学家段义孚引入，在人文主义地理学语境中被定义为“可感价值的中心”，以及社会与文化意义的载体（Eyles，1989），凡是能让人感受到其价值存在，满足诸如食物、水、休息和繁衍等人的生理或精神方面的需求都可以视为地方，其范围远远超出城镇、社区、家和住所。这种地方是以实实在在的物质形式存在，如家乡、祖国、整个地球等。地方也可以以音乐、舞蹈、绘画、文学等虚拟的形式存在，这些虚拟的地方是“情感支撑的丰厚来源”（Tuan，1999）。简言之，地方是从人本主义出发，以人的生存为宗旨，加入感官、情感、美学等多层维度，构建的有意义的空间场所。

段义孚从人文关怀角度突出了“地方”中的人类情感因素，以及人地关系互动中的经历体验和存在意义。他在著作《空间与地方：经验的视角》中认为，地方是能引起我们注意的固定物体，即我们的眼睛停驻在其中有兴趣的点上，每一停驻的时刻就能创造一个地方的景象（段义孚，2017）。段义孚的“地方”思想有别于传统的、以实证为基础的地理学，他将现象学和存在主义等具有人文关怀的观点作为立论哲学（蔡霞，2016），所描述的地方虽能给人带来安全感和稳定感，但同样也会让人感到束缚，抑制人的发展潜能，因此人对地方就产生了矛盾的态度。“地方”必须具备的条件包括地理位置、物质形态（如建筑环境）、投入意义和价值。一个地方的位置为社会活动提供了一个地理空间，可以影响人、社区和自然之间的社会意义和互动（Gieryn，2000）。

所谓“空间”，是一个具有面积性和体积性的几何单元，是可以度量的精确的“量”，不仅是一种复杂的现象和感觉，也是生物性存活的条件。空间在适当开发时，乃是产生财富和权力的资源，是所有动物的生物需求、人的心理需求、社会身份地位的

① 1978～1992 年为中国国有企业改革第一阶段，其特征为放权让利，探索两权分离；1993 年以来为第二阶段，明确以建立现代企业制度为方向，不断深化改革，完善新体制。

特殊需求和精神上的灵性需求。当我们对某个空间感到非常熟悉的时候，此空间则已经变成了“地方”。在大的空间发生变化时，肌肉运动的经验，视觉经验与形成概念的能力都是必需的（段义孚，2017）。空间带给人自由的同时也带给人茫然不安之感，空间普遍意味着自由，具有开放性，这种开放性提示未来，启发人积极行动。然而，空间的旷阔与自由亦能带来负面的无助与恐惧感（宋秀葵，2014）。

地方与空间是人本主义地理学的核心内容，段义孚在《空间与地方：经验的视角》中，将地方和空间加以阐述和分析。他认为“地方”是安全的，而“空间”是自由的。我们都想依赖地方的安全而又追求空间的自由。“空间”与“地方”是我们生活世界的基本要素。从地方的安全性及稳定性，我们感觉到空间的开放、自由与威胁，反之亦然。此外，我们也可以界定空间是动态的，而地方是静止的，故当每一次空间活动静止时，便有“区位”变为“地方”的可能。生活在物质空间中的个体不可避免地赋予了空间以社会意义。例如，由于“空间”可以表现出一种心理上的自由，物质场所可以作为“既定价值的中心”，作为在地方上建立空间感形成身份认同的一个中心（Crowe，2010）。地方也就成为一群社会行动者所依附的价值观、信仰和行为的推动者和象征。生活的美好之处在于人们既能体会到地方所带来的安稳和踏实，也能享受到空间带来的辽阔与自由，以丰富人的阅历，每个人的成长都离不开广阔的世界，人总是徘徊于空间与地方、天下与家乡之间。段义孚也确切地说明了这一点：真实的生活是在地球上，我们生长在这里，这里是我们的根（宋秀葵，2014）。空间是社会的产物，城市空间的生产往往是在特定意识形态指引下进行的。住宅不仅仅是物质的载体，而且还是社会思想的载体，社会变革的需求在住宅建设中得以体现（丁桂节，2007）。

企业社区的地方性与空间性作为社会的产物，其存在和发展具有特定的价值和意义。企业依据政策指导与自身性质进行选址和布局，相应地，企业社区作为企业的附属品在企业附近布局，此时企业与社区所在的场所便成为一种地方，作为居民生产生活的场地，提供了一种完备且安全的空间范围，成为居民身份认同的一个场所。在空间上，企业社区不仅包括建筑景观、生活设施等呈现出来的物质空间，也包括居民的社会网络空间及精神空间。居民在社区中的一切生产生活活动，以及所产生的各种情感方面的表征，包括归属感、依恋感、共同记忆等，赋予企业社区地方性的同时，使其空间性更加丰富。

### 6.1.2 空间生产

空间的生产是马克思主义地理学的一个关键概念。城市空间的生产指资本、权力和阶级等政治经济要素和力量对城市的重新塑造，从而使城市空间成为其介质和产物的过程（叶超和柴彦威，2011）。诸多的学者对空间生产进行了开创性和卓有成效的论述和论证，深化了多学科交叉集成研究的范式。

法国思想家亨利·列斐伏尔是空间生产理论的首创者。他在《空间的生产》一书中认为，我们所生存的空间有物质空间、精神空间和社会空间。反对传统上将空间视为社会关系演变的平台的观念，认为空间是社会关系的重要组成部分，产生于社会历史的发展之中，也随着历史的演变而重新构建和转化。他认为空间产生于有目的的社会实践，是社会关系的产物。他区分了自然空间和社会空间，并将空间理解为社会秩序的空间化。

列斐伏尔的“空间生产”，是一种体现着社会关系制造和物质生产动态过程的实践概念，具有社会关系的意义，而且依托社会关系呈现自己，将社会关系投射于其中（孙全胜，2015）。他认为社会生产无处不在，而空间是带有意图和目的、被策略性和政治性地生产出来的（郭文，2019）。列斐伏尔的空间生产理论，主张从空间中事物的生产到空间本身的生产转变。空间不仅是资本存在的前提和条件，也是资本存在的基本形式。空间生产重点说明了人类“所经历的物质空间变化不过是社会变迁的表象，透过物质空间变化的背后是一系列复杂的社会发展过程，以及其中的社会权力、社会联系、社会日常生活的变迁”（张京祥等，2014），因此，他认为空间生产的本质是“社会空间”中的社会关系生产和政治（权力）行为，也反映出空间背后对于资本主义的社会、经济与制度的批判。他对传统观点认为空间是作为一种“容器”或“场”的概念进行了批判，认为“空间是社会的产物”，提出了空间分析的“三元一体”理论分析框架，即空间实践（spatial practice）、空间的表征（representation of space）和表征的空间（representational space），由此对应于感知的空间、构想的空间和生活的空间（叶超和柴彦威，2011；谭玉妮等，2018）。

空间实践即“感知的空间”，为具象化的社会空间，是一种实际存在并且可以被人们所感知或测量的物质形态的空间。在感知的过程中获得空间存在的客观体验，涵盖了现实社会中的生产与再生产，突显了特定的空间生产方式（谭玉妮和张永庆，2018），如城市建筑、道路、广场、生活场所的生产。空间的表征又称“构想的空间”，是一种被不同学科群体抽象化了的概念的空间，现实中的空间被抽象化为各种概念，这种空间的表征被概念再现，即“空间的再现”，这种空间是通过构想出来的空间概念、语言、文本等对现实空间建构的干预和控制。例如，城市规划师对城市空间更新规划的设想，提出某个片区规划改造计划，进而这种规划改造理念被运用于实际的空间建构。表征的空间为“生活的空间”，是一种表征性的或符号化的空间，人文社会科学工作者通过图形、符号和象征物等去传达某种特定的意义或意识形态，如每座城市都有其标志性建筑空间（谭玉妮和张永庆，2018），列斐伏尔将其称为“反空间”（count-space）领域。“表征的空间”与“空间实践”、“空间的表征”在逻辑上呈递进关系，即从“实践到概念/经验/知识到再实践”的过程，空间实践可以看成实践，空间的表征则可以看成是“根据知识/经验形成的概念化的东西”，而表征的空间则是指根据“空间的表征”（即所形成的空间观念与知识）进行再实践的过程，从而指导空间的再生产。列斐伏尔的“空间生产”理论解释了空间生产中资本增值的规律，体现了空间生产得以持续存在的理论解释原则，从而实现了理想主义和现实主义的结合，同时消解了人道主义与科学主义的对峙，达成了对空间生产的合理解释（孙全胜，2017）。

大卫·哈维是早期列斐伏尔理论观点的延续者之一。作为列斐伏尔的追随者，他认为城市的扩张和分化是资本生产的必然结果，并阐发了社会正义与城市的关系，进而发展了资本的城市化理论（张洪昌和舒伯阳，2019），提出了著名的“资本三级循环”（孙延松，2017），即资本投资于一般生产资料和消费资料的初级循环，投资于建成环境的第二级循环和投资于科教和社会领域的第三级循环，三次循环实质论述了空间社会性矛盾的出现是因为空间的“使用价值”让位于“交换价值”的结果（郭文，2019）。大卫·哈维在继承列斐伏尔观点的前提下，从全球化的角度考察研究了资本支配下的城市空间生产过程，拓展了“空间生产”理论。从资本积累和城市视角探讨空间和空间生产的性质，认为空间是建筑环境的结构，是建构起的“第二自然”（孙全胜，2015）。哈维认为，空间结构和空间系统不仅是资本主义空间生产所需要的条件，而且是空间生产的必然产物。在列斐伏尔的基础上，他提出“时空压缩”范畴，把“空间生产”的研究视域延伸到全球地理空间，建构了历史唯物主义地理学，详细阐释了历史唯物主义理论中关于城市空间对空间生产的影响（孙全胜，2015）。

法国学者米歇尔·福柯则侧重于空间权力的思想，认为社会通过空间来管制。福柯提出空间会创造出独特个体或新的主体类型，权力在其中起了很大作用（郭文，2019）。他从空间和政治权力关系、政治统治策略的视角，研究了个体和空间生产的关联（孙全胜，2015），注重从人类文化史的视角审视空间生产过程及其矛盾，并注重考察空间、文化、政治权力的辩证关系。他对空间生产与政治权力关系的考察参考了列斐伏尔“空间生产”的分析方法和批判思路，指出空间既是日常生活的场域，又是权力运行的载体和工具，文化意识形态则论证着权力在空间中运行的合理性。他提出“异质空间”范畴，阐释了异质空间所展示出的六个特征，指出空间生产的不断推进开创了空间新纪元，让人类处于空间交错并置的年代（孙全胜，2015）。

爱德华·W. 苏贾提出“第三空间”理论，考察了晚期资本主义的都市空间和日常生活问题，并从历史角度分析了城市空间的演变过程，阐释了后现代城市的话语类型（孙全胜，2015）。苏贾主要从权利与意识形态角度进一步研究空间生产理论。他从空间、实践、存在三个角度入手，以空间性和社会性、空间性和时间性的双重关系为问题框架，构建一种总体性、批判性的后现代地理学研究方向（孙延松，2017）。他严厉批评历史决定论，竭力建构一种辩证的历史唯物主义地理学，注重分析列斐伏尔“空间生产”的马克思主义来源。他进一步考察了列斐伏尔等人的空间批判理论，主张重新反思社会、时间、空间的互动机制，以洛杉矶等现代性大都市为考察对象，阐释了现代性的都市生活（孙全胜，2015）。苏贾在社会关系再生产的基础上，提出了“社会空间辩证法”（social-spatial dialectic），认为“有组织的空间具有社会和空间的双重特性”，强调了政治权力和意识形态对城市空间生产的影响。

曼纽尔·卡斯特利斯在列斐伏尔思想的基础上，得出集体消费范畴，指出城市空间生产让工人的个人消费演化为国家形式的集体消费（孙全胜，2015），因此，在研究城市空间生产时突出了集体消费和政府干预的作用。他的研究更加注重公共性，从政府干预、集体消费等视角来理解空间，运用“消费、集体消费、政府干预”这一逻辑主线对空间生产展开分析。卡斯特利斯认为“空间是社会（结构）的表现”。他提出了以生产、交换、消费、行政、符号五个要素组成的“城市系统”的概念，并着重阐述了“消费”的领域，提出了“集体消费品”概念——由国家提供的集体性服务，如住房、医疗、交通等空间产品（许永成，2018）。

上述观点对学者们影响很大，促生了人文地理学和城市社会学的研究新视域（孙全胜，2015）。这些学者在“空间转向”中开创了空间生产研究，为地理学、社会学、文化学、旅游学等领域的跨学科融合研究奠定新的视角和方法（张洪昌和舒伯阳，2019）。企业社区是独特而特殊的空间和场所，将其与空间生产理论结合而展开阐释，是本书的一个主旨。

### 6.1.3 企业社区的空间生产

什么是企业社区的空间生产，企业社区的空间生产到底生产出什么？笔者根据对已有空间生产的解读和对企业社区的认识，认为企业社区的空间生产是特指计划经济时期，企业管理部门及其相关机构、人员围绕社区发展建设，在社区场所或空间塑造起来的物质、社会、精神等方面的构建物。企业社区的空间生产是一种系统化的人口-生产-生活-社会空间，典型的企业塑造的社会空间。企业成为空间生产的基本单元和社会治理的重要工具，企业社区的空间生产被赋予政治经济功能，具有计划经济建设时期的时代烙印。因此，企业社区的空间生产，包括企业社区的物质空间生产（住房和居住景观、公共服务设施、外部物质生产）、社会空间生产（居民构成、社区管理、住房产权等），以及精神空间生产（文化精神、邻里关系、归属感和认同感及企业情结等）。

## 6.2 企业社区的物质空间生产

计划经济时期，企业社区由城市、城镇周边向外围扩展建设，或建于边远城镇、山区，占据一定的地理空间。社区建造了封闭、高大的围墙，且在各进出口设置栏杆、铁门等安全装置，出入口由安保人员负责看守，专门记录出入人员基本情况，社区居民佩戴本厂工作证明作为出入社区的标志，整个社区形成一个封闭式的空间。这种封闭式的特征使各个社区被分割成易于管理、独立且安全的空间单元。从这个封闭的空间内部来看，其物质空间具有多元化特征，物质空间生产由社区建筑、内部道路、公共设施、社区景观等要素共同组成。

### 6.2.1 住房与居住景观

从住房与居住景观来看，住房形式较为单一，苏式特色突出，主要围绕中心服务设施及内部道路展开布局。“筒子楼”、“将军楼”、“女工楼”、“母子楼”和“单身宿舍”等成为该时期住房物质空间的典型代表。在“重生产、轻生活”的背景下，住房多强调实用性，房屋建筑技术与标准低，多为单层或低层砖结构建筑，形成了小面宽、长进深、小厨卫或公用厨卫等住房特征。绿化景观构成单调，主要以楼栋之间的间隔绿地为主，无正规花园绿地设计。社区内部道路通达性较好，楼与楼之间连通性强。

这一时期的住房结构多为单层砖结构的平房、长廊单间的筒子楼和低层多式的简易单元楼。平房主要是指由青砖或红砖建造而成的两面坡屋顶结构的单层建筑体，由统一布置的单间平行排列组成，房屋户型呈现“床寝式”结构。平房单间对面统一设置厨房，厕所公用。这类房屋建筑密度大，居住空间狭小，住房面积为 10～30m$^2$，房屋之间基本无活动场地；筒子楼为内部通廊式结构，由一条长走廊串联着两侧多个单间，砖水泥结构，楼层以 2～7 层为主，居住面积为 15～30m$^2$，房屋户型呈现“餐寝式”格局，主要包括“单身宿舍”和“母子楼”；这一时期也形成了简易单元楼，砖木或砖水泥结构，以 3～6 层为主，每单元一梯三户或四户，两室或者一室一厅，独立厨卫，房屋面积相较平房和筒子楼略大，达 20～60m$^2$，房屋户型结构为“小厅小户式”，相较而言，该时期房屋较为牢固，抗震能力强（表 6.1）。

**表 6.1　计划经济时期住房情况**

| 住房类型 | 住房材质 | 住房面积/ m$^2$ | 住房楼层/层 | 住房户型 |
|---|---|---|---|---|
| 平房 | 砖水泥 | 10～30 | 1 | 床寝式 |
| 筒子楼 | 砖水泥 | 15～30 | 2～7 | 餐寝式 |
| 简易单元楼 | 砖木或砖水泥 | 20～60 | 3～6 | 小厅小户式 |

### 6.2.2　公共服务设施

企业办社会下，企业社区居民各类生活所需一应俱全。社区承载着诸如生活、教育、医疗、休闲娱乐等各类服务功能，并配备相应的服务设施，全方位地为社区居民提供生产和生活服务。这种集中性的社区内部多功能安排，为社区居民带来了较大的舒适与便利。

企业社区一般设有商店、澡堂、理发店、开水房、粮油店、食堂、职工医院、学校、俱乐部、体育馆、图书馆、电影院、篮球场、足球场、花园绿地、工会、后勤总务管理机构等各类服务设施，形成了辅助生产、主导生活的物质空间。在各类服务设施的布局上，仅当生活区空间不足或建设不便时，会把部分设施建到厂区或社区周边。企业社区服务设施齐全，但服务对象较为单一，专门为企业职工提供服务。社区内部生活与服务设施的配套状况，与企业的生产和发展密切相关。企业效益好，则为居民提供完善和优质的居住与服务环境，促使职工工作有干劲，齐心协力为企业发展作贡献，使得企业效益更好，进而有充裕的资金进一步改善和提高职工生活环境，由此形成一种良性循环。

不同社区内部设施种类和布局虽有一定差异，但各社区基础的服务设施均有保障。

教育设施一般位于社区内部、社区周边或厂区，解决本厂职工子女的上学问题，形成了托儿所—小学—中学“一条龙”式的教育配套服务；职工医院或卫生所一般位于社区内部，为社区居民提供医疗服务；职工食堂一般亦位于社区内部，是重要的集体活动场所，主要解决年轻单身职工的就餐问题，除集体就餐外，食堂和礼堂有时也是会议、电影及其他集体活动的场地。各类设施共同构成了企业社区内部管理与集体主义塑造的物质空间的重要组成部分。

### 6.2.3 外部物质空间

计划经济时期，企业社区开始一般建在城市外围或边远城镇，多是在农田荒地上建成。因此，除部分企业社区所处的区域环境下可能建有些许商店、医院等设施外，社区周边一般为麦田、野地。随企业社区的建成，外部逐渐有商店、粮油店、布店、煤店等零星布置。进而随城市化的推进，城市扩张，企业社区也日渐演替为城区，周边开始繁荣，出现各类商业、医疗、教育、休闲娱乐等服务设施。伴随城市化进程的加快，人流、物流及信息流不断增加，社区外部环境也随之发生较大的变化。外部商业从国营商店、门市部、供销社到人民商场、百货大楼，不断完善和繁荣；外部道路交通的完善，提升了社区周边的通达性，加强了企业及社区与外界的联系；教育设施涵盖幼儿园、小学、中学等，满足区域范围内义务教育的需求；医疗服务设施方面，小到药店、诊所，大到各类公立国营医院，能够较好地满足社区及其周围地区医疗服务需求。

## 6.3 企业社区的社会空间生产

“空间里弥漫着社会关系”，空间不仅被社会关系支持，也生产社会关系和被社会关系所生产（亨利·列斐伏尔，2003），因此，社会关系不是简单的抽象，而是一种具体的空间存在，它们将自身投射到空间里，在其中打上烙印，与此同时又生产着空间（潘可礼，2015）。列斐伏尔认为，社会空间是由劳动创造出来的，生产力的飞跃使得生产空间成为可能（林晓珊，2008）。社会空间参与到了社会交往的过程中，这种生产出社会空间的劳动活动可以认为是列斐伏尔称作的“空间实践”。社会空间作为一种特殊的商品，既能被交换使用，也承载了物质生产活动，参与到物质生产过程中，其本身成为具有生产手段和生产力的“有机体”（张诗博，2019），是物质生产及生产关系再生产的场所（潘可礼，2015）。空间与社会相互建构，空间不仅是社会的产物，也反映和反作用于社会，在这一过程中，资本、权力、社会运动与空间景观过程相互交织，形成复杂的空间辩证法（Lefebvre，1992）。

计划经济时期的“企业办社会”，使得企业社区具备同质化的社会关系和社会网络。企业社区作为企业职工聚集的场所，居民之间具有共同的意识和利益，有着密切的交往，并产生相应的社会活动和社会行为。企业社区的社会空间，不仅是社会的产物，产生出物质生产活动，又反作用于社会，体现出资本、权利、制度在空间中的交织，生产和构建出企业社区同质化、单一化的社会关系与社会网络；同时，它也是一种系统化的网络空间，一种熟人社会，其最大的特点就是内部成员之间以人情关系作为行为准则，人们因熟悉而获得信任、认可，并对社区行为规矩下意识遵守（陈柏峰，2011）；它还是社区居民享受从“摇篮到坟墓”式服务的内部社会空间，以企业为依托和纽带，解决居民的生产与生活问题的空间。

### 6.3.1 社会关系同质

社会关系在企业社区中可以表现为物质性和生物性的生产关系，物质性体现在生产过程中形成的人与人或人与物之间的关系，在企业社区中体现为居民与居民、居民与企业、居民与外界之间的关系；生物性的生产关系主要为社区居民的夫妻、家庭成员形成的关系。每一种社会关系都生产、建构符合自己地位及身份特征的场所和空间（潘可礼，2015），但就企业社区各类关系而言，同一企业同质性较强，相同的生产生活条件造就了企业及企业社区居民同质化的社会关系。

在企业社区物质性的社会关系上，从社区内部居民来看，一方面体现为日常生活中由业缘、地缘、亲缘关系所形成的相对亲密、熟悉的同事、邻里、亲友关系。另一方面体现为开展企业生产活动时所建立的工作关系，这种工作关系主要体现在工作上反映出的科层制度影响下的权力关系，以及在工作期间开展的集体活动（如开会、工作交接等）等过程中形成的交往和联系，这种工作关系或科层关系也相应地体现在工作之余的社区邻里往来中，其政治意味浓厚、层级较为明显，但领导阶层与企业职工关系平等，无太大差别待遇，相互友善，关系亲密。

从居民与企业之间的相互关系来看，二者相互作用、彼此影响。计划经济体制下，企业一切的生产活动均由国家计划安排，生产什么，如何销售，均由国家统筹计划。同时，企业为职工提供完备的公共服务设施和生活保障，解决职工个人及家庭生命周期中所有的问题。职工则工作积极性强，认真努力、追求上进，无个人生存与生活方面的后顾之忧，全身心为企业作奉献，从而进一步促进企业生产发展，增加企业的经济效益，企业发展则又反过来惠及社区居民。因此，二者互利互惠，相互依托。

从与外界的社会联系来看，主要包括企业与外界的联系和社区居民与外界的联系。企业与外界的联系主要表现在企业接收国家指令所进行的生产销售关系，企业与相关行业之间的业务、技术交流与生产互动关系等。社区居民与外界的关系主要体现在社区居民社交活动的社会化，包括集体性与私人性社会行为及在这一过程中形成的社会关系。集体活动包括多厂联合的集体体育竞技类比赛、文艺演出、交际舞会等，个人活动则体现在偶发式的社区周边购物、休闲娱乐等。

在企业社区的生物性生产关系上，主要表现为社区居民个体与父母、夫妻、子女等家庭成员形成的关系，这是一种微型的家庭关系，是家庭成员之间血缘、亲缘关系的反映。家庭关系是一种普遍性的社会关系，也是社会关系的基础。

总体来说，企业社区的社会空间生产不仅生产出社会关系，也在这种社会关系的生产过程中，生产出空间，二者相互作用、相互影响。这种在体制内工作、物资配给制带来的集体生活和精神风貌，单一化、具有共同特征的人员和同质化的社会关系，塑造了企业社区独特的人文景观和历史记忆空间。

### 6.3.2 社会网络单一

计划经济时期，企业社区居民构成单一，普遍为本企业职工，交往对象单一，构建了集中于“社区内”的社会网络关系。

在那个国家经济不发达，社会生活呈现定量供给状态的年代，国家通过企业组织为职工提供口粮、医疗及布票油票等福利的配给，既体现了社会主义的特色，也实现了对社会成员的整合和管理。国家通过户籍管理制度和人事档案制度限制了人员的流动，职工归属于国家和企业，阻断了城乡间和企业间的人口流动。企业和职工之间形成强烈的依附关系，职工的就业、迁居等一系列重要事件的发生和变化都限于社区内部，社区居民流动性极弱，形成了“国家—企业—职工”三级体系的纵向组织结构，旨在最大范围内实现有效的社会动员。

这一时期，基本上每个劳动年龄人口都有自己所属的企业，工作单位系统集中大量成年人口生产物质财富，最大效益组织和安排生产与生活，若个人游离于企业之外，就意味着失去了配套的福利设施和生活条件。“干一行，爱一行”“子承父业传帮带，一代一代传下来”是社会主流所倡导的，也是实现社会稳定的需要。在这一经济背景下，社区空间阻隔了社区内外人员的流动，并在社区内部形成了较为相似的行为模式和生活方式，居民保持较高的同质性，居民之间社会交往对象稳固且熟悉，形成了较为单一的社交网络。

### 6.3.3 社区管理精细

国家所有权制度下，国家对各单位采用行政手段行使所有权来运行经济，企业同样以行政手段来管理职工，相应地，国家对企业、企业对职工都负有全责（张帆，2004）。企业为社区提供公共服务与生活配套设施，其规划和发展由企业统一安排，商店、食堂、澡堂、托儿所、卫生院等均由企业出资并负责建设和运营管理。企业后勤总务科负责社区的日常运转，管理工作涉及生活设施配给、房屋房产权属、垃圾清运、绿化提升、供水供电、社区安保等，较之城市里相应的各职能部门，企业后勤总务科管理社区生活的全部问题，不仅减少了各部门之间统筹协调，也使得社区后勤部门能较快地做出反应。后勤部门管理者对于社区内居民、各项生活设施的数量、使用情况都比较了解，能够做到较为准确的统筹安排。例如，基于管理者掌握的准确的企业职工数目，设置相应规模的宿舍和食堂；依据各户自备洗浴设施的情况设置公共浴室的规模；对各户学龄儿童做具体统计，准确安排学校的容量（张帆，2004）。这样，在计划经济物资紧缺的时代，可以保证社区内部职工的基本生活物资需求。

企业自主管理社区，不仅高效有序而且服务细致到位。在特定的历史背景下，企业后勤总务科充当了职工的“管家”角色，解除职工的“后顾之忧”。部分企业设置工会，负责管理职工福利，组织文艺活动，组织社区居民集体自愿筹钱，帮助困难家庭共渡难关，同时对劳模及先进生产班组进行表彰。另外，还设有社区家委会，与工会一起负责调节邻里、夫妻矛盾，社区管理精细、完善且人性化，是一种全方位精细化的管理方式。

## 6.4　企业社区的精神空间生产

计划经济时期的企业社区精神空间主要包括企业社区居民目标一致，为生产生活不断奉献的文化精神，居民之间频繁往来所形成的熟人社区与亲密和谐的邻里关系，长时期生产生活中所形成的对于企业、社区的归属感和认同感，以及社区居民对企业的依恋情结。

### 6.4.1　文 化 精 神

企业社区以时代之名将来自五湖四海、斗志昂扬意气风发的年轻人聚集在一起，共同为国家建设出力。计划经济时期所生产出的文化精神，主要是大家目标一致，一切为了生产、为了社会主义事业，为国、为企业、为家贡献青春；是热情高涨的集体情怀，是激情燃烧的峥嵘岁月，是企业职工有着共同的理想信念、共同的价值观、世界观和人生观。在这一时期，来自天南海北、四面八方的人齐聚在一个企业或企业社区空间，拥有一个共同的追求，为新中国工业发展与社会主义事业不懈奋斗，具有强烈的热情和对企业生产的积极性。职工为企业的发展奉献自己的一份力量，企业为职工提供生产和生活所需，形成一种相互促进共同发展的文化精神空间。

**居民访谈**

“职工们责任心比较强，讲责任感，讲奉献，大家争先恐后往前干，加班啥的都很乐意，没有什么怨言。”（访谈对象：张主任，59岁，西安市灞桥区纺织城街道西北第一印染厂社区，原企业工厂车间领导，现社区副主任，退休办主任。）

## 6.4.2 邻 里 关 系

邻里关系和谐，居民之间联系紧密，接触往来较多。由于社区居民工作与生活高度重合，居民在日常工作、生活中的直接互动频繁，通过每天面对面的接触和交流，彼此熟悉、了解，形成了亲密的首属、同事、邻里关系。这种日常交往和亲密联系形成一种由熟悉到信任的人际关系，从而使整个企业社区成了一个熟人社区。另外，企业的自身属性使得社区居民的社会交往被限制在了企业与社区内部，封闭化的工作和生活空间，催生出了封闭化的企业意识。企业社区是一个集社会交往与社会生活于一体的空间，居民有着各自熟悉的邻里同事和稳定的社交圈，形成了亲密的社会网络关系，构成了一种和谐、安全的社会环境。

**居民访谈**

“邻居关系好得很，你想想，我们都是厂里的职工，一起上下班，一起生活，比有的远房亲戚还亲呢。”（访谈对象：刘女士，73岁，西安市莲湖区土门街道氮肥厂家属院。）

“我们现在住的是我母亲单位分的房，从小就在这里居住，大家都很熟悉。平时大家都在院子里溜达、聊天。”（访谈对象：张女士，50岁，西安市新城区胡家庙街道化工机械家属院。）

“我们一直住在这，儿子女儿都到外面大城市去了，和邻居的关系过去和现在一直很好，挨着的邻居都很照顾我们。平时和小区里其他人的关系也很好，大家都很熟悉，习惯这里的一切，外面哪儿都不愿意去，就在这里挺好的。”（访谈对象：张先生，76岁，西安市雁塔区鱼化寨街道焦化厂南区家属院。）

## 6.4.3 归属感与认同感

受企业社区统一的行为规范的约束，居民长时间居住于社区，并得到全方位人性化的服务，从而让居民产生一种强烈的认同感。企业社区居民均为企业职工及其家属，且大部分日常生活活动均在社区内部完成，除了上班过程中交往，下班以后在社区中也会互相串门或者闲聊，居民之间形成了深厚的友谊和感情，企业与社区成为一种家的象征。个人在对国家、对企业充满热爱的同时积极追求上进，用劳动奉献来回报国家与企业，为自己成为企业的一员而十分荣耀，拥有强烈的归属感、幸福感、满足感。

**居民访谈**

“对厂子感情很深，非常依恋，国企多好，礼拜天不让上班都很难受，以为自己出啥问题了。”（访谈对象：张女士，71 岁，西安市灞桥区纺织城街道西北第一印染厂社区。）

### 6.4.4 企业情结

企业社区居民对企业具有强烈的依赖与企业情结。首先，基于户口制度、人事档案等，政府通过企业实现社会动员和社会管理，企业职工职业流动性极其小，大多数人一辈子就只在一个企业。很多人除自身外，儿孙辈全都在这一个企业，多者甚至三代、五代都在同一企业，接班制所带来的这种“多代同企”的现象在老工业企业中屡见不鲜。其次，企业不仅为社区居民提供基本的福利保障，而且还直接配备功能齐全的生活设施，在社区内部构成复合空间综合体，在城市空间中构成基于单位的市民基础生活圈。在这样的空间安排下，社区居民几乎一切的日常需求都可以在企业社区内满足，同时企业为社区居民提供统一的人文关怀与人性化服务，居民倾向于向企业要求各种待遇和福利，形成了居民对企业的依赖。这种依赖加上长期稳定的企业生活经历，形成了强烈的主人翁意识，强烈的社区责任感与企业情结，与企业共栖共存。

## 6.5 案例分析

本节基于西北第一印染厂社区与陕西华山半导体材料厂生活区两个典型案例社区，通过社区老年退休职工面对面访谈及其回忆、追忆过往情境，重构和再塑计划经济时期或国企改革以前的企业社区空间生产的情景蓝本。

### 6.5.1 西北第一印染厂社区

西北第一印染厂社区地处陕西省西安市灞桥区纺织城，该地古称郭家滩，清代为沙谷堆社驻地。新中国成立前，此地尚是沟壑纵横，杂草丛生。新中国成立后，1952 年调研，1953 年国家批准在此筹建棉纺基地，先后建起国营西北第三、第四、第五、第六棉纺织厂（简称国棉三厂、四厂、五厂、六厂），西北第一印染厂（简称西北一印）共 5 个厂，逐步形成以轻纺工业为主的工业基地。从 1953 年国棉三厂筹建到 1961 年国棉六厂建成，各厂都建有一条铁路运输支线，从厂区到灞桥车站，再上陇海铁路线，一条铁路专用线贯通城区，108 国道、312 国道穿境而过，用了近十年时间，在西安市东郊、白鹿塬东北角，纺织城入扎西安。几十年来，纺织城像一个“小社会”，这里的人时尚却又守旧、勤奋却又悠闲，曾在 20 世纪 60～70 年代因为纺织业所带来的繁荣被人称作“小香港”，如今随处可见的却是满目陈旧的厂房与老式建筑。纺织城的命名来源于建设在坡面上由北向南一字排开的一座印染厂和四座纺织厂，50 年代苏式建筑在这里比比皆是。

西北第一印染厂于 1956 年建厂，1958 年试工，1960 年正式生产，主要进行布料加染，曾为全亚洲最大的印染厂，亦是西北地区最大最好的国营单位，工厂有铁路专线，给山东、东北等地区生产，改革开放初期还出口非洲。但令人惋惜的是，昔日的繁华依旧无法抵挡历史车轮的碾压，在技术革新、经济转型与市场变化等因素影响下，西北一印于 2008 年倒闭，职工退休、下岗，厂区现被改造为西安半坡国际艺术区，成为人们回忆过去、创意未来的服务场所，而社区则老旧且衰败。该厂共有两个社区，东区和西区，西区建于 1956 年，占地原为 8.53hm$^2$，现 7.33hm$^2$ 左右，东区建于 1986 年，占地 1.27hm$^2$。目前西区 4000 多人，东区 2000 余人，共 6000 多人。鉴于东区建设较晚且缺乏典型性，下面主要对西北一印社区西区进行分析阐述。

### 1. 物质空间生产

#### 1）社区内部物质空间生产

西北第一印染厂建设初期周边为农田、草地及郭家滩坟地。从社区内部物质空间来看，1958～1970 年，首先在社区西侧建设了多排平房，南边与东边修建了 12 栋苏式建筑，北边建设多个生活服务设施，由西向东依次包括职工食堂、开水房、理发店、澡堂、水库、夜校、图书馆、乒乓球室、篮球场、足球场、西北第一印染厂子弟小学、托儿所、卫生所，以及位于东北角的花园绿地等（图 6.1～图 6.3、表 6.2）。平房多呈平行一字式排列组成，每户住房约为 30m$^2$，没有产权，卧室 9～11m$^2$，独立厨房，30 多户共用一个厕所；1958 年建成 9 栋砖木结构 3 层苏式单元楼（1～6 号、8～10 号），每栋为 4 或 5 个单元，一梯 3 户，建筑面积 61m$^2$，两室一厨一卫。同年建成 1 栋砖木结构男单身楼（26 号），共 3 层，每层 29 户，建筑面积每户 29m$^2$；1966 年又建成一栋男单身楼（44 号），4 层单间式砖混

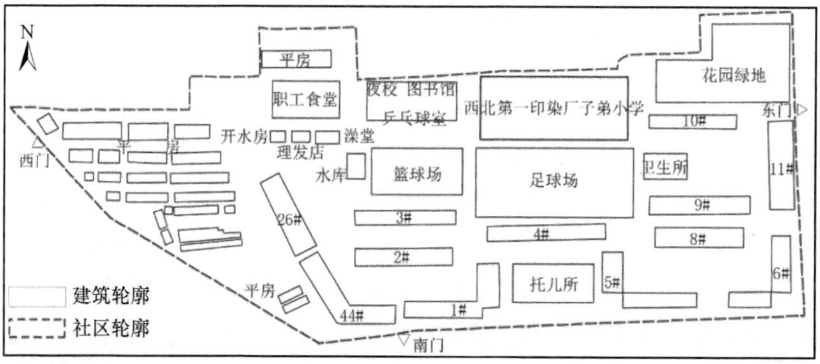


图 6.1　西北一印社区 20 世纪 50～70 年代建筑轮廓与公共服务设施示意图

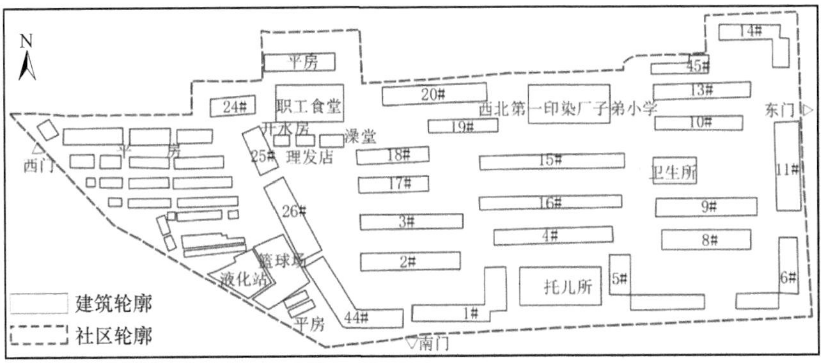


图 6.2　西北一印社区 20 世纪 70～90 年代建筑轮廓与公共服务设施示意图

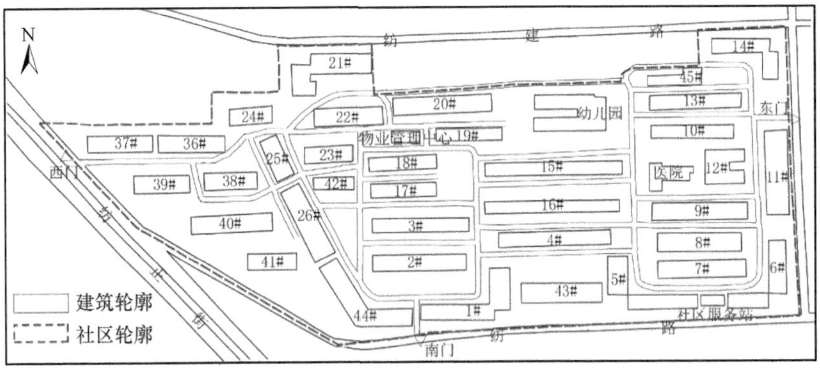


图 6.3　西北一印社区 20 世纪 90 年代至今建筑轮廓与公共服务设施示意图

**表 6.2　西北第一印染厂社区西区现有住宅建筑特征**

| 楼号 | 年份 | 层数 | 单元数 | 梯户类型 | 户数 | 房屋建筑面积/$m^2$ | 户型 | 楼栋建筑面积/$m^2$ | 楼栋占地面积/$m^2$ | 产权 | 结构 |
|---|---|---|---|---|---|---|---|---|---|---|---|
| 1# | 1958 | 3 | 5 | 一梯 3 户 | 45 | 61 | 二室一厨一卫 | 2782.85 | 927.62 | 私有 | 砖木 |
| 2# | 1958 | 3 | 4 | 一梯 3 户 | 36 | 61 | 二室一厨一卫 | 2176.06 | 725.35 | 私有 | 砖木 |
| 3# | 1958 | 3 | 4 | 一梯 3 户 | 36 | 61 | 二室一厨一卫 | 2175.9 | 725.3 | 私有 | 砖木 |
| 4# | 1958 | 3 | 5 | 一梯 3 户 | 45 | 61 | 二室一厨一卫 | 2715.03 | 905.01 | 私有 | 砖木 |
| 5# | 1958 | 3 | 5 | 一梯 3 户 | 45 | 61 | 二室一厨一卫 | 2782.85 | 927.62 | 私有 | 砖木 |
| 6# | 1958 | 3 | 5 | 一梯 3 户 | 45 | 61 | 二室一厨一卫 | 2782.86 | 927.62 | 私有 | 砖木 |
| 7# | 1993 | 2 |  | 一层 12 户 | 24 | 42 | 一室一厨一卫 | 1017.57 | 508.79 | 私有 | 砖混 |
| 8# | 1958 | 3 | 4 | 一梯 3 户 | 36 | 61 | 二室一厨一卫 | 2175.9 | 725.3 | 私有 | 砖木 |
| 9# | 1958 | 3 | 4 | 一梯 3 户 | 36 | 61 | 二室一厨一卫 | 2175.9 | 725.3 | 私有 | 砖木 |
| 10# | 1958 | 3 | 4 | 一梯 3 户 | 36 | 61 | 二室一厨一卫 | 2175.9 | 725.3 | 私有 | 砖木 |
| 11# | 1970 | 4 | 6 | 一梯 3 户 | 72 | 47 | 一室一厅一厨一卫 | 3414 | 853.5 | 私有 | 砖混 |
| 12# | 1998 | 3 | 4 | 一梯 3 户 | 36 | 48 | 一室一厅一厨一卫 | 1750.39 | 583.46 | 私有 | 砖混 |

续表

| 楼号 | 年份 | 层数 | 单元数 | 梯户类型 | 户数 | 房屋建筑面积/m² | 户型 | 楼栋建筑面积/m² | 楼栋占地面积/m² | 产权 | 结构 |
|---|---|---|---|---|---|---|---|---|---|---|---|
| 13# | 1977 | 5 | 3 | 一梯 3 户 | 45 | 58 | 二室一厨一卫 | 2581.96 | 516.39 | 私有 | 砖混 |
| 14# | 1977 | 5 | 3 | 一梯 3 户 | 45 | 59 | 二室一厨一卫 | 2658.92 | 531.78 | 私有 | 砖混 |
| 15# | 1984 | 6 | 6 | 一梯 3 户 | 108 | 53 | 一室一厅一厨一卫 | 5763.01 | 960.5 | 私有 | 砖混 |
| 16# | 1984 | 6 | 6 | 一梯 3 户 | 108 | 53 | 一室一厅一厨一卫 | 5763.01 | 960.5 | 私有 | 砖混 |
| 17# | 1979 | 5 | 3 | 一梯 3 户 | 45 | 49 | 一室一厅一厨一卫 | 2213.46 | 442.69 | 私有 | 砖混 |
| 18# | 1979 | 5 | 3 | 一梯 3 户 | 45 | 46 | 一室一厅一厨一卫 | 2057.1 | 411.42 | 私有 | 砖混 |
| 19# | 1980 | 5 | 5 | 一梯 2 户 | 50 | 48 | 一室一厅一厨一卫 | 2420.46 | 484.09 | 私有 | 砖混 |
| 20# | 1980 | 5 | 8 | 一梯 2 户 | 80 | 48 | 一室一厅一厨一卫 | 3877.74 | 775.55 | 私有 | 砖混 |
| 21# | 1993 | 7 | 4 | 一梯 6 户 | 95 | 23 | 一室半 | 3877.92 | 553.99 | 私有 | 砖混 |
| 22# | 1994 | 6 | 3 | 一梯 3 户 | 54 | 58 | 二室一厨一卫 | 3150 | 525 | 私有 | 砖混 |
| 23# | 1995 | 6 | 2 | 一梯 3 户 | 36 | 67 | 二室一厅一厨一卫 | 2405.48 | 400.91 | 私有 | 砖混 |
| 24# | 1981 | 5 | 3 | 一梯 3 户 | 45 | 32 | 一室半+一厨 | 1460.28 | 292.06 | 私有 | 砖混 |
| 25#（母子楼） | 1988 | 7 |  | 一层 12 户 | 84 | 36 | 一室半+一厨一卫 | 3046.23 | 435.18 | 私有 | 砖混 |
| 26#（男单身） | 1958 | 3 |  | 一层 29 户 | 87 | 29 | 单间 | 2494.8 | 831.6 | 私有 | 砖木 |
| 36# | 2004 | 6 | 3 | 一梯 2 户 | 36 | 95 | 二室二厅二厨二卫 | 3414.78 | 569.13 | 私有 | 砖混 |
| 37# | 2004 | 6 | 3 | 一梯 2 户 | 36 | 105 | 二室二厅一厨一卫 | 3796.63 | 632.77 | 私有 | 砖混 |
| 38# | 2004 | 6 | 2 | 一梯 2 户 | 24 | 120 | 三室二厅一厨一卫 | 2872.8 | 478.8 | 私有 | 砖混 |
| 39# | 2004 | 6 | 3 | 一梯 2 户 | 36 | 79 | 二室一厅一厨一卫 | 2831.76 | 471.96 | 私有 | 砖混 |
| 40# | 2004 | 6 | 3 | 一梯 3 户 | 54 | 78 | 二室一厅一厨一卫 | 4235.74 | 705.96 | 私有 | 砖混 |
| 41# | 2004 | 6 | 2 | 一梯 2 户 | 24 | 95 | 二室二厅一厨一卫 | 2290.32 | 381.72 | 私有 | 砖混 |
| 42# | 2004 | 6 | 2 | 一梯 2 户 | 24 | 87 | 二室二厅一厨一卫 | 2095.92 | 349.32 | 私有 | 砖混 |
| 43# | 2007 | 6 | 3 | 一梯 2 户 | 36 | 115 | 三室二厅一厨一卫 | 4126.71 | 687.79 | 私有 | 砖混 |
| 44#（男单身） | 1966 | 4 |  | 一层 52 户 | 156 | 18 | 单间 | 3764.21 | 941.05 | 私有 | 砖混 |
| 45#（女单身） | 1984 | 3 |  | 一层 12 户 | 36 | 26 | 单间 | 935.91 | 311.97 | 私有 | 砖混 |

结构楼，每层 52 户，每户建筑面积 18m²；20 世纪 70 年代建成 1 栋 4 层砖混单元楼（11 号），共 6 个单元，一梯 3 户，每户建筑面积 47m²，一室一厅一厨一卫。

1970～1990 年，随着企业职工增多，逐渐拆除社区内部部分公共服务设施，在原有夜校、图书馆、乒乓球室、篮球场、足球场，以及花园等设施所在地新建 10 多栋住宅楼，同时，在西南角新建篮球场与液化站。1977 年建成 2 栋 5 层砖混单元楼（13～14 号），每栋 3 个单元，一梯 3 户，建筑面积 58～59m$^2$，两室一厅一厨一卫；1979 年建成 2 栋 5 层砖混单元楼（17～18 号），每栋 3 个单元，一梯 3 户，建筑面积 46～49m$^2$，一室一厅一厨一卫；1980 年同样建成 2 栋 5 层砖混单元楼（19～20 号），分别为 5 个、8 个单元，一梯 2 户，建筑面积 48m$^2$，一室一厅一厨一卫；1981 年建成 1 栋 5 层砖混单元楼（24 号），共 3 个单元，一梯 3 户，建筑面积 32m$^2$，一室半加一厨；1984 年建成 2 栋 6 层砖混单元楼（15～16 号），每栋 6 个单元，一梯 3 户，建筑面积 53m$^2$，一室一厅一厨一卫，同年建成 1 栋 3 层砖混女单身楼（45 号），每层 12 户，建筑面积 26m$^2$；1988 年建成 1 栋 7 层砖混母子楼，每层 12 户，建筑面积 36m$^2$，户型结构为一室半加一厨一卫。

从上述可以看出，企业社区住房滚动式增加，服务设施生产齐全，居住景观丰富多样，但居住条件变化不大。

2）社区外部物质空间生产

社区建立前期，在社区外部物质空间上，早在 1953 年就建设了纺织城工人文化宫，1956 年修建灞桥纺织职工医院，同时，1957 年于纺织城正街建纺织城商场，占地 2.8hm$^2$，设五交化、皮鞋、副食 3 个公司，5 个经营部，56 个营业组，经营五金交电、针纺织品、日用百货、精制家具、化妆用品等十二大类，3 万余种商品。1960 年，因纺织城的繁荣富裕，已是国营饭店的“一间楼”羊肉泡馍馆受命迁到纺织城，深受职工们青睐。交通方面，一条铁路专用线贯通城区，服务各厂；随西北一印工厂落地、社区建成，周边也开始出现多排平房开了数个商店、粮油店、煤店、百货店等商业设施；之后，从 1971 年开始，社区周边逐步有各类生活服务设施建成。由家属、居民、社青组办各类来料加工、服务性社办企业遍地开花。20 世纪 80 年代中期在社区南门对面建设了会场、露天电影院。周边逐渐有卫生院、电影院和各厂影剧院、俱乐部等建成。纺织城工人文化宫内娱乐设施日益增多，如影剧院、图书馆、歌舞厅、儿童活动室、篮球场、溜冰场等，成为当地职工群众主要文体活动场所之一。商场、商店逐渐增多，开始出现旅馆、招待所、饭馆、照相馆、职工澡堂，主要分布在纺正街、纺南路，街道企业迅速发展。20 世纪 90 年代开始，逐渐有机械修理、冶炼铸造、化工电子、印染织带、捻线等各类商业设施出现。

**居民访谈**

“刚来的时候条件特别艰苦，上下班都是土路，很荒凉，周围还有很多坟墓。”

“个别住房墙体就跟农村那样，不用水泥，泥草混合建的，当时缺水泥。”

“24m$^2$ 可能要住 3 代人。”

“哺乳室、托儿所、幼儿园都有，女职工上班就把还在吃奶的小孩送到哺乳室，免费的，有专门的阿姨照顾，喂奶时间国家规定。各厂都有子校，还有医院、阅览室、体育场、舞台，整个都是一套的，大家看病就到纺织城职工医院去，所有费用国家负担。”

“1955 年，支援纺织城的时候，一家泡馍店在这儿开了个分店，从城里迁过来，成为纺织城唯一一个泡馍馆，一碗两毛五，还得有票。”

**2. 社会空间生产**

计划经济时期，企业社区居民的生产生活行为受国家、企业管理，从工作到生活，涉及方方面面。在那个物资匮乏的年代，一切都由国家定量供给，有钱并不一定能买到所需的物品，必须有“票”才能购买。纺织厂、印染厂工作辛苦，但效益特别好，职工工资高、待遇好，荣誉感强。通过如下的调研访谈文本，我们可以更好的认识过去的社区社会空间状态。

**居民访谈**

“计划经济时期，生产多少东西，都是国家规定，上边下达生产指标，厂子就按指标负责生产，生产完统一进行销售。我们印染厂就染白布、色布、花布。”

“生活物资都是定量供给，粮食定量 40%杂粮，60%细粮，厂里将粮食关系转成粮票，然后发给工人。工资是工资，粮票是粮票，粮票是国家计划配套的，是工人就有粮，搬运工 35 斤粮，管理人员 32 斤，从事的行业不同，粮食的定量分配也不一样。粮食、油、布票，都定量，吃饭穿衣也定量。”

“粮票、油票、布票是国家发，菜、副食肉禽蛋是自己买，过去粮油店、煤店、小百货店（农村叫供销社，城里叫百货商店）都是配套的，一印社区在南门外有个百货商店，一个商店就能供大家日常生活所需。”

“计划经济时期，物资匮乏。缝纫机、手表、自行车是当时的“三大件”，有这“三大件”，那你的生活就相当于现在的中上等生活水平了。”

“一周上六天班，机器 24 小时不休息，人分三班倒。早班：7:00～16:00、中班：16:00～凌晨 1:00、夜班：凌晨 1:00～7:00。”

“工作非常苦，纺织工人一进厂子以后，一上班 8 个小时连坐都不能坐，就是来回在车间巡回看车子。”

“当时工作三班倒，礼拜天休息一天，其他国家法定假日，国庆节、元旦各一天，春节三天，一年七个假日，女同志 56 天产假。那时候计划生产，活多，假期少。”

**居民访谈**

“计划经济时期，厂里效益相当好，比其他重工业好，我来的时候已经改革开放了，效益也好。当时纺织城女工工资60元，比很多重工厂好，他们40元，当时这边工人都算富裕的，一般工作2年后，都能拿到60元，不过也挺辛苦。织车工来回围着机车转，印染厂搞布匹染色、漂白、印花，纺织厂出来的白布，印染厂来印染，以前印染厂是最好的，它工作性质比其他厂好，工人比其他纺织厂轻松得多，都想来印染厂呢。”

“我们那时候浆纱拿70多块钱的工资，跟当时的县长工资一样，因为我们有贡献呢。”

“厂长作报告时说，国家给了两个亿，我们现在已经赚回来了，当时效益是真的好，打个比方就是这个厂子生产一年以后第二年就能再建这么一个厂子。”

“福利还行，才进厂时不买饭票，8个人一桌，吃的也香，八菜一汤吃的确实好，咸阳那边吃的好得很。”

“厂子效益特别好的时候，大家是非西北一印职工不嫁。”

在社会关系上，居民之间日常生活中由业缘、地缘、亲缘关系所形成的相对亲密、熟悉的同事、邻里、亲友关系，相互友善，互相照顾。

**居民访谈**

“大家都在一个院子里，每天你见我我见你，关系好得很。”

“邻里关系很和睦，有些住筒子楼的，谁家在楼道做饭，大家跑到一块吃。”

“以前社区外交往不多，都在社区内部，住平房的，大家互相串串门，上班又在厂里和同事唠唠，下班就各回各家。”

工人们工作积极性强，认真努力、追求上进，基本上无个人生存与生活方面的后顾之忧，全身心为企业做奉献。

在与外界的联系上，企业主要是与相关行业之间的业务、技术交流与生产互动关系，同行之间技术共享无任何保留。社区居民与外界的关系主要体现在多厂联合的集体体育竞技类比赛、文艺演出、交际舞会，或者个人在社区周边购物，如买菜买布买衣服等，社区居民来自五湖四海，但在政策约束与经济条件限制下，很少有机会离开厂区回老家探亲。

**居民访谈**

“厂子间就是生产业务方面的联系，同行业之间的互动，技术共享，一条线生产。”

“计划经济时期，企业和外界基本不交往，国家给订单。企业和外界的联系仅限于同行业之间的交往，像印染厂搞印染的，就只和印染企业交往，比如与北京、石家庄、郑州等地同行业企业进行交往，你生产的产品好，我们就来学习，那时候技术不保留，互相都共享。原材料不需要采购，国家根据计划调拨，也有铁路专线，生产好的东西通过铁路专线调到东北、山东，到了改革的初期，给外国生产，像非洲等地。一印、三厂、四厂都有铁路专线，各厂都有分铁路线，最终合一起运到灞桥车站，运到陇海铁路线，再向外运。”

“以前平房大家互相串串门，上下班跟厂里同事唠嗑，有时放假单位会举办文艺活动，跟其他单位办篮球赛、足球赛，会在足球场进行露天演出。”

“纺织城‘小香港’，几个厂会一起开交际舞会（团体式社交）。”

“纺织厂女工多，年轻，青春靓丽，收入还不错，当时一到周末西郊的男孩子坐车过来瞅妹子找对象，纺织城当时有一些交际的舞厅，联谊跳舞，然后大家就这样认识了。”

“一年给一次探亲假，还得给你限时间。”

“过去的条件也不允许你经常回去，你用你回去的花费来讲，还不如把钱寄给家里，父母走的时候都没见上，很遗憾。”

家庭关系是一种普遍性的社会关系，也是社会关系的基础。企业包揽了职工生命历程中的所有事件，单身则分配单身公寓，在食堂吃饭。到婚配年龄则自己找对象，出于对本厂的认同与依恋，大多职工倾向于在本厂找对象，其次则会选择周边邻厂职工，但也有早先父母包办或者在农村找的。之后结婚生子，重新安排独立住房，在企业社区中，多代在同一企业的例子屡见不鲜，两代的很普遍，三代的也不少。

**居民访谈**

“单身的就在食堂吃饭，吃饭限制时间，半个小时，连买饭带吃饭，在大食堂里头还要排队去买，买了吃了还要刷碗，成家后买菜自己做饭。”

“找对象一般就在本厂找或者找乡下的，纺织厂女的多，西北一印男的多，交叉找对象。”

“那个年代，虽然工资拿的低，但大家生活无忧无虑，该成家成家，成家后，企业按工龄、年龄、资历、个人情况等调整住宿，就不在单身楼住了。到哪个阶层、到哪个阶段，该干啥就干啥，企业都给管了。”

“比方明天要上班了，首先要把饭准备好，因为那时候咱成家了，就不在食堂吃了，把饭得先准备好，然后围袄帽子都拿上去上班。”

“结婚了就给发一个脸盆，肥皂两块，热水瓶一个，有结婚证才给发。”

“企业一直在，人脉就不会断，就传帮带，一代代传下来，子承父业。”

同时，企业建有职工食堂、开水房、理发店、澡堂、图书馆、乒乓球室、篮球场、足球场、卫生所、夜校、技校、托儿所、小学、花园绿地等一系列公共服务设施来满足社区居民的日常生活，给居民生活带来极大便利。社区一切管理工作，包括生活设施配给、房屋房产权属、垃圾清运、绿化提升、供水供电、社区安保等，均由后勤总务科负责管理。工厂设立工会，专门负责管理职工福利，组织文艺活动，对劳模及先进生产班组进行表彰。同时，大家集体自愿筹钱，由工会组织管理，家庭有困难就可以申请使用，用完后期再还上。另外，工会、企业家委会也负责调节邻里、夫妻矛盾。整个管理机构形成一个体系，各司其职，为企业职工提供全方位精细且人性化的服务。

**居民访谈**

“以前有啥事都能找家委会解决，住在院子里很开心，没太多后顾之忧。”

“过去女同志，结过婚带小孩的，半夜上班把娃都抱下去，抱到哺乳室，大一点的到托儿所，小点儿的在哺乳室，下班再把娃抱回家，他爸他妈上班娃也跟着‘上班’嘞。过去夫妻俩在一个单位的，都是两个人倒班，交接班，轮换带娃。家里有老人帮忙看着还好办一点，没老人的年轻夫妻都是那样带的。像我们的儿子今年三十多岁，他们都是这样过来的。”

“总务科非常好，经常到处检查，哪儿不合适就收拾哪儿。”

### 3. 精神空间生产

身处同一个企业，所有人均为利益共同体，有着共同的追求与信仰，本着一颗纯朴善良且积极进取的心，目标一致，努力奋斗，一心想着怎样让企业更好，在顺利完成国家生产指标的基础上，让厂子逐步做大做强。公平分配与无差别待遇使得职工把企业发展当成自己的事业，把社区当成自己的家，全心全意为企业服务。将企业的命运与自身命运捆绑在一起，把厂子的事真正当成自己的事，认真负责地完成组织所分配的任务，甘心情愿奉献且无怨言。职工在享受国家、企业、社区给予自身全方位人性化服务的同时，精神空间上依赖于企业，责任感与使命感使得人们一心想要用自己的劳动去回报自己所拥有的一切，对企业与社区满怀依恋，且拥有强烈的认同感与归属感。

**居民访谈**

“以前不敢说干一行爱一行，但都是把厂子当成家一样。”

“以前对企业、社区都感情很深，归属感认同感都很强，对城市有依恋，到处都热闹。”

“对社区感情肯定深啊，这儿住的都是本厂职工，不像外面小区谁也不认识谁，都熟悉、邻里之间有事互相帮一下，跟一般小区不一样。”

“以前邻里氛围还可以，谁家有个事，大家互相帮忙互相关心。

“对社区的感情深厚啊，生我养我的地方感情当然深。”“以前的幸福感比较高，大家都感觉荣誉。”

## 6.5.2 陕西华山半导体材料厂生活区

陕西华山半导体材料厂，是老“三线”企业，于1968年建设，1971年投产，是国家“六五”时期规划的三大半导体硅材料专业科研生产基地之一，原址位于陕西省华县杏林镇，占地15.5$hm^2$，其中生产用地10.5$hm^2$。根据“三线”企业调迁政策，工厂于2003年年底主线产品全部迁入西安新址。现厂址位于西安高新技术开发区电子城园区，总占地约7.4$hm^2$，其中生产用地4.0$hm^2$，建筑面积1.8$hm^2$。主要进行结晶硅、硅片、器件的生产、销售。工厂于2018年倒闭，主动申请“僵尸”企业。2009年之前企业社区无出租房，现在居民在外面购买商品房，社区的房子则被出租，租户约占10%，现有600多户，2500人左右。

### 1. 物质空间

华山半导体材料厂生活区一区建于1986年，地处陕西省西安市雁塔区电子二路78号，虽然当时已步入改革开放的阶段，但生产发展仍延续之前计划经济的模式，所以有计划经济时期和过渡时期的特征，有比较独特的认识价值。社区起初仅部分职工从渭南市华县搬过来在此居住，居民进出登记即可，直至2009年大部分职工才从渭南华县搬过来。社区建设初期处于城市外围，周边还是麦田，附近有少量流动摊贩。20世纪90年代之后周边开始出现各种固定摊位，农贸市场，职工周末则外出进行一系列购物休闲活动。

从建筑特征来看，住房建筑共11栋。1987年建1号楼，6层，5个单元，1梯2户、3户，每户建筑面积58～70$m^2$；1989年建2号楼，6层，5个单元，1梯2户、3户，建筑面积58～70$m^2$；1990年建9号单身楼，7层，每层16间，建筑面积15～18$m^2$，共一室，公共厨卫，属于出租给职工，公有产权；1992年建3～5号楼，均为7层，建筑面积60$m^2$，3号楼5个单元，1梯3户，4、5号楼两单元，1梯4户；1997年建8A、

8B、8C 3 栋，均为 7 层带 4 层，7 层为 2 个单元、1 梯 3 户，4 层为 1 个单元 1 梯 1 户，建筑面积 60～70m$^2$；2002 年建 7 号、10 号楼，7 号楼 7 层，2 个单元，1 梯 3 户，建筑面积 60～70m$^2$。10 号楼原址为临时澡堂，仅两间平房，后拆除建设 10 号楼。共 6 层，5 个单元，1 梯 4 户，建筑面积 30～80m$^2$，2 室或三室一厅一厨一卫；除 9～10 号楼外，其他住宅楼均为二室一厅一厨一卫。9 号单身楼为公有产权，其余住宅均为私有产权。

1985 年建 2 层澡堂，因锅炉原因一直未开张，后来企业改革，不允许再开办澡堂。1996 年之后，医院独立出来，搬至原澡堂建筑位置，包括中西医及牙科等，直至 2018 年停办；1987 年建 3 层职工活动中心，1990 年左右职工活动中心一楼为幼儿园和医院，二楼为物业管理中心和公安科，三楼为职工活动中心；1990 年建 1 层食堂和 2 层综合楼，食堂从社区建立开办，至 1995 年停办，现为库房。综合楼自建成后便作为门面房出租，起初一楼为银行，二楼为舞厅。小学与初中位于厂区，目前医院学校全部社会化，一个片区一个学校，住宅楼之间为景观绿化，也有居民自垦花圃，景观构成单一（图 6.4、表 6.3）。

**居民访谈**

“以前的国企，学校、医院、食堂、商店这些都有，社会有的，企业社区一般都有，主要布局在生活区，尤其医院，一般都在生活区，因污染严重，厂区一般不允许建生活设施，只有生活区空间不足时才建在厂区。”

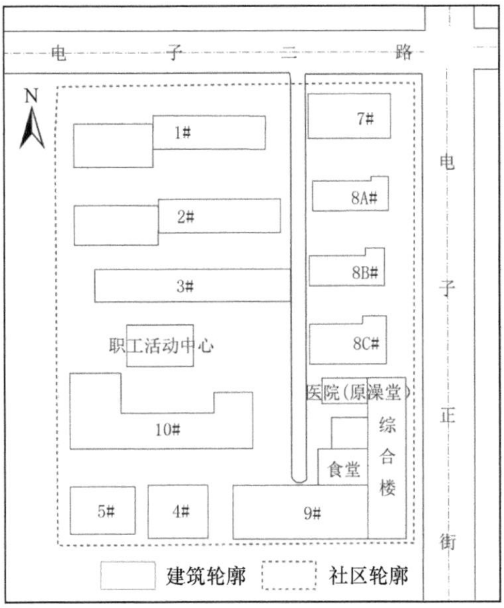


图 6.4　华山半导体材料厂生活区物质生产状况示意图

**表 6.3　陕西华山半导体材料厂生活区现有住宅建筑特征**

| 楼号 | 层数 | 建设年份 | 单元数 | 住房结构 | 建筑面积/$m^2$ | 户型 | 产权 |
|---|---|---|---|---|---|---|---|
| 1# | 6 | 1987 | 5 | 1 梯 2 户或 3 户 | 58～70 | 二室一厅一厨一卫 | 私有 |
| 2# | 6 | 1989 | 5 | 1 梯 2 户或 3 户 | 58～70 | 二室一厅一厨一卫 | 私有 |
| 3# | 7 | 1992 | 5 | 1 梯 3 户 | 60 | 二室一厅一厨一卫 | 私有 |
| 4# | 7 | 1992 | 2 | 1 梯 4 户 | 60 | 二室一厅一厨一卫 | 私有 |
| 5# | 7 | 1992 | 2 | 1 梯 4 户 | 60 | 二室一厅一厨一卫 | 私有 |
| 7# | 7 | 2002 | 2 | 1 梯 3 户 | 60～70 | 二室一厅一厨一卫 | 私有 |
| 8A# | 7 | 1997 | 3 | 1 梯 3 户 | 60～70 | 二室一厅一厨一卫 | 私有 |
| 8B# | 7 | 1997 | 3 | 1 梯 3 户 | 60～70 | 二室一厅一厨一卫 | 私有 |
| 8C# | 7 | 1997 | 3 | 1 梯 3 户 | 60～70 | 二室一厅一厨一卫 | 私有 |
| 9#（单身楼） | 7 | 1990 | 1 | 每层 16 间 | 15～18 | 一室+公共厨卫 | 公有 |
| 10# | 6 | 2002 | 5 | 1 梯 4 户 | 30～80 | 二或三室一厅一厨一卫 | 私有 |
| 职工活动中心 | 3 | 1987 | | | | | |
| 食堂 | 1 | 1990 | | | | | |
| 医院（澡堂） | 2 | 1985 | | | | | |
| 综合楼 | 2 | 1990 | | | | | |

### 2. 社会空间

建设初期，社区为多种生活联系交织于内部的中青年职工群体社会，以年轻职工（核心家庭）为主，除上班时间外，职工一切日常活动均发生在社区内部，周末偶尔出去社区周边购物。单一同质化的生产生活空间给社区居民带来同质化的社会关系与简单的社会网络，企业负责社区管理与公共服务设施运营，为居民提供生产生活服务。

**居民访谈**

“实行分班倒，早 8 点出发，中午回来吃饭，吃完再去上班。”

“经济不发达，但工人上班都不愁吃穿。”

“过去从来不考虑吃穿孩子上学这些问题，住院吃药也全都不要钱，住房也不要钱（只交两块多的租费），没有加班工资，也没有奖金，但大家照样干。”

“以前企业管理社区，单位职工看门，管理都不要钱。”

### 3. 精神空间

“三线”建设既出于备战需要，也是我国的第一次“西部大开发”，无数热血青年男女，怀着为祖国建设事业奉献青春和生命的热情，在时代的号召下，打起背包，跋山涉水，从沿海各大中城市来到了西部穷乡僻壤的深山里扎根。“奉献青春、热血与生命，献了青春献终生，献完终生献子孙”是“三线人”最为真实的写照。在当时艰苦条件下，广大干部、工人、知识分子、解放军官兵所表现出的艰苦奋斗精神，是永远值得发扬与传承的宝贵精神财富。他们对于国家、企业、社区的认同感、依恋感与归属感，以及对自身能为祖国做奉献的荣耀感比任何人都更为强烈。积极向上，善良淳朴的“三线人”，邻里之间依旧是亲密、友善、互帮互助，社区就是家，社区居民都是家人。

**居民访谈**

“那时候都是人帮人，互相同情，见你可怜，都会去帮你，现在当然也帮，但是那种精神跟情感不一样了。”

“企业好社区就好，企业不好社区就不好，厂子效益好了大家啥都好。”

“过去没有私企，全为国企，人们的爱国情怀浓厚，干部也是为人民服务。”

“以前就是工厂建立的感情，大家之间相对亲近，现在情感没有以前深了。”

“以前对企业相当依恋，社区就是家，大家互相认识，相互关心。”

## 6.6 本 章 小 结

企业社区的空间生产是一种系统化的人口-生产-生活-社会空间，是计划经济时期，企业管理部门及其相关机构、人员为了社区发展建设，而在社区场所或空间塑造起来的物质、社会、精神等方面的构建物。“企业”成为空间生产的基本单元和社会治理的重要工具，“企业社区”城市空间的生产被赋予了政治经济功能，具有时代的烙印。企业社区空间生产的基本单元是各种级别、各种类型的企业及其社区，空间生产注重城市的生产职能或发展定位，同时注重与居民生活密切相关的商业、教育、医疗，以及休闲娱乐等生活服务空间的生产，形成伴随企业和社区为基本单元的空间形态，具有一种负责管理社区居民“从摇篮到坟墓”的生产特点。

企业社区的空间生产，是一种物质、社会和精神的空间生产。企业社区的物质生产空间是社区的基础，企业社区的住房与居住景观、内部公共服务设施的建设，以及社区外部环境的形成，构成了企业社区的物质生产空间。企业社区的社会空间，体现的是一种熟人社会，居民之间具有共同的意识和利益，有着密切的交往，产生相应的社会活动和社会行为。企业社区的精神空间是社区居民目标一致，为生产生活所不断奉献的文化精神；是居民之间由于频繁的往来接触中形成的和谐、良好的邻里氛围；也是在长时期生产生活中所形成的对于企业和社区的归属感和认同感，以及社区居民对企业的依恋情结。总之，企业社区的空间生产是有形和无形的综合产物，也是计划经济体制下“企业办社会”的结果。

# 第 7 章

# 企业社区空间再生产

本章梳理空间再生产概念，阐述其与城市更新的关系，认识企业社区的空间再生产、测算、评价并实证企业社区空间再生产潜力，总结空间再生产类型及特征，分析空间再生产的形成机制。

## 7.1 空间再生产

### 7.1.1 空间再生产的认识

法国思想家列斐伏尔提出了（社会的）空间是（社会的）产物的核心观点（叶超等，2011）。马克思主义理论将空间中的生产扩展为空间的生产，即每一个社会、每个生产模式、每个特定的生产关系都会生产出自身独特的空间（刘天宝和柴彦威，2014）。既然每种生产方式都有其特定的空间，那么从一种生产方式到另一种生产方式的转变必定伴随新空间的产生，即空间再生产。我国的城市空间再生产，主要指体制改革时期，在城市经营理念指导下，政府为提升旧城土地利用效率和城市中心区功能，运用市场化运作手段，吸引市场资本力量进行的以复兴内城经济、重构内城社会与文化空间为目标的再开发行为（张京祥和陈浩，2012）。

城市空间再生产可分为两种类型：一种是非政府主导的各种影响因素和作用力量导致的渐进式城市空间重构；另一种是政府主导下有组织、有秩序的改造活动。本书旨在探讨前者，即在市场经济发展过程中，城市空间缓慢发展变化结果的呈现。空间再生产作为空间生产中特定时间范围内的一项生产活动，受城市经济结构性变化影响，是在市场主导之下，资本、政策、权力、民众等共同合作，对城市物质、社会和精神空间的再构。

### 7.1.2 城市更新与空间再生产

城市更新，始于第二次世界大战后的西方，主要是在城市转型发展的不同阶段和过程中，为解决其面临的经济衰退、环境脏乱、建筑破损、居住拥挤、交通拥堵、空间隔离、历史文化破坏、社会危机等各种城市问题，由政府、企业、社会组织、民众等多元利益主体紧密合作，对微观、中观和宏观层面的城中村、街区、居住区、工厂废旧区、滨河区、整个城市乃至城市地区等衰退区域，采取拆除重建、旧楼改造、房屋翻修、历史文化保护等手段和方法，不断改善城市建筑环境、经济结构、社会结构和环境质量，旨在构建有特色、有活力、有效率、公平健康的城市的一项综合战略行动（陶希东，2017）。

从一定意义上来说，城市更新伴随着城市发展的全过程，城市空间的发展过程就是城市不断更新的过程（张京祥和陈浩，2012）。城市更新与空间再生产具有相似性，空间再生产良性演替、向好向上、优化发展的过程就是城市更新的过程，所以城市更新与空间再生产的内容具有某种程度上的一致性和结果的统一性。两者不同之处在于，城市更新是在城市发展转型过程中，为解决面临的各种问题，政府、企业、地产商、民众共同合作，对衰退区域采取保护、整治改善、再开发等方法和手段进行改造的活动，而空间再生产则是在社会经济改革过程中，城市中的物质、社会、精神空间的转型与重塑，可以是好的、更优的，维持常态的，也可以是衰退、恶化等方向的演替或重构。

另外，城市更新与空间再生产侧重点不同，城市更新更偏向于过程、形式和手段，空间再生产则更偏向于结果与产物。本章通过研究企业社区空间再生产，试图为城市内部空间进一步更新改造提供依据。

## 7.2 企业社区的空间再生产

所谓企业社区空间再生产，特指我国市场经济改革后，国企改革、住房改革等一系列内外因素和力量作用于企业社区，使之在原场所或以其为主体的区域空间表现出来的物质、社会、精神等方面的重新建构。市场经济改革后，国有企业发展受到影响，波及企业社区，加之住房市场化、管理社会化、服务设施外向化等因素作用，使社区不断发生了各方面的改变和重构。其中物质空间再生产包括住房与居住景观、公共服务设施、社区土地利用、社区环境卫生等方面的重构；社会空间再生产包括居民构成、社区管理、住房产权等方面的变化；精神空间再生产包括文化精神、社区情感等方面转向。

### 7.2.1 物质空间再生产

**1. 住房分化景观杂化**

住房多元分化。住房是社区的重要组成部分，是社区居民居住活动的主要场所。20世纪90年代住房商品化后，新建住房主要为多层、中高层或高层，多为一梯两户或三户，使用面积一般在60$m^2$以上，有独立厨房、卫生间、阳台等（图7.1）。相比之下，现存的计划经济时期建设的住房一般面积小，采光较差，设施陈旧，居住条件恶劣，给居民日常生活带来诸多不便（图7.2）。

图7.1 企业社区内部的商品化住房

图 7.2　在使用的计划经济时期企业社区母子楼、单身楼

社区居住景观杂化。计划经济时期所建住房虽然年代久远，居住面积小，但一些仍在使用。同时，住户的私人领域意识强化，开始私建个人空间，如一楼住户向外拓建阳台或卫生间等，形成私人小空间（图 7.3），导致个人空间与社区公共空间发生冲突。住房商品化后，社区逐渐开始增建多层及中高层建筑，样式多样化。楼栋多为砖水泥、砖混结构，但颜色、材质等外观存在较大差异。整体建筑的高度与外观参差不齐，高低错落、新旧交替，构成鲜明对比，出现了低矮的传统住房与新时期的中高层住宅共存的局面，呈现混杂的居住景观（图 7.3），如陕西钢铁厂家属院住房与居住景观的经济改革前后对比（表 7.1）。

图 7.3　居住景观杂化

**表 7.1　陕西钢铁厂家属院的住房与居住景观空间生产与再生产对比**

| 时期 | 住房与居住景观 |
|---|---|
| 计划经济时期 | 20 世纪 60 年代建筑，4 层单身楼，砖水泥结构，一层二十几间，每间 $12m^2$<br>70 年代建筑，8 号单身楼，5 层，砖水泥结构，一层二十几户，套间，建筑面积 $18m^2$ 左右 |

续表

| 时期 | 住房与居住景观 |
| --- | --- |
| 市场经济改革后 | 20 世纪 60 年代建筑仅剩 1 栋，4 层单身楼，砖水泥结构，一层二十几间，建筑面积 12m$^2$<br>70 年代建筑仅剩 8 号单身楼，5 层砖水泥结构，一层二十几户，套间，建筑面积 18m$^2$ 左右<br>80 年代 1 栋 4 层办公楼，砖水泥结构，内设家委会、离退休管理部、活动站等，也有居民居住<br>1992 年建 9 栋 6 层砖混楼，建筑面积 60m$^2$，两室一厅，个别领导住房为 90～100m$^2$，三室或四室一厅<br>2002 年 2 栋 6 层砖混楼，建筑面积为 80～90m$^2$，也有个别住宅建筑面积为 120～140m$^2$<br>2006 年建设 1 栋高层，2 个单元，一梯 9 户，单栋 500 余户，建筑面积 90～120m$^2$，2007 年新建住房为 120～140m$^2$<br>2015 年建 3 栋高层，主要为企业倒闭后物业公司牵头筹资招商所建，高层住户多为非本社区的外来购房居民<br>2018 年政府对社区实施四项改造，包括贴保温层、房顶做防水、绿化改善、路面硬化等 |

### 2. 公共服务设施外向化

市场经济改革后，企业社区原有的商店、浴室、理发店、学校、医院、活动中心等生活服务设施开始外向化、市场化，并引入市场机制进行管理（表 7.2）。社区周边出现各类临街商铺、连锁超市和购物中心等商业服务设施（图 7.4）。另外，企业将内部自有的附属学校推向社会，由政府接管，面向社会办学。社区医疗设施方面，有些企业社区诊所或卫生所依然存在，但居民选择更趋多元，也可以到街区卫生室、城区医院、专科医院甚至三甲医院看病就医。企业社区多位于内城地区，对外交通联系便利，居民就医方便。

**表 7.2　公共服务设施空间生产与再生产对比**

| 项目 | 计划经济时期 | 市场经济改革后 |
| --- | --- | --- |
| 教育设施 | 企业内部自备社区学校及教育设施 | 推向社会，由政府接管社区学校，面向社会招生或子女入读社会上的公私立学校 |
| 医疗 | 企业附属医院、社区诊所和卫生所 | 社区诊所、街区卫生室、区域医院、专科医院、三甲医院 |
| 商业服务 | 社区内部小商铺、浴室、理发店等 | 街区商铺、连锁超市、大中型购物商场 |
| 物业管理 | 企业负责管理 | 政府部门人员、政府国资委下属物业公司或国资委委托社会物业公司管理 |
| 三供一改 | 供水供电设施由企业负责 | 供水供电供热设施及社区改造由物业管理公司或街道社区管理相关部门负责 |
| 日常活动场所 | 多局限于社区内部公共空间或企业内部活动 | 社区内部小广场、绿地、活动室及外部街区的花园、广场、室外球场等 |
| 休闲娱乐活动 | 乒乓球台、社区球场等 | 健身器材、乒乓球室、老年活动中心、休闲椅、社区球场等 |
| 停车场 | 汽车少，车辆停在社区内部 | 汽车数量增多，社区内部设置停车位、街区周围设置停车场 |
| 安全设施 | 社区大门及门卫 | 门口门卫登记管理、安装监控系统、设置监控中心 |

社区管理方面，企业破产或被兼并的情况下，一般由政府部门接管社区，下派相关部门人员进行管理，或省（市）国资委下属的物业公司管理，有些社区则被委托给社会物业公司。2016 年国家为改善老旧社区生活环境质量，提出了“三供一业”改造政策（供

水、供电、供热与物业管理），企业社区供电供热管线逐步更换，未来将全面实现集中供暖。社区物业交由专业化企业或机构实行社会化管理，至 2019 年，部分企业社区已完成“三供一业”改造。

图 7.4　西安秦川社区临街环境

社区环境方面，据笔者走访调查，当下的社区关怀行动带来了老化、破旧健身器材的更换，破损路面整修，植被绿地改观。部分社区内部增建小花园、小广场、老年活动中心，设置乒乓球室、户外健身器材、休闲椅、石桌石凳等，可供居民休闲娱乐、锻炼身体、散步、聊天、下棋等。亮化、硬化与绿化工程改善了社区环境，社区“颜值”普遍得到提升（图 7.5）。同时社区居民亦可到街区广场、花园、球场进行休闲娱乐活动，丰富日常生活，增强幸福感。

图 7.5　企业社区内部及周边活动中心及广场

随着时代发展，汽车逐渐成为人们的代步工具，社区内部、街区周围开始规划设置停车场，公共空间充分利用，方便居民生活。同时，随着科技进步，社区安全防范系统升级，诸多社区安装监控系统，设置监控中心，设有门卫登记管理（图 7.6）。

图 7.6　企业社区主出入口及公共设施

### 3. 土地利用集约化

经过住房市场化、空间私有化、服务社会化的转向后，社区土地空间被更充分、集约地利用，以最大程度地发挥其社会经济效益和价值。社区新建住房一般为多层（4～6 层）、中高层（7～9 层）、高层住宅（10～33 层），建筑密度和容积率提高。同时，住房面积普遍增大，以 $60m^2$ 以上的居住面积为主（两室一厅、三室一厅、三室两厅）（表 7.3）。有些居民增建私人空间，如增建阳台或在自家门口种植花草蔬菜等，充分利用土地，减少了闲置，但也致使社区公共空间进一步被压缩，居民活动场所减少。据笔者在宝鸡、西安等地的调查，有些社区早期规划中并未考虑停车场的配置，因此居民在公共空间停车，秩序混乱，严重妨碍居民对公共休憩场所的使用（图 7.7）。总体来说，随着社会发展，社区逐步加强了土地合理利用，提高土地利用质量。

**表 7.3　土地利用集约化空间生产与再生产对比**

| 项目 | 计划经济时期 | 市场经济改革后 |
|---|---|---|
| 住宅层数 | 平房、2～5 层 | 平房、2～5 层（计划经济时期）、5～6 层（新建）、中高层（新建） |
| 住房面积 | 10～$60m^2$ | 10～$60m^2$（计划经济时期）、60～$100m^2$（新建）、大于 $100m^2$（新建） |
| 建筑密度（大/小） | 较小 | 较大 |
| 容积率（高/低） | 较低 | 较高 |
| 土地闲置 | 面积较多 | 面积较少 |
| 土地利用效率 | 低 | 高 |
| 土地利用态势 | 粗放型 | 集约型 |

### 4. 环境卫生差异化

社区环境卫生状况参差不齐。社区内部环境卫生是评价社区发展好坏的标准之一，人居环境的好坏是决定居民生活质量的关键。企业社区因企业发展、物业管理、后期维护等各方面的不同，导致社区环境卫生状况存在明显差异（表7.4）。

图7.7 企业社区内部土地集约化利用

**表7.4 不同企业社区卫生环境状况**

| 分类 | 环境卫生状况 | 路面 | 绿化 |
|---|---|---|---|
| 企业在运营或物业公司管理到位 | 环境卫生良好，垃圾桶摆放合理，数量较多；有环卫工人打扫社区卫生 | 路面整洁，硬化程度高 | 行道树茂密，绿化率高；建设小花园、小广场 |
| 企业兼并或物业公司管理较到位 | 环境卫生较为良好，垃圾桶摆放合理，数量较多；有环卫工人打扫卫生，但有时垃圾桶附近存在垃圾 | 路面较为整洁，路面硬质程度较高，存在少数未硬化路面 | 行道树茂密，绿化率较高；建设有供居民锻炼身体的活动小广场 |
| 企业倒闭或物业公司管理不到位 | 环境卫生较差，垃圾桶分布不合理，数量较少；有环卫工人打扫卫生，但垃圾桶清扫不及时 | 路面时常有垃圾，硬质程度低，存在大量的坑洼不平的路面 | 行道树稀疏，绿化率不高；建设有居民锻炼身体的活动小广场，但面积较少，低于标准 |

注：据调查和居民反映整理。

（1）企业在运营或物业公司管理到位的社区，行道树茂密，绿化率高；路面整洁，硬化程度高；垃圾箱数量多，摆放合理；有修葺一新的绿化带、花园广场，广场上设有休闲椅、石桌石凳（图7.8），可供居民聊天、下棋、打麻将等休闲娱乐。有专门人员管理，环境卫生状况多为良好（图7.9）。

图 7.8　社区路面硬化和社区广场

图 7.9　企业社区内部垃圾箱摆放和卫生打扫

（2）企业被兼并或物业公司管理较到位的社区，环境卫生状况与企业在运营社区相比，不足之处较多。社区内行道树茂密，绿化率较高；垃圾桶摆放合理，数量较多，有环卫工人打扫卫生，但垃圾桶周边时有垃圾堆积，较为脏乱；路面硬质程度较高，路面普遍较为整洁，但也存在少数未硬化路面；建有供居民锻炼身体的活动小花园、广场等，居民日常活动较为方便。总体来说，有物业公司管理，环境卫生状况较为良好。

（3）企业破产倒闭或物业公司管理不到位的社区，社区环境卫生状况普遍较差。社区内部无专人负责，管理监督不到位。表现为行道树稀少，绿化率低于平均水平；路面坑洼不平，硬质地面较少；垃圾箱数量少，摆放不整齐，常有垃圾堆积，打扫不及时；车辆乱停乱放，墙壁上乱贴小广告等。

因此，如何建立有效的管理机制是提升社区环境卫生状况的关键，社区物业管理组织、政府相关部门等应积极介入，切实落实“三供一改”政策，改善社区环境卫生状况，提升社区人居环境品质。

## 7.2.2　社会空间再生产

### 1. 居民构成多元化

计划经济时期，形成了以业缘为基础的同质社区，以及由传统家庭到核心家庭的转变。住房商品化改革后，以单位维系的业缘体系解体，房屋成为商品，可以自由买卖，社区居民构成变得多元，居住阶层多样化。居民构成按照职业划分包括：企业退休职工、企业在职职工、非企业职工；按照住房产权所属划分为：公租房（集体所有）、住房自有住户（以福利房形式购买，即早期从单位内部购买，或后期从职工手里交易购买）、租户。社区所属企业现多改组或破产，即使还在运营中的企业也多处于衰落阶段，在居民构成中退休职工所占比例较大，约为73.0%，从事管理技术、商服、教师、摊贩与其他工作的居民约21.2%（表7.5）。由于该类社区周围的教育设施发展较健全，社区存在以陪读为目的的租户；其次，企业社区因区位较佳，周围各类服务设施齐备，交通便捷，早期住房价格适中，性价比高，一般会有外来人员购买。

**表7.5　社区居民构成**

| 居民职业 | 退休人员 | 失业/无业 | 管理技术人员/职员 | 商服人员 | 教师/科研人员 | 摊贩/个体经营户 | 学生 | 其他 |
|---|---|---|---|---|---|---|---|---|
| 比例/% | 73.0 | 5.0 | 14.0 | 0.32 | 1.0 | 5.0 | 0.79 | 0.89 |

数据来源：西安市164个企业社区1010份调查问卷分析。

### 2. 社区管理市场化

社区管理是社区的重要组成部分，在社区发展过程中占据重要地位。在计划经济时期，企业社区由企业统一管理，有序发展。产业结构转型时期，企业逐渐衰落或破产，政府接管社区，直接或间接对企业社区进行管理（表7.6）。可分为三种管理形式：①政府派专门人员（政府内部或原社区管理人员）管理社区，政府支付其工资；②由政府的社区管理部门（国资委下属物业公司）接管，对社区进行专门管理；③政府部门（国资委）委托社会上的物业公司，对社区进行专门的市场化管理。

**表7.6　企业社区管理的空间生产与再生产对比**

| 时期 | 社区管理方式 |
|---|---|
| 计划经济时期 | 企业直接管理 |
| 市场经济改革后 | ①政府派专门人员（政府内部或原社区管理人员）管理社区，政府支付其工资；<br>②由政府社区管理部门（国资委下属物业公司）接管，对社区进行专门管理；<br>③政府部门（国资委）委托社会上的物业公司，对社区进行专业的市场化管理 |

企业倒闭或运营不景气，人员流失过滤，致使企业社区衰退而无活力，被代管、接管和粗放管理，甚至缺失管理，出现管理真空化现象。据社区居民反映，有些社区物业每月收取物业费、管理费，但只是雇佣环卫工人打扫院落内卫生，对其他基础设施不完善、车辆乱停乱放等现象放任不管。社区物业管理组织与居民沟通较少，居民诉求难以表达。因此，政府相关部门应加强指导物业公司进行专业的市场化管理，引导社区实现净绿亮美、设施完备、功能完善的现代化目标。

### 3. 住房产权多元化

企业社区住房产权所有形式分为个人产权、集体产权或集体与个人共有产权等。计划经济时期苏联援建住房多数无产权（集体产权，属于企业，个人无产权），属于公租房（集体住房）。市场经济改革乃至住房改革以来，部分公租房仍为集体所有，并以每个月几元到几十元不等的租金出租给企业员工。据居民反映，部分退休老职工靠租房为生，在社区生活一辈子，也难以拥有一套属于自己的产权房。

另外，在企业破产之前，随着住房商品化，企业职工可以以福利房形式从单位购买住房，将集体产权转变为私人产权；企业社区管理权转让后，新建中高层楼栋一般为有产权住宅，住户可以办理产权证，自由买卖；除此之外，企业社区还存在外来无产权租户（表 7.7）。

**表 7.7　企业社区住房产权空间生产与再生产对比**

| 产权 | 计划经济时期 | 市场经济改革后 |
| --- | --- | --- |
| 产权有无 | 个人无产权 | 个人无产权、个人有产权并存 |
| 产权归属 | 产权归集体所有，属于公租房 | 产权归集体所有，属于公租房<br>产权归个人所有（企业房改时居民买回产权）<br>产权归个人所有（新建住宅可以自由买卖） |

住房产权分为：①个人所有，自己拥有住房，约为 66%；继承父母住宅，约为 2%（图 7.10）；②他人所有，租赁住房 12%；借住亲戚朋友家 1%；③单位所有，集体住房，占 17%；④其他形式 2%。

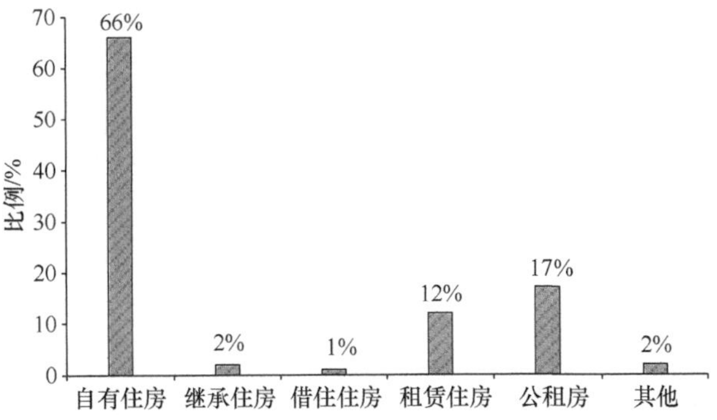


图 7.10　企业社区住房产权空间再生产

根据西安市 164 个企业社区 1010 份调查问卷整理

### 7.2.3　精神空间再生产

随着改革大潮席卷而来，以往脱离市场规律、遵循计划生产的企业受到市场经济改革的冲击，那么经济体制改革以后的企业社区形成了什么样的空间精神呢？20 世纪 90 年代以后，国企的体制改革带来部分社区工人下岗失业，企业工人各谋前程，企业社区一度成为失落惶恐、急转直下的空间，一个希望维持旧序、寻找个人价值，以及斗志渐失、精神涣散的空间，一个逐步转向现实小家生活观的个体空间、转型空间和精神再塑空间。

时代快速发展前进，企业社区与外界反差明显，居民开始关注和重视自己居住生活的空间，抱着共同的期望和希冀，企业社区让大家重新找回了共同的需求和精神支持，社区逐渐多了维护权益、改善条件、争取更好生活的诉求声音。同时，当社区居民二代、三代逐渐适应并融入了开敞式的社会空间、城市空间，有能力的群体逐渐搬离曾经成长生活的过去空间，大多数居民一代成为留守和看守的角色，曾经的社区精神也在发生改变。除了改善居住社区，改善生活空间的诉求、牢骚、满意或不满意的精神呼喊，新的社区精神究竟在哪里？

### 1. 文化精神

企业文化精神是企业发展的灵魂与支柱，是企业追求理想和信念的体现。计划经济时期，企业社区居民同处一厂，共住一社区，目标一致，有着共同的意识、价值观念、行为规范和准则，拥有共同的精神追求，是一切为了生产，为厂、为国的忘我奉献精神，是革命热情高涨的集体情怀，是天南海北齐聚企业空间的凝聚力量。企业是社区居民的核心、依托与纽带，为社区居民提供发展的平台，是促使社区居民有着共同的价值观、世界观和人生观的集体空间和精神空间的来源。

经济体制改革后，受市场转向的影响，国有企业转型、重组。企业职工分流并重新认识和自我定位，为企业奋斗的目标与精神寄托受到扰动。企业社区原有的诸如热情高涨的集体情怀、艰苦奋斗的企业文化精神等也受到一定影响。但现今谈起过往，大部分原企业老年职工仍兴致勃勃，不忘曾经的初心追求与精神寄托，而且，通过老年人的言传身教，社区的企业精神在其年轻后代身上也得到一定程度的传承和延续。但整体来看，企业社区逐渐由过去“重精神、淡物质”的精神风貌转向了“物质与精神”并重的生活追求理念（表 7.8）。

**表 7.8　企业社区文化精神生产与再生产对比**

| 时期 | 文化精神 |
|---|---|
| 计划经济 | 特有的企业文化精神，如集体主义、艰苦奋斗、无私奉献、家国情怀…… |
| 市场经济改革后 | 计划经济时期热情高涨的集体情怀、艰苦奋斗、团结一致的奋斗目标受到扰动，但仍驻于老年的企业职工群体心中，通过言传身教，影响着社区后代与其他居民。整体来看，企业社区逐渐由过去“重精神、淡物质”的精神风貌转向了“物质与精神并重”的生活理念 |

### 2. 社区情感

#### 1）邻里关系

社区既是地域空间，也是情感空间。社区居民除了需要舒适的空间、便利的条件外，也需要和谐的邻里关系（张文清，2009）。正如列斐伏尔的空间生产理论所指出的“空间里到处弥漫着社会关系，它不仅被社会关系支持，也生产社会关系和被社会关系所生产”（张京祥等，2014）。俗话说“远亲不如近邻”，邻里关系就是社区内人与人之间的社会网络关系。邻里关系在生活中，尤其是社区生活中显得更为重要。除此之外，企业社区重建与人口流动也在影响着居民之间的关系。随着租户与外来买房人口增多，居民迁移、流动频繁，企业社区人员构成混杂化。租户与原住民之间大多互不相识，联系较少，邻里关系淡漠。

随着当今社会快节奏发展，居民生活变得忙碌。据调研，年轻群体每天外出工作、学习，早出晚归，偶尔周末闲暇时，也会与朋友、同事聚会、逛街或外出游玩，或者待在家里休息放松，很少关注企业社区环境及其周围的邻居。企业社区往往被居民当作是单一的居住场所，而非一个集工作、休息、娱乐等功能为一体的家园。同时，社区规范和管理不完善，导致企业社区邻里活动减少，邻里交往缺乏频度和深度。原来亲切温馨、相互熟悉的邻里关系被陌生的住户关系所代替，邻里之间走向“陌生人”状态，熟人社会变为生人社会，企业社区认同感缺乏，邻里关系淡漠（表 7.9）。因此，构建和谐互助的新型邻里关系，重建与邻为伴的熟人社会成为企业社区居民调查下的诉求。

**居民访谈**

“1967 年搬入，邻里关系比较和谐。住在这儿都还可以，大家都认识，这是我们自己的厂，原来亚洲一流的厂，有感情，西北一印好得很！”（访谈对象：王奶奶，75 岁，退休职工，西北第一印染厂家属院。）

“本楼 70%以上都是租户，互不认识。”（访谈对象：郑女士，52 岁，祖籍西安，退休职工，西安纺织城四棉互助区。）

“房子旧，隔音不好，院子里的老太太 6 点就开始坐在院子里聊天、吵闹。”（访谈对象：张女士，43 岁，陕西咸阳人，租户，西安纺织城四棉互助区。）

**表 7.9　邻里关系的空间生产与再生产**

| 时期 | 邻里关系 |
|---|---|
| 计划经济时期 | 熟人社会、邻里关系较好；共同的地方认同和身份认同，地方依恋，具有同质性 |
| 市场经济改革后 | 生人社会、居民缺乏社区认同感，邻里关系淡漠；社区人员构成混杂，居民迁移、流动频繁，社会空间混杂 |

2）归属感和社区依恋

社区是居民生活休憩的场所，是富有人情味儿的地方，应为居民创造一个安逸、有安全感的居住环境。然而，企业社区居民多元分化，缺少共同的根（企业）的依恋，同时相较于周围商品化住房，也带来了居住环境的落差感，消减了企业社区的认同感，以及对企业社区的情感依恋。社区发展建设的重要原则是基层自发、自下而上和多元主体参与，如果社区居民对社区缺乏基本认同感，社区的发展建设就无从谈起（张文清，2009）。社区情感建设是社区建设最不容忽视的一部分，社区的情感建设就是培养居民对自己社区的归属感。社区归属感就是居民对社区的依恋心理（徐汉晖，2017）。

从城市空间尺度来看，企业社区表现出明显的独立性和封闭性，呈现了一定程度的空间分割（刘天宝和柴彦威，2014）。对居民来说，企业社区是长期生活和工作的场所，并形成了较强的心理归属和单位情结。市场经济改革后，曾经一起工作的同事、工友各谋前程，同时以熟人为主的企业社区融入企业职工之外的租户群体及购房群体，原本浓厚的熟人邻里被稀释，渐渐向生人社会转变（表 7.10）。其中，租户群体多为暂时租住，流动性强，且很少在社区内逗留，与其他居民较为疏远，保持一定的距离感，因此对企业社区缺少认同感，认为社区仅为居住的一个场所，并没有很强烈的归属感和依恋。外来购房群体因居住时间短，对企业社区发展关心的积极性不高，参与度也不高，就目前而言，融入社区意愿不强，依恋感并没有特别强烈。但该类人群对企业社区怀有一定的归属感，伴随居住时间增加，与居住环境发生互动产生联系，有助于其加强对社区的归属与认同。企业社区原住居民（即在企业社区建成初期入住的居民）对社区拥有浓厚复杂的感情和依恋。其与企业社区的连接更为紧密，对社区的认同最强烈，也是社区发展前行的向心力。

**表 7.10　企业社区居民归属感与依恋**

| 群体 | 归属感 |
| --- | --- |
| 原住群体 | 对社区有强烈的归属感和依恋 |
| 租户群体 | 很少在社区内逗留，归属感较弱 |
| 外来购房群体 | 对社区的发展积极性不高，归属感和依恋不是特别强烈 |

毋庸置疑，城市居民的归属感与社区依恋对社区、街区与城市建设具有重要作用，是居民幸福指数的见证，也是以人为本和谐社会的反映。在企业社区的规划、发展和建设中必须尊重那些经历较长历史积淀的社区情感联系和社区结构，尊重人们原有的社会关系网络与地域情结。最主要的途径就是通过对企业社区环境建设，增强居民社区归属感与社区依恋。在企业社区建设过程中，社区管理部门（政府和物业公司）应为居民创造良好的人文环境，多举办社区活动，让社区居民感到自己被需要、被信任、被关爱；增强居民居住安全感，让居民感到舒心、放心，从而产生更好的归属感和地方依恋。同时，居民也有责任与义务积极主动地去参与企业社区建设，加强社区认知，让社区不仅成为居住场所，也成为工作、休息、交往和娱乐的场所。要充分利用企业社区公共空间建造小花园、广场等，缓解居民压力，抚慰心灵，提高居民的社会生活质量，提升居民幸福感，进而促使居民产生强烈的地域归属感与社区依恋，促进企业社区发展与和谐进步。

**居民访谈**

“从渭南过来租房子，住了 10 年了，邻里关系好，娃考上高中都不知道又得搬去哪儿了，自己不属于这里，不是本小区的人，对社区期望不太高。立场不同，期望不同，租户只是过客。”（访谈对象：魏女士，40 岁，西安市秦川 25 街坊北院。）

“在这里居住 40 年，产权为自己所有。不想去跟儿子住，在这住了几十年了，有感情，也有个说话的人，对西安也有感情了，不想回上海了，回去气候也不适应。”（访谈对象：茅奶奶，82 岁，祖籍上海，退休工人，西安市秦川 25 街坊北院。）

“在这里住了几十年，一切都很习惯，对社区有深厚的感情。子女都在宝鸡市上班，相隔不远，会时常回来看看，一大家人，很幸福。居住在一楼都挺方便的，平时就坐在一楼楼梯口跟邻居聊聊天，偶尔去房屋外种菜的地方看看。总体对生活和环境各方面都比较满意，幸福感较强。”（访谈对象：陈奶奶，83 岁，退休工人，宝鸡市清姜路宝城小区。）

## 7.3 企业社区空间再生产潜力测算

企业社区空间再生产潜力主要是针对企业生活区这一特定的土地利用方式的特点，在目前的技术经济条件、城市规划及相关法规要求和各种力量的交织作用下，定量分析未来更新活动创造的社区和片区的发展活力、可更新的城市用地指标及其带来的社会经济生态效益，以此判断和度量社区范围内土地潜在价值的大小，为未来企业社区物质、社会和精神空间重构提供参考。这里着重关注土地的平面空间再生产潜力，即企业社区可更新的城市用地指标。

本部分在深入理解景观格局分析理念的基础上，采用景观生态学中的景观格局指数量测方法，以西安市主城区为案例区域，通过企业社区面积数据的获取、处理与分析，并从空间维度将企业社区依据面积大小划分为不同的类型，探究企业社区空间更新潜力。

### 7.3.1 空间潜力测算方法

景观生态学以整个景观为研究对象，着重分析景观中各自然组分的异质性和相互作用，其生态系统由斑块、廊道、基质构成。景观格局与生态过程的相互作用及其尺度效应是景观生态学研究的核心（肖笃宁等，1988；陈利顶等，2014）。景观格局指数能够高度浓缩景观格局信息，是反映其结构组成和空间配置特征的定量指标，包括斑块类型数量、斑块密度、斑块类型面积等方面。

构成城市景观单元的斑块在空间上的分布就是城市景观格局。对于企业社区来说，类似城市基质本底中的斑块，通过城市道路等交通廊道将彼此联系，构成一个有机整体，故借鉴景观生态学的基本原理及分析方法，定量探究城市企业社区空间更新潜力。

基于景观生态学的企业社区更新潜力测算方法，可以包括以下六个具体步骤。

（1）获取企业社区斑块面积的基础数据。由于在线地图对于兴趣面（area of interest，

AOI）数据爬取的技术限制，这里主要通过编写 HTML 网页代码建立百度地图绘制工具，在线手动绘制社区边界并批量获得候选社区 AOI 数据，并对获取的数据进行核实和检查，确保企业社区的面积和位置与地图显示结果相一致。

（2）数据处理。通过 ArcGIS10.2 对企业社区 AOI 数据定义其地理坐标系和投影坐标系，得到研究所需的斑块，在 ArcGIS 属性表中新建面积和周长字段并对其计算。

（3）企业社区斑块分类。利用 ArcGIS 中自然分类法（natural breaks）功能选择面积属性对研究区的所有社区斑块断点分类；然后利用 ArcGIS 的 SQL 查询功能，将各个断点值形成的企业社区面积范围筛选出来，并赋予不同的属性值。

（4）栅格化处理。在矢量转栅格的过程中发现，主城区内有面积相似且彼此相邻的企业社区斑块，当属性值相同的两个斑块相邻边的距离很近时，会因选择像元大小的不同造成斑块合并，从而导致社区斑块数量减少的误差。通过反复试验不同大小的像元值，最终确定了合适的像元大小，将误差减少到最低。

（5）筛选景观格局指数。在所有的景观格局指数中筛选出能够反映企业社区空间特征的指数。选择指数如下（齐杨等，2013；付凤杰等，2019）（表 7.11）：①斑块类型面积（CA），代表不同面积区段的企业社区的总面积；②斑块类型数量（NP），代表不同面积区段的企业社区的数量，可以直观看出所有企业社区中占据数量优势的社区类型；③斑块密度（PD），反映出在 1km$^2$ 范围内某种类型的企业社区数量情况，表示景观的破碎化程度，值越小，说明此类型社区破碎度低；④斑块面积百分比（PLAND），代表某种类型的企业社区面积在总企业社区面积中所占的比例；⑤最大斑块指数（LPI），反映面积最大的企业社区的比例，值越大，说明此社区的占地面积越大；⑥景观形状指数（LSI），代表企业社区形状的复杂程度，通过计算斑块与相同面积的圆或正方形之间的偏离程度来测算其复杂程度；⑦香浓多样性指数（SHDI），指某种类型企业社区的支配地位。

**表 7.11　景观生态格局指数**

| 指数 | 指数含义 | 计算公式 |
|---|---|---|
| 斑块类型数量（NP） | 某斑块类型中所有斑块数量总和 | $\text{NP}=n_i$ |
| 斑块密度（PD） | 单位面积上某种类型的斑块数量（块/km$^2$） | $\text{PD}=\frac{n_i}{A}$ |
| 斑块类型面积（CA） | 某一斑块类型面积总和（hm$^2$） | $\text{CA}=\sum_{j=1}^{n}a_{ij}\left(\frac{1}{10000}\right)$ |
| 斑块面积百分比（PLAND） | 某一斑块类型面积与景观总面积之比（%） | $\text{PLAND}=P_i=\frac{\sum_{j=1}^{n}a_{ij}}{A}(100)$ |
| 最大斑块指数（LPI） | 某一斑块类型的最大斑块面积与景观总面积之比（%） | $\text{LPI}=\frac{\max_{j=1}^{a}\left(a_{ij}\right)}{A}(100)$ |
| 景观形状指数（LSI） | 某一景观类型所有斑块边的总长度与景观总面积的比值 | $\text{LSI}=\frac{0.25\sum_{k=1}^{m}e_{ik}^{*}}{\sqrt{A}}$ |
| 香浓多样性指数（SHDI） | 描述某类型景观支配性的指标 | $\text{SHDI}=-\sum_{i=1}^{m}\left(p_i\ln p_i\right)$ |

（6）基于软件 Fragstats4.2 计算景观格局指数。将 ArcGIS 得到的栅格数据转为 tif 文件格式，计算 NP、PD、CA、PLAND、LPI、LSI、SHDI 7 个景观格局指数，并进行分析。

综上，运用景观生态学中的景观格局指数，分析企业社区的空间特征及其不同类型斑块的团聚或延展程度、破碎度。根据企业社区斑块类型个数、面积、密度、破碎度、蔓延度得出企业社区的再生产潜力。

### 7.3.2 社区空间再生产潜力的实证分析

**1. 数据来源与处理**

1）提取研究区企业社区 AOI 数据

本节以社会经济统计数据为辅助信息源，基于调研数据、研究对象用地现状、影像空间分辨率及研究需要，合并部分数据点并提取到西安市新城区、碑林区、莲湖区、未央区、雁塔区、灞桥区 6 个主城区 572 个企业社区的 AOI 数据，并导入 ArcGIS 中。

2）数据处理

（1）通过 ArcGIS 对企业社区 AOI 数据定义其投影坐标系，在属性表中新建面积和周长字段并对其计算。

（2）利用 ArcGIS 自然断点法功能选择面积属性，对研究区的所有社区斑块断点分类，划分为 5 种类型面积范围的企业社区，分别为 0.07～1.18$hm^2$、1.18～2.77$hm^2$、2.77～5.17$hm^2$、5.17～8.38$hm^2$ 与 8.38～15.37$hm^2$。

（3）栅格转化，并对分辨率进行校正。对研究对象进行景观格局指数分析时，过小的粒度会产生庞大的数据，增加分析难度，粒度过大则会模糊景观的空间异质性，使相邻斑块造成不同程度的合并（申卫军等，2003）。反复试验不同大小的像元值，最终确定像元大小为 1.6m×1.6m 时达到了最好的效果，造成斑块个数减少 1 个，最终得到的社区斑块个数为 571 个。

（4）最后，将得到的栅格数据转为 tif 文件，通过 Fragstats4.2 进行企业社区类型识别及景观格局信息提取，获取 NP、PD、CA、PLAND、LPI、LSI、SHDI 指标数据。

3）用洛伦兹曲线分析企业社区面积分布的均匀程度

地理现象的分布格局常常用地理数据分布的集中化程度和均衡度来描述。将洛伦兹曲线应用在企业社区面积层面，通过曲线凹陷程度说明哪些面积范围内的社区斑块数量是主体及其在总面积中所占比例，以此说明企业社区面积在空间分布的差异（吴文恒等，2016），这将会更为全面地认识西安市企业社区面积的分布情况。

将数据作如下处理：利用 SPSS 将最初提取的 572 个企业社区斑块面积大小，按照升序进行排列和分组，一个组 11 个社区斑块，共 52 组，产生了 52 个面积数据和 52 组斑块数据；汇总斑块总面积和斑块总个数；计算分组面积与斑块总面积之比，组斑块数量与总斑块数量之比；分别计算两者的累计求和，最终得到累计求和的结果为 1。根据上述步骤绘制洛伦兹曲线（图 7.11）。

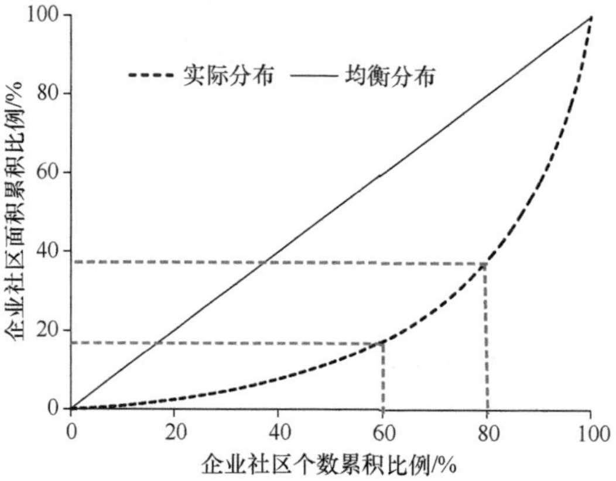


图 7.11　西安市企业社区面积分布的洛伦兹曲线

## 2. 结果分析

1）斑块类型层次分析

（1）面积范围 0.07～1.18$hm^2$ 的企业社区更新潜力值为 181.32$hm^2$，破碎程度高，空间结构复杂，待更新数量最多（359 个）。

该类型企业社区的更新潜力在总体更新潜力（933.56$hm^2$）中占比接近 20%，社区普遍以小面积为主。景观形状指数为 21，远高于其他类型企业社区。企业社区密度达到了 0.43 个/$km^2$，是所有类型社区中密度最大的。结合景观形状指数和斑块密度可以看出，企业社区的斑块整体破碎度高，布局分散且空间结构复杂（表 7.12）。

**表 7.12　西安市不同类型面积企业社区斑块景观格局特征**

| 类型面积范围/$hm^2$ | 0.07～1.18 | 1.18～2.77 | 2.77～5.17 | 5.17～8.38 | 8.38～15.37 |
|---|---|---|---|---|---|
| 类型面积/$hm^2$ | 181.32 | 214.00 | 231.14 | 184.55 | 122.55 |
| 类型面积百分比/% | 19.42 | 22.92 | 24.76 | 19.77 | 13.13 |
| 最大斑块指数/% | 0.12 | 0.29 | 0.55 | 0.89 | 1.64 |
| 景观形状指数 | 21.00 | 12.88 | 9.54 | 6.79 | 4.19 |
| 斑块类型数量/个 | 359 | 113 | 61 | 27 | 11 |
| 斑块密度/（个/$km^2$） | 0.43 | 0.14 | 0.07 | 0.03 | 0.01 |
| 平均斑块面积/$hm^2$ | 0.50 | 1.89 | 3.78 | 6.83 | 11.14 |

企业社区斑块平均 0.50$hm^2$，占地面积小。斑块数量 359 个，占总斑块数量的 62.87%，但仅占总面积的 19.42%；其他面积范围的 212 个斑块，占总量 37.13%，面积却占到了 80.58%。说明小面积企业社区居多，面积总和值低；大面积社区偏少，但面积总和值高。从洛伦兹曲线可以直观反映出该特征（图 7.11），20%的企业社区占有了近 62%的城市

企业社区面积，社区更新潜力差异明显。

（2）面积范围 1.18～2.77hm$^2$ 的企业社区更新潜力值为 214hm$^2$，占企业社区总更新潜力的 22.92%，需要更新的企业社区数量较多（113 个）。企业社区的最大斑块指数偏小，说明企业社区普遍还是以较小的占地面积为主。景观形状指数和斑块密度处于一个较高的值，斑块整体破碎程度较高。斑块数量为 113 个，占斑块总量的 19.8%，数量较多。

（3）面积范围 2.77～5.17hm$^2$ 的企业社区更新潜力值最大，为 231.14hm$^2$，占总更新潜力值的 24.76%；斑块形状指数和斑块密度值居中（表 7.12），反映了空间复杂程度和破碎度处于中等水平。

（4）面积范围 5.17～8.38hm$^2$ 的企业社区更新潜力值为 184.55hm$^2$，占企业社区总更新潜力的 19.77%。社区数量较少（27 个）。景观形状指数和斑块密度较低，企业社区空间分布呈分散状态。

（5）面积范围 8.38～15.37hm$^2$ 的企业社区更新潜力值为 122.55hm$^2$。企业社区平均面积最大（11.14hm$^2$），斑块密度值小，破碎度低；景观形状指数低，空间结构简单。相比于其他类型的企业社区，该类型企业社区数量最少，只有 11 个。斑块密度低，平均仅有社区 0.01 个/km$^2$，但企业社区的平均面积最大，破碎程度低。虽然 11 个企业社区总的更新潜力值最低，但以单个社区分析，它们的更新潜力值普遍较大，而且空间结构简单，形状规整。

2）景观整体层次分析

统计可知，西安市内城的企业社区可更新的总面积为 933.56hm$^2$，斑块个数为 571 个，企业社区的最大面积 15.37hm$^2$，最小 0.07hm$^2$，平均占地 1.63hm$^2$，斑块密度为 0.69 个/km$^2$。整体上分析，企业社区破碎化程度高。香浓多样性指数偏小（1.59），说明企业社区受单一类型社区支配程度较大，结合类型层次指标可以看出，企业社区主要受 0.07～1.18hm$^2$ 的面积类型的斑块支配。

### 3. 结果认识和讨论

1）结果认识

西安市企业社区总体更新潜力达到 933.56hm$^2$，理论上具有较大的城市建设用地更新价值。面积范围居于中等水平（2.77～5.17hm$^2$）的企业社区更新潜力最大，占总更新潜力 24.76%（231.14hm$^2$）。面积范围最大（8.38～15.37hm$^2$）的企业社区更新潜力最小，占总更新潜力的 13.13%（122.55hm$^2$），但该类型的企业社区破碎度低，单个企业社区的面积大，更新潜力高。

不同类型的企业社区有着不同的空间更新潜力和空间复杂程度、破碎度。从趋势线图可以看出，随着企业社区类型的面积范围的增大，斑块类型数量呈现一个递减趋势并且差异显著（图 7.12）。同样地，随企业社区类型的面积范围增大，平均斑块面积和最大斑块指数呈递增的趋势（图 7.13、图 7.14）。斑块类型面积和类型面积百分比呈现峰形变化，先增大后减少，中间类型面积（2.77～5.17$hm^2$）的斑块居多（图 7.12、图 7.13）。景观形状指数和斑块密度呈下降趋势，企业社区斑块空间结构趋于简单化（图 7.15）。

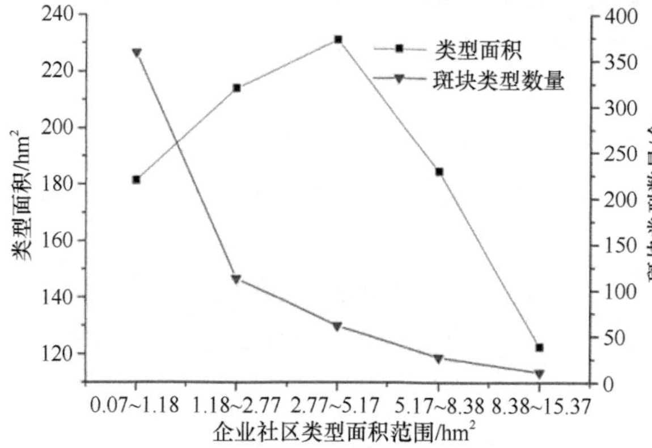


图 7.12　斑块类型面积和数量图

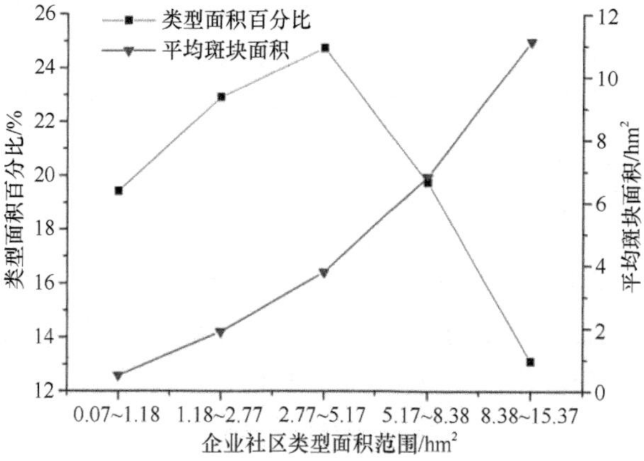


图 7.13　平均斑块面积和类型面积比例

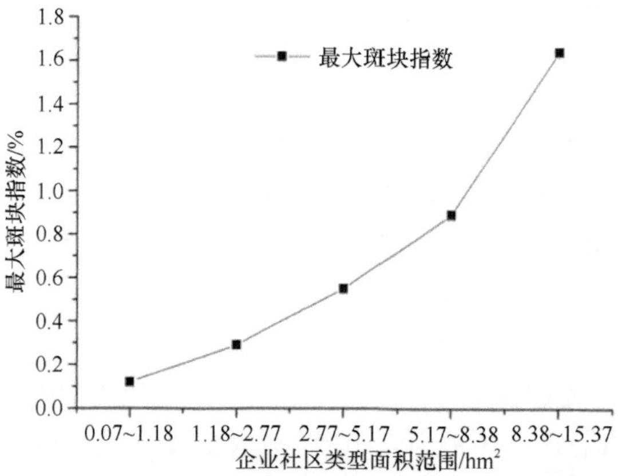


图 7.14　最大斑块指数

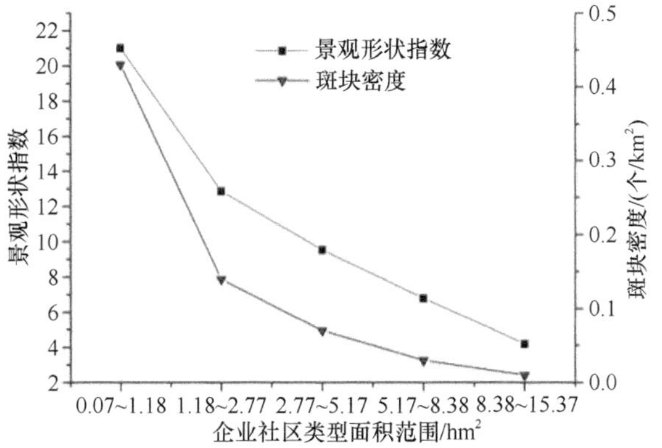


图 7.15 斑块密度和景观形状指数

2）讨论

本节借用景观生态学理论，引入景观格局指数，从城市层面分析了企业社区建设用地更新潜力状况，以及不同类型企业社区的个数、面积、密度、破碎度，是本书的一个亮点，但得到的结果仍较为笼统。后续研究中需对企业社区划分特征区，如重新开发区、修缮区、保护区，构建潜力评价指标体系，筛选影响企业社区更新改造的指标，如地价、公共设施完备度、道路网密度、商服集聚度等，构建合适的潜力评价模型，对各个特征区的企业社区更新潜力进行深层次量化。

景观格局指数一般应用于土地利用及其覆被变化的研究，如通过对区域耕地、林地、草地、水体、建筑用地等多种土地利用类型的划分，从时空变迁角度对土地利用类型的异质性和相互作用进行分析。这些土地利用类型往往占据着较大面积，随着时间迁移，在原有基础上发生扩展或收缩的变化，并且可以在景观格局指数上得到很好的体现。本节所涉及的仅是分散在城市内部的企业社区一种土地类型斑块。若要细致、深刻分析企业社区土地更新潜力，需要对社区划分出不同的类型。这里对企业社区的面积升序排列，划分不同范围的面积类型以得到多种企业社区类型，相当于不同的土地利用类型，得出各社区类型的异质性特征。

在由计划经济向市场经济转变后，城市居住空间进一步重构，少数在城市主要位置的企业社区完成了绅士化的更新，但大部分企业社区仍然维持旧序，延续发展，不可避免的一个趋势可能就是贫困固化，社会资源分配不均，导致矛盾激化。政府和社会若要开展有针对性的专项改造活动，需要慎重地考虑企业社区位置与面积大小，及其所能带来的改造效益和价值的先后次序，本研究可为其提供很好的参考。

## 7.4 企业社区空间再生产潜力评价

企业社区空间再生产潜力评价是量化企业社区未来发展潜在能力、精准识别社区更新短板、挖掘社区更新潜力的重要前提。本节通过构建企业社区空间再生产（更新）潜力评价体系，明确企业社区更新潜力评价要素与数据方法，从区位条件、人口经济、环境质量、服务设施水平 4 个维度阐释了企业社区更新潜力的内涵。在此基础上，开展企业社区更新潜力评价，得出生活舒适度、空间形态、交通区位及更新潜力综合得分在空间上的分布结果。

## 7.4.1 潜力评价的价值与意义

企业社区是计划经济时期城市居民的主要聚居空间。改革开放以来，居民的生活水平不断提高，在质和量上对企业社区提出更新的要求。传统的“千人指标”规划方法已无法应对居民日益增长的多样化居住需求，政府层面的公共投资与部分居民的诉求产生偏差，企业社区更新潜力评价可以为民生投资和建设的精准化提供依据，避免造成公共投资的浪费与不公（白德懋，1993；洪亮平和赵茜，2016）。

国内外相关研究中，多以某个具体社区为研究对象（王兰等，2016；蔡云楠等，2017；许凯和孙彤宇，2018），缺少在全市或一定地域范围内对某类社区的研究，难以宏观把握城市内社区更新的整体状况；同时，已有研究大多关注社区更新的物质空间、发展机制（欧阳虹彬和叶强，2015；王承慧，2018），较少判断社区更新的价值与意义。准确获取社区 AOI 数据并以社区为研究单元，在城市尺度上评价企业社区更新潜力是社区更新研究需要进一步探索的问题（秦静等，2018）。

实地调查与问卷访谈是社区更新研究的常规方法，这种方式一定程度上可以反映社区更新中存在的问题，但往往需要花费大量人力、物力及时间成本才能获得有限的样本数量，且随机数据难以准确全面地反映社区更新情况及面临的问题（丁一等，2014；袁也，2016；牛强等，2017）。另外，传统方法基本是以单个或数个社区为研究范围，无法客观系统地反映全域或全市的社区更新潜力（秦静等，2018；吴莹和王兰，2018）。本书尝试在城市尺度上用多元数据与定量分析方法，探究城市企业社区空间再生产潜力，可以在社区更新评价流程、评价指标体系、数据方法组织等方面，为城市更新理论发展与社区实践应用提供支撑。

## 7.4.2 评价数据与方法

### 1. 数据获取来源

本节数据来源主要有以下两部分。

第一部分为企业社区兴趣点（POI）、企业社区兴趣面（AOI），以及建筑基底面积、层数等建筑基础数据。其中，AOI 数据即地图数据中区域状的地理实体，包含空间位置（*x*，*y*，next_*x*，next_*y*）、类型、类别、名称等属性。AOI 数据相比以往传统数据，可以更加精准量化描述大范围的物质空间，扩充了社区更新研究的基础数据量（陈珊珊等，2018；龙瀛和刘伦伦，2017；Ayson，2018）。因在线地图对 AOI 数据获取的技术限制，导致使用 Python 编程所获取的 AOI 数据存在不完整、精度低、误差大等问题。为获得准确 AOI 数据，编写 HTML 网页代码建立百度地图绘制工具，在线手动绘制社区边界并批量获得候选社区 AOI 数据，并将所有社区边界数据的地理坐标转换成 WGS84 坐标，便于空间计算。AOI 数据集于 2018 年 12 月获取。

第二部分为城市底图数据。在 ArcGIS10.2 软件中采用 xi'an_1980 地理坐标投影，以 1∶1 万城市矢量图为底图并结合城市遥感影像将其配准，经过矢量化处理后，得到城市街道办事处行政区划图。

**2. 数据预处理**

通过爬取所获得的 AOI 数据，因获取时间、计算精度、更新时限等不可避免的原因会导致数据存在误差，进而降低社区空间更新潜力分析的准确程度。为保证研究结果的精准性，在进行数据分析前，采取了两步初始质量控制措施：首先，将 POI 数据中建筑实体已被拆除或其他原因导致已不存在于地图上的点，从 POI 数据中删除；然后，同一个社区的不同名字的点被认为是“重复记录”，仅保留一条“重复记录”，其他重复的点都将被删除，保留时选择将信息表达最为清晰准确的点（秦静等，2018；唐鸣镝等，2018）。

在全部候选 AOI 进行两步初始质量控制措施都实施后，基于街景地图对 AOI 的落位进行手动修正，得到目标 AOI 数据集。将获得的数据添加到 ArcGIS10.2 中，添加 *XY* 坐标并导出数据，得到社区边界的点要素，随后分别通过 *XY* 转线、点集转线、要素转面等工具，将点要素转化为面要素，使得社区的 AOI 数据可视化。

**3. 评价方法**

经过 BP 网络神经分析法、灰色关联度分析法、层次分析与熵值法等多种分析方法试算后，选定了最适宜本研究的因子分析方法评价城市企业社区空间再生产（更新）潜力。因子分析法的核心是运用降维思想将多个实测指标，用少数几个潜在指标的线性组合来表示，并且最大程度上保留数据的信息。其具体表达式如下：

$$F=\frac{a_1}{a_1+a_2+\cdots+a_i}\times F_1+\frac{a_2}{a_1+a_2+\cdots+a_i}\times F_2+\cdots+\frac{a_i}{a_1+a_2+\cdots+a_i}\times F_i \tag{7.1}$$

式中，$a_i$（$i$=1，2，…，$m$）为第 $i$ 个公因子的方差贡献率，它占 $i$ 个因子的方差贡献率之和的比例即为第 $i$ 个因子的权重 $\lambda_i$，即

$$\lambda_i=\frac{a_i}{a_1+a_2+\cdots+a_i} \tag{7.2}$$

表示成矩阵的形式为

$$F_i=\sum_{j=1}^{13}x_{ij}Z_j \tag{7.3}$$

式中，$i$=1，2，…，$m$，$i$ 为企业社区的第 $i$ 个公因子；$j$=1，2，…，$n$，$j$ 为该企业社区的第 $j$ 个指标。在本书中，$x_{ij}$ 为第 $i$ 个公因子在第 $j$ 个指标上的因子得分系数；$Z_j$ 为该企业社区的所有指标中第 $j$ 个指标标准化后的值。根据上述步骤，可计算该企业社区第 $i$ 个公因子得分 $F_i$。依次可计算得出每个企业社区的每个公因子得分。

## 7.4.3 构建评价体系

依据以上对企业社区更新潜力评价的理解，参考已有研究（袁媛，2012；张磊和李慧民，2014；杨雪和张文忠，2016；Liang et al.，2018；黄烈佳等，2018；陈晨等，2015；Xiao et al.，2019；Yuan and Qian，2014），以最大限度反映企业社区更新特点为原则，结合城市发展阶段、城市规划的实施及城市的发展目标，选取指示性强、较易获取的4个方面12项指标，构建企业社区更新潜力评价指标体系，评价企业社区更新潜力（表7.13）。

**表7.13 企业社区空间再生产（更新）潜力评价指标体系**

| 目标层 | 准则层 | 指标层 | 指标含义 | 指标向性 |
|---|---|---|---|---|
| 企业社区空间再生产（更新）潜力评价 | 区位条件 | $X_1$ 距交通干道的距离/km | 社区几何中心到各交通干道的平均距离，反映社区距城市交通干道的便捷程度 | 逆向指标 |
| | | $X_2$ 距地铁站口的距离/km | 社区几何中心到各地铁站口的平均距离，反映社区距轨道交通的便捷程度 | 逆向指标 |
| | | $X_3$ 距公交站点的距离/km | 社区几何中心到各公交站点的平均距离，反映社区距公共交通的便捷程度 | 逆向指标 |
| | | $X_4$ 路网密度/（km/km²） | 社区周边一定范围道路总长与该范围面积之比，反映社区的可达程度 | 逆向指标 |
| | 人口经济 | $X_5$ 人口密度/（万人/km²） | 社区人口与社区面积之比，反映单位面积内居住人口的密集程度 | 逆向指标 |
| | | $X_6$ 住宅地价实现水平 | 社区地价与基准地价之比，反映不同区位条件对土地边际收益的影响 | 逆向指标 |
| | 环境质量 | $X_7$ 社区用地规模/m² | 社区面积，反映社区的地块大小 | 正向指标 |
| | | $X_8$ 社区用地容积率 | 社区建筑总面积与建筑基底总面积比率，反映土地利用强度、建设规模 | 逆向指标 |
| | | $X_9$ 建筑密度/% | 社区建筑基底总面积与社区面积之比，反映社区内空地率、建筑物密集程度 | 逆向指标 |
| | | $X_{10}$ 社区形状指数 | 社区形状与相同面积正方形的偏离程度，反映社区形状的规整程度 | 正向指标 |
| | 服务设施水平 | $X_{11}$ 公共服务设施完备度 | 社区一定范围内教育、医疗、文化等设施核密度值，反映设施配套的完善程度 | 逆向指标 |
| | | $X_{12}$ 生活服务设施完备度 | 社区一定范围内购物、餐饮、金融等设施核密度值，反映设施配套的完善程度 | 逆向指标 |

## 7.4.4 再生产潜力评价——基于西安的实证分析

研究将传统采集数据途径与数据挖掘算法等新兴空间数据获取方法相结合，突破以往的研究尺度，建立城市尺度上的评价体系，精准评价企业社区更新潜力，为深入理解企业社区更新研究提供新的视角和多样化测度方法（周干峙，2014；吴健生等，2016；席广亮和臻峰，2017；张瑜等，2018；Adelman，2018）。企业社区更新潜力评价有多种指标数据，为了使不同类型的指标间具有可比性，将这些不同类型的指标数据进行转化处理、按次序进行排位是一种简便有效的方法。本书综合运用因子分析来进行评价（柴彦威，1996；彭凯，2015；李浩，2017；肖作鹏等，2018）。

**1. 数据处理**

根据因子分析的研究模型要求，样本量越大，误差越小。本书涉及 12 项指标，经数据处理后，最终选取西安市 6 个主城区 551 个企业社区，共 6612 项数据。此外，评价指标体系中，各指标存在数量级和单位不同的情况，不便指标间的综合对比，需要对指标数据进行正向化与无量纲化处理。本书中数据均为客观数值，因此，采用 Z-score 标准化方法进行无量纲化处理。

**2. 信效度检验**

在一般探索性研究中，信度系数的最低要求标准是系数值在 0.5 以上，0.6 以上更佳，但在应用性和验证性的研究中，信度系数数值最好在 0.8 以上，0.9 以上更佳（Lawley and Maxwell，1971）。现阶段，企业社区更新的影响因素还处于相对较不成熟的研究阶段，指标体系还未完全统一，属于探索性阶段。因此，本书设定信度标准为 $\alpha \geqslant 0.7$。对本研究所涉及的 12 个指标进行 KMO 和 Bartlett 球形度检验，得到测量指标的 KMO 值为 0.761，近似卡方为 2209.241，自由度为 45，Bartlett 球形度检验显著，适合做因子分析。

**3. 因子分析**

本书首先通过 SPSS24.0 对数据进行验证性因子分析，得到各变量公因子上的载荷。各变量在假设的公因子上的载荷矩阵结果显示，大部分变量在其公共因子上的载荷都大于 0.6，但是 $X_7$ 社区用地规模与 $X_{10}$ 社区形状指数两个变量在其公共因子上的负载较小，分别为 0.280 与–0.154，说明这两个变量与其公共因子的其他指标内在属性不一致，可以考虑剔除。删除公因子较小的指标后的验证性因子分析结果见表 7.14。可以看到，修正后的评价指标体系所有变量在其公共因子上的负载均大于 0.6，因子载荷较好。所剩下 10 个三级指标变量都能够很好地体现各公共因子（即二级指标）的内在属性。

**表 7.14　修正后各变量在公因子上的载荷矩阵**

| | $X_1$ | $X_2$ | $X_3$ | $X_4$ | $X_5$ | $X_6$ | $X_8$ | $X_9$ | $X_{11}$ | $X_{12}$ |
|---|---|---|---|---|---|---|---|---|---|---|
| 公因子 1 | | | | 0.770 | 0.744 | 0.818 | | | 0.903 | 0.819 |
| 公因子 2 | | | | | | | 0.830 | 0.871 | | |
| 公因子 3 | 0.778 | 0.781 | 0.632 | | | | | | | |

其次，从表 7.15 可以明确抽取因子的个数。主因子个数的确定主要依据以下两个标准：第一个标准是前 $n$ 个主因子所对应的特征值比 1 大，第二个标准是前 $n$ 个主因子累积的方差贡献率需要超过 72%。这里遵循标准一的特征值大于 1 的公因子有 3 个，前 3 个主成分累积贡献率也达到 67.786%，所以可以确定该指标体系应提取 3 个主因子。

**表 7.15 总方差解释**

| 成分 | 初始特征值 | | | 提取载荷平方和 | | | 旋转载荷平方和 | | |
|---|---|---|---|---|---|---|---|---|---|
| | 总计 | 方差百分比/% | 累积/% | 总计 | 方差百分比/% | 累积/% | 总计 | 方差百分比/% | 累积/% |
| 1 | 3.644 | 36.436 | 36.436 | 3.644 | 36.436 | 36.436 | 3.367 | 33.667 | 33.667 |
| 2 | 1.701 | 17.014 | 53.451 | 1.701 | 17.014 | 53.451 | 1.709 | 17.087 | 50.755 |
| 3 | 1.434 | 14.336 | 67.786 | 1.434 | 14.336 | 67.786 | 1.703 | 17.032 | 67.786 |
| 4 | 0.821 | 8.213 | 75.999 | | | | | | |
| 5 | 0.624 | 6.242 | 82.241 | | | | | | |
| 6 | 0.543 | 5.432 | 87.673 | | | | | | |
| 7 | 0.392 | 3.916 | 91.589 | | | | | | |
| 8 | 0.343 | 3.432 | 95.021 | | | | | | |
| 9 | 0.308 | 3.078 | 98.098 | | | | | | |
| 10 | 0.190 | 1.902 | 100.000 | | | | | | |

注：提取方法为主成分分析法。

第一个因子对 $X_4$、$X_5$、$X_6$、$X_{11}$、$X_{12}$ 有较大载荷，这 5 个指标分别从基础设施、服务设施等角度反映企业社区的生活舒适程度，因此将第一个因子命名为生活舒适度因子（$F_1$）。第二个因子在 $X_8$、$X_9$ 上有较大的因子载荷量，$X_8$ 容积率、$X_9$ 建筑密度以定量的形式体现了企业社区在空间上的分布情况，因此将这两个指标命名为空间形态因子（$F_2$）。第三个因子对 $X_1$ 距交通干道的距离、$X_2$ 距地铁站口的距离、$X_3$ 距公交站点的距离有较大的因子载荷量，它们都是衡量企业社区交通出行的便利程度并间接反映企业社区的空间区位，因此将这 3 个指标命名为交通区位因子（$F_3$）。其中，公共服务设施完备度对生活舒适度贡献最大，社区内建筑密度对空间形态贡献最大，社区距交通干道与公交站点的距离对交通区位贡献最大（表 7.16）。

**表 7.16 标准化因子载荷**

| 测量 | 维度 | 测量指标 | 标准化因子载荷 |
|---|---|---|---|
| 企业社区空间再生产（更新）潜力评价 | $F_1$ 生活舒适度因子 | $X_4$ 路网密度 | 0.770 |
| | | $X_5$ 人口密度 | 0.744 |
| | | $X_6$ 住宅地价实现水平 | 0.818 |
| | | $X_{11}$ 公共服务设施完备度 | 0.903 |
| | | $X_{12}$ 生活服务设施完备度 | 0.819 |
| | $F_2$ 空间形态因子 | $X_8$ 容积率 | 0.830 |
| | | $X_9$ 建筑密度 | 0.871 |
| | $F_3$ 交通区位因子 | $X_1$ 距交通干道的距离 | 0.778 |
| | | $X_2$ 距地铁站口的距离 | 0.781 |
| | | $X_3$ 距公交站点的距离 | 0.632 |

为了对 10 个二级指标进行综合评价，需要计算 10 个公共因子的因子得分。本部分采用回归法计算因子得分，得到因子得分系数表，并在此基础上计算综合分值，得到企业社区更新潜力公共因子得分和综合得分情况。

最后，结合表 7.17，通过 Score 过程，分别计算公因子得分和综合得分。企业社区更新潜力综合得分 $F$ 的计算公式为

$$F=0.5375\times F_1+0.2509\times F_2+0.2125\times F_3 \tag{7.4}$$

**表 7.17　成分得分系数矩阵**

| 指标 | 成分 | | |
|---|---|---|---|
| | 1 | 2 | 3 |
| 1 距交通干道的距离 | 0.040 | –0.051 | 0.465 |
| 2 距地铁站口的距离 | 0.050 | 0.004 | 0.477 |
| 3 距公交站点的距离 | 0.035 | 0.160 | 0.406 |
| 4 路网密度 | 0.213 | 0.124 | –0.023 |
| 5 人口密度 | 0.212 | 0.102 | 0.005 |
| 6 住宅地价实现水平 | 0.282 | –0.150 | 0.135 |
| 8 容积率 | 0.001 | 0.495 | 0.066 |
| 9 建筑密度 | –0.038 | 0.521 | 0.031 |
| 11 公共服务设施完备度 | 0.283 | –0.051 | 0.056 |
| 12 生活服务设施完备度 | 0.254 | –0.085 | 0.015 |

注：提取方法为主成分分析法；旋转方法为凯撒正态化最大方差法。

### 4. 结果分析

从生活舒适维度的空间分布来看，生活舒适维度具有高潜力的社区紧邻城市内城区，以莲湖区为主，占高潜力社区的 83%；中等潜力社区则主要分布在莲湖区（38%）与新城区（32%），共占 70%；低潜力社区分布距市中心（钟楼）较远，分布于莲湖区的西侧（25%）、新城区的东侧（25%），以及灞桥区（21%）与未央区（20%）。生活舒适度的更新潜力分布呈“凸”字形结构（图 7.16），低潜力的社区主要集聚在西安北郊和钟楼东西方向的外围地区，中高潜力的社区主要集聚在西安钟楼附近和南侧的近中心区。

具有空间形态更新高潜力的社区主要分布在莲湖区（85%）；中等潜力社区紧邻城市内城区，以新城区（36%）、莲湖区（20%）与碑林区（18%）为主，共占全部的 74%；低潜力社区集聚在雁塔区（26%）、新城区（24%）及碑林区（21%），占全部的 71%。从空间形态更新潜力的空间分布来看，空间分布规律显著，呈现出西高东低的分布格局（图 7.17）。进一步研究发现，企业社区的空间形态更新潜力受到其所属企业运营情况的影响，运营情况良好的企业，其容积率、建筑密度较高，因此社区的空间形态更新潜力

较低；对于周转困难、面临倒闭或已破产的企业，其社区的空间形态更新潜力则较高，这一结果与实地调研情况相符。

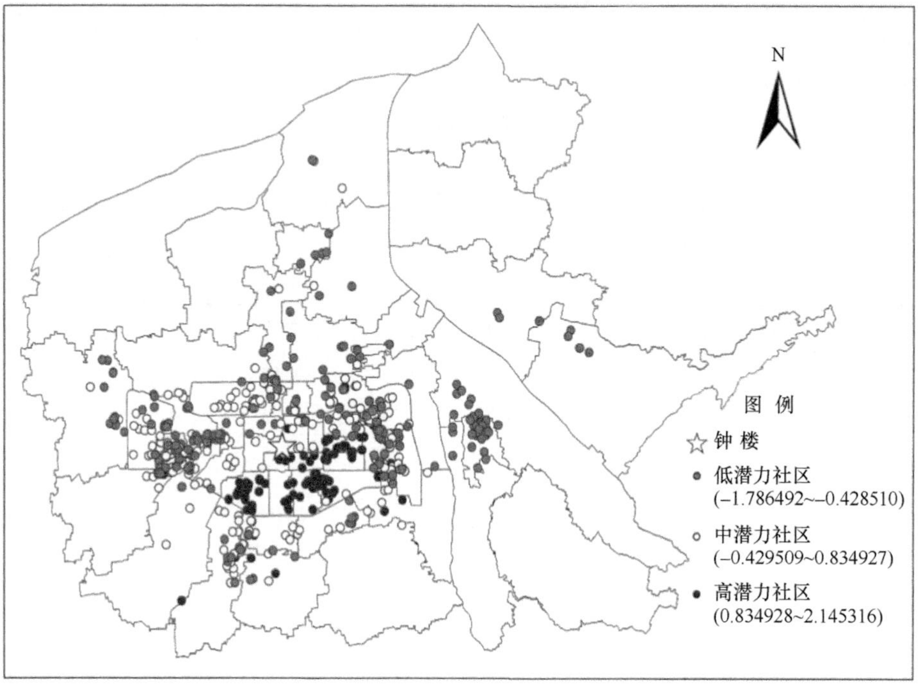


图 7.16　生活舒适度更新潜力的空间分布

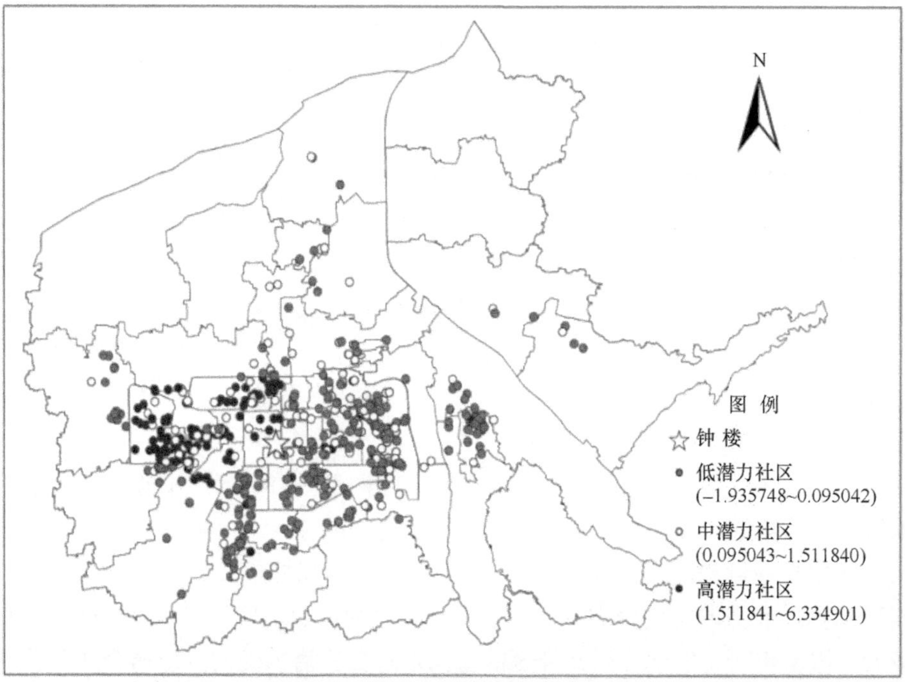


图 7.17　空间形态更新潜力的空间分布

交通区位方面，具有高潜力的社区集聚分布在钟楼附近，以碑林区（29%）、莲湖区（20%）为主，二者占全部的49%；中等潜力社区较为均匀地分布在城市6个主城区，其中以莲湖区（34%）与碑林区（19%）为主，共占53%；低潜力社区集中分布在新城区（38%）。三种等级的因子较为均衡地分布在6个主城区内，空间规律性并不十分显著（图7.18）。

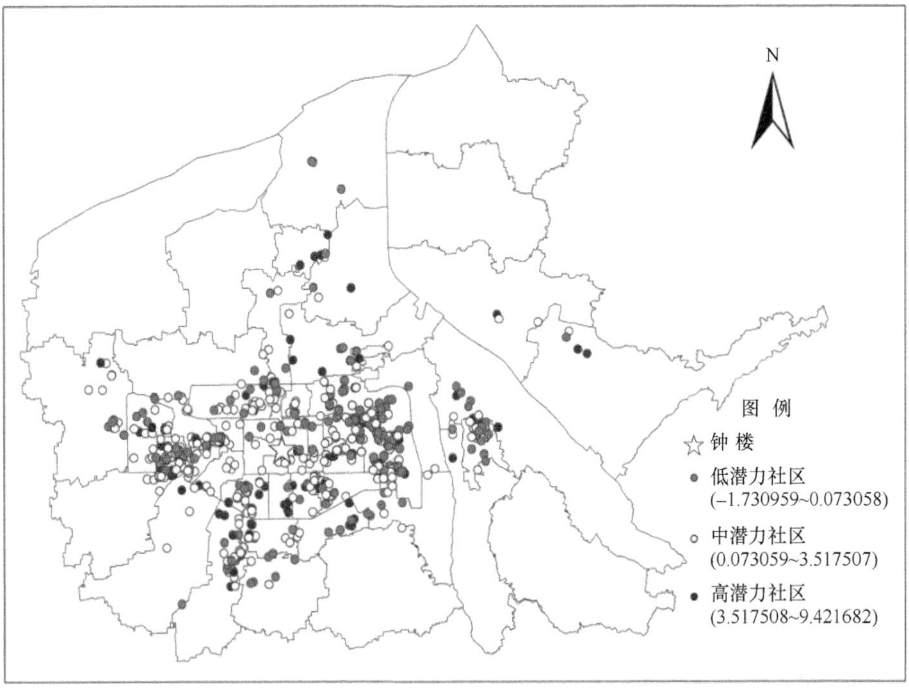


图 7.18　交通区位更新潜力的空间分布

通过将地铁站点、公交站点、市内一、二级道路数据叠加分析可知，从交通区位维度看，更新潜力低的社区距交通干道、地铁站口、公交站点的距离较远，该类型社区全部位于交通区位因子核密度的非聚集区，中等潜力社区则主要位于市一级路的核密度集聚区，交通维度更新潜力高的社区则与交通区位因子的核密度集聚区基本重合（图7.19）。具体分析可知，碑林区与莲湖区位于西安市主城区的地理中心，具备行政、文化、商业等城市功能，交通区位维度更新潜力高的社区主要分布于碑林区与莲湖区；潜力中等的社区主要分布在二环以内，并且分布趋势接近市一级道路核密度，这主要是由于西安市汽车保有量较高，因此市一级道路成为影响中等潜力社区分布的主要因素。

对 $F$ 值用自然断点法将所得结果划分为高、中、低三个等级，进而得出西安企业社区更新潜力综合得分的空间分异格局（图 7.20）。空间上呈现不均衡分布状态，高潜力社区集聚于城市内部，并主要分布在钟楼的南部，低潜力社区分散在城市边缘，以灞桥区纺织城街道（15%）、新城区长乐中路街道（11%）最为明显，中等潜力社区较为均匀地分布在主城区内。

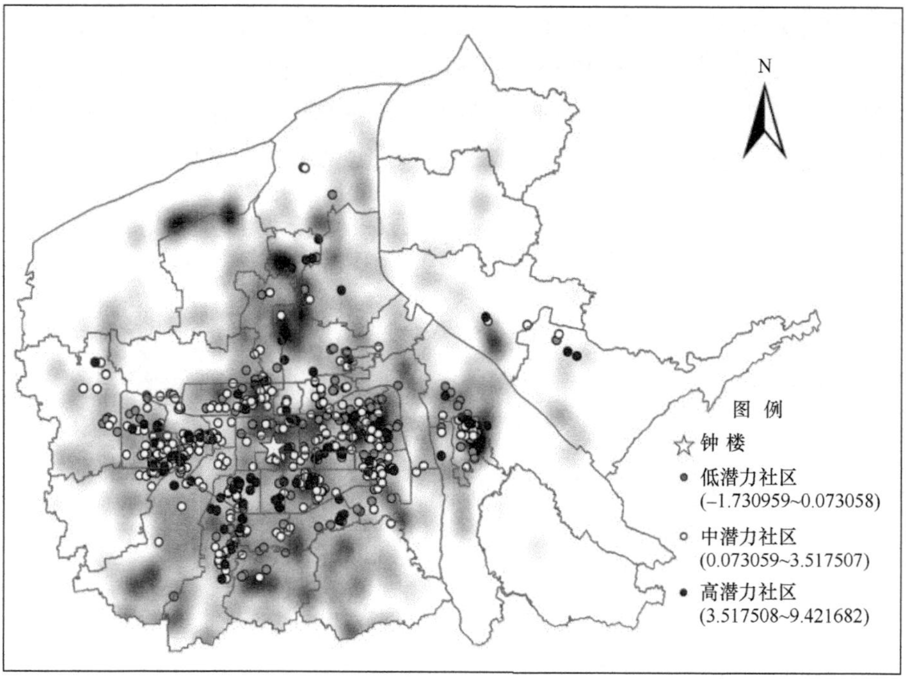


图 7.19　交通区位更新潜力核密度分析

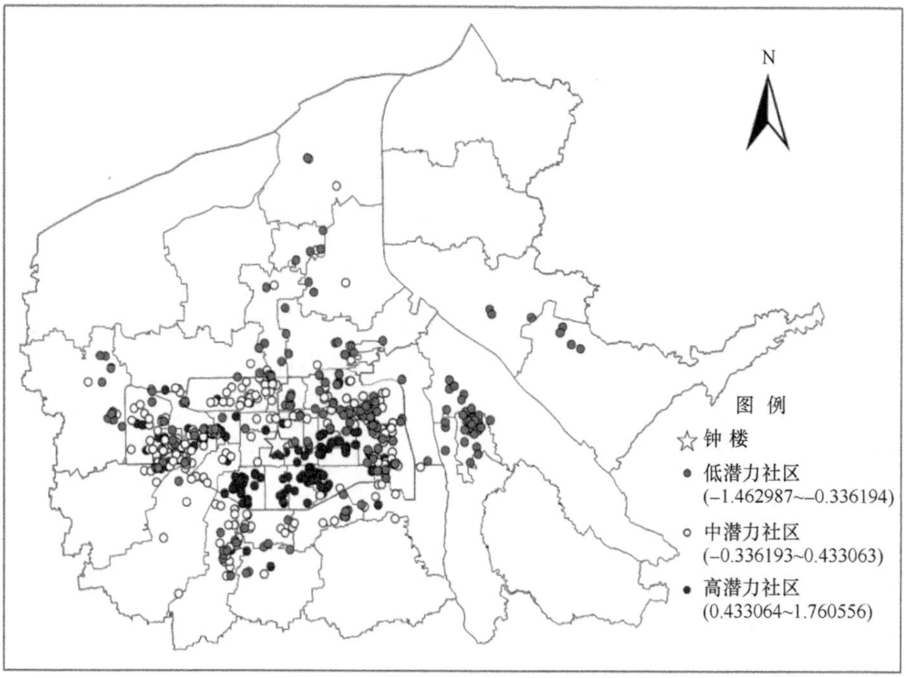


图 7.20　更新潜力综合得分的空间分布

结果表明，企业社区高潜力与低潜力社区各占总数的 25%与 33%，中潜力社区较多，为 42%。经统计，高、中、低三个等级更新潜力社区数量分别为 133 个、234 个和 184

个，分别占企业社区总数的 24%、43%和 33%。其中，高潜力社区总体分布在碑林区（69%）；中等潜力社区主要分布在莲湖区（41%）、新城区（30%）；低潜力社区总体分布在新城区（30%）、灞桥区（24%）和未央区（22%）（表 7.18）。

**表 7.18　西安企业社区更新潜力结构**

| 因子层 | 高潜力社区 | | 中潜力社区 | | 低潜力社区 | |
|---|---|---|---|---|---|---|
| | 个数 | 比例/% | 个数 | 比例/% | 个数 | 比例/% |
| $F$ 综合得分 | 133 | 24 | 234 | 43 | 184 | 33 |
| $F_1$ 生活舒适度因子 | 111 | 20 | 230 | 42 | 210 | 38 |
| $F_2$ 空间形态因子 | 121 | 22 | 184 | 33 | 246 | 45 |
| $F_3$ 交通区位因子 | 96 | 17 | 275 | 50 | 180 | 33 |

综合来看，莲湖区内的企业社区生活舒适维度、空间形态维度的更新潜力高。这与实地调研情况相符。莲湖区在明城以外，西安最早的城市发展片区。1950 年《西安市都市发展计划》中，在明城以西修建城市新区（现莲湖区），新区内工业与居住相间布置，形成了早期的西安城市空间结构。后在 1951 年修编的《西安市都市发展计划》指导下，西郊建成了最早的工业企业区，其代表企业有 3507 厂、544 厂等。莲湖区内存在的企业多已倒闭，其社区整体运营状况较差，主要体现在人口密度高、公共服务设施与生活服务设施难以满足需求，从而进一步致使该地区的住宅地价实现水平低，对土地价值产生极大的消极影响。通过实地调研发现，莲湖区企业社区居民老龄化比例高，社区内的建筑年代久远、建筑内部局促，“居民老龄化、建筑老旧化”的双老现象明显，进一步验证了更新潜力的评价结果。

新城区的生活舒适维度与空间形态维度的潜力总体为中等水平，主要由于“一五”计划期间，东郊“军工城”布置时采用“集中工厂区和集中居住区相邻布局，各项服务设施与基础设施配套建设”的原则，这一原则为新城区的基础设施发展奠定了良好基础。同时，由于新城区在整个西安市优良的区位条件，促使了其内部的更新开发建设不断推进，但由于新城区内包含多个历史文物保护单位，加大了更新推进难度，导致仍有部分社区没有进行更新，且新城区内企业社区作为早期建设的企业社区（如军工厂企业片区），其社区内部的空间形态仍为早期的居住空间布置格局，因此，具有很大的更新潜力。最终形成新城区的生活舒适维度、空间形态维度更新潜力中等水平的情况。

碑林区为高潜力社区集中分布区域，同时也是该区企业社区分布的主要类型，更新时应作为一期更新对象；莲湖区以中潜力社区分布为主，存在部分低潜力社区，少数高潜力社区，应为二期更新时的主要考虑对象；新城区与雁塔区同为中潜力社区为主的区域，但不同于莲湖区，二者内部存在部分高潜力社区，可作为二期更新的优先考虑对象（图 7.21、图 7.22）。未央区与灞桥区均以低潜力社区为主，应作为三期更新的主要对象，其中，未央区存在部分中潜力社区，可考虑作为三期更新的首要目标。

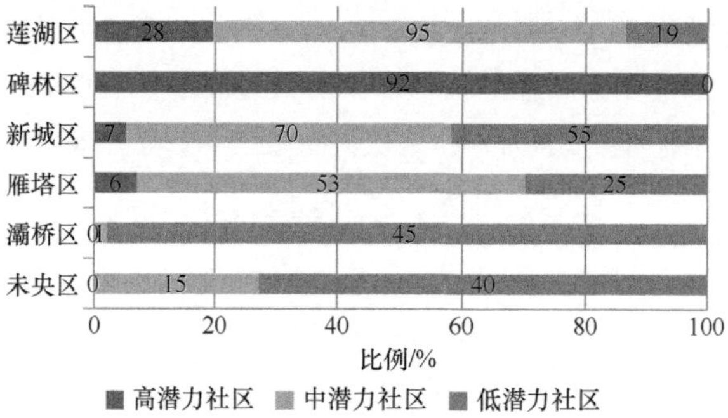


图 7.21　西安市主城区各辖区企业社区可更新潜力情况

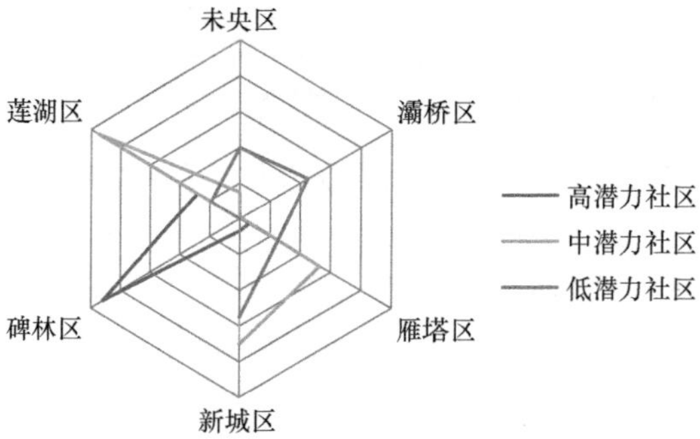


图 7.22　西安市主城区各辖区企业社区更新潜力雷达图

为进一步探究不同维度之间更新潜力等级的关系，将生活舒适度、空间形态、交通区位的评价结果统一划分为三级，通过不同维度之间高、中、低更新潜力的对应关系来发现其尺度关联特征（图 7.23）。生活舒适度-空间形态维度上，生活舒适度维度的高、中、低三个等级中，分别有 8.3%、33.2%、53.4%的企业社区与空间形态维度的相应等级对应；生活舒适度-交通区位维度上，生活舒适度维度的高、中、低三个等级中，分别有 27.5%、54.7%、37.6%的企业社区与交通区位维度的相应等级对应；空间形态-交通区位维度上，空间形态维度的高、中、低三个等级中，分别有 21.5%、51.1%、38.6%的企业社区与交通区位的相应等级对应。总体而言，生活舒适度与交通区位之间、空间

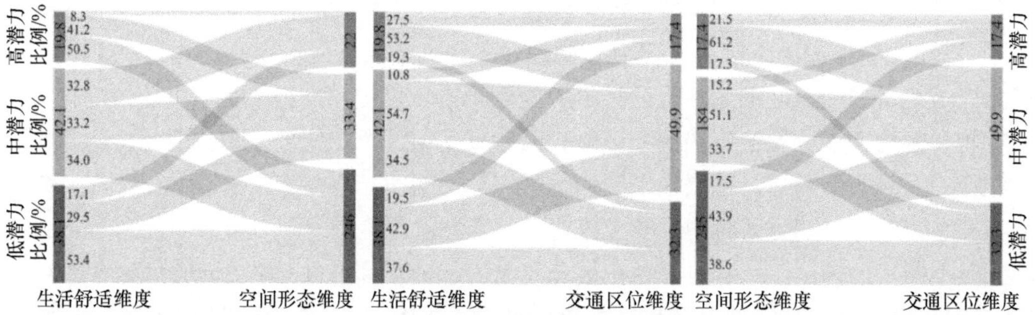


(a) 生活舒适度-空间形态维度　(b) 生活舒适度-交通区位维度　(c) 空间形态维度-交通区位维度

图 7.23　不同维度更新潜力等级对应关系

形态与交通区位之间的对应关系最为显著，生活舒适度与空间形态之间的对应关系并不十分显著。

**5. 结果认识与讨论**

企业社区空间再生产（更新）潜力是针对企业生活区这一特定的居住土地利用方式的特点，在目前的技术经济条件、城市规划及相关法规要求下评价未来潜在的更新能力，以此衡量该企业社区在未来一定时间段内的增值性和发展性。整合评价流程、数据来源，构建企业社区更新潜力评价体系，包括明确评价单元、整理背景资料、确定因子关系、构建评价模型、筛选指标数据、选择评价方法、计算结果并分析等七个步骤。企业社区更新潜力评价的主要维度为生活舒适、空间形态、交通区位三个维度。对西安市 6 个主城区中的企业社区进行更新潜力评价，得出各个辖区的企业社区更新潜力空间分布结果。空间上呈现不均衡分布状态，高潜力社区集聚于城市内部，并主要分布在钟楼的南部，低潜力社区分散在城市边缘区外围，以莲湖区、灞桥区最为明显，中等潜力社区较为均匀地分布在主城区内。

本书引入 POI、AOI、建筑轮廓等多元数据，构建企业社区更新潜力评价指标体系，增加评价指标的全面性。利用因子分析方法，避免各指标的相关性问题，获得了较为客观的权重，并得到企业社区更新潜力评价指数，利用自然断裂法将企业社区分类为低更新潜力社区、中更新潜力社区、高更新潜力社区。社区更新潜力是社区的一种属性特征，社区更新潜力评价可以很好地实现不同社区之间更新潜力程度差异的比较，对有针对性地开展社区更新规划具有重要意义。除社区更新潜力评价外，还需要进一步开展社区更新潜力影响因素、驱动机制、更新预测等内容的研究，并结合大量实证分析，才能真正构建起企业社区更新潜力的理论方法体系。评价企业社区更新潜力，分析企业社区更新潜力的影响因素，揭示存量更新背景下城市企业社区更新潜力的规划策略是需要进一步开展的研究内容。

## 7.5 企业社区空间再生产类型

企业社区与外部环境紧密相关，受区域发展影响大。本节将企业社区空间再生产划分为社区自身的原场所空间再生产和以社区为中心的街区或片区的区域空间再生产。同时，企业社区原场所的空间再生产表现为居住功能为主和居住-经济复合功能为主的两种功能导向类型，企业不同运营情况下的社区居住功能又呈现出一定差异，根据这些要点对原场所的企业社区空间再生产进行再次划分。

### 7.5.1 原场所的空间再生产

**1. 居住功能为主的空间再生产**

市场经济体制改革后，企业附属的医院、学校、商业设施几乎已经全部撤出社区内部，大部分企业社区的主要功能仍以居住功能为主，在物质、社会、精神三方面都呈现出以下同质化特征。

物质方面，社区内部仍存在许多建设于 20 世纪 50～60 年代的居住建筑，这些建筑被称为“单身楼”和“母子楼”等，供不同需求的职工使用，此类建筑往往没有独立产权，现在仍需要职工缴纳少量租金才能租住，但其建筑质量、格局等已不能很好地满足一家多口的日常生活需要。部分建筑进行过楼体加固、上下水整修、外墙亮化、老化电路检修等基础改造，也有部分楼栋是将原有建筑拆除在基址上进行重建。社区内部保留公共活动空间、绿地、室内活动场地等计划经济时代的公共设施，增加了健身器械等设施，满足居民居住以外附属的休闲娱乐需求。社区平面上仍保持原有的肌理，整体空间布局变化较小（图 7.24）。

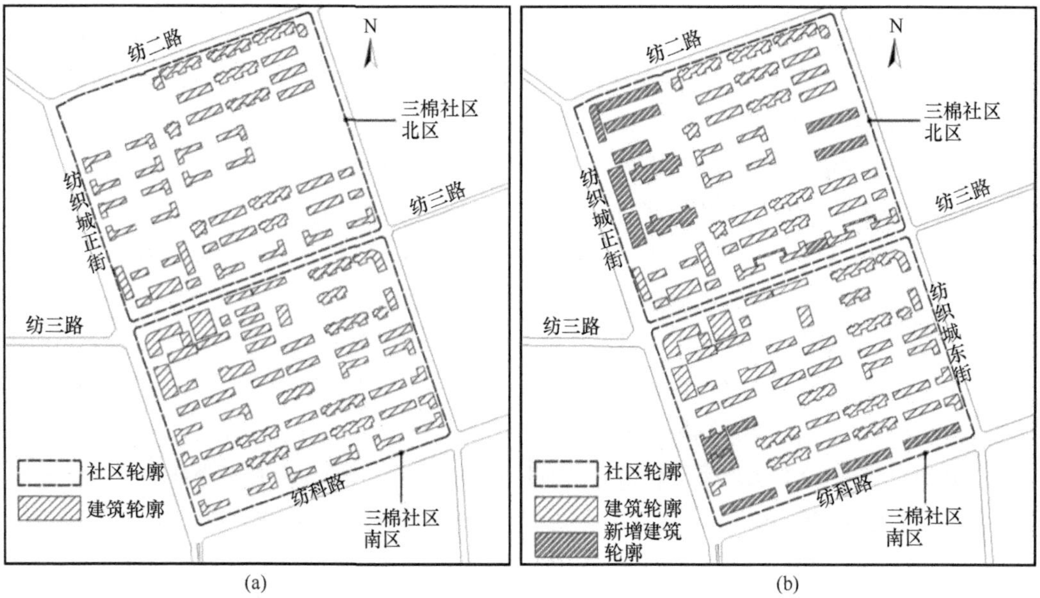


图 7.24　西安市纺织城三棉社区 2004 年（a）、2019 年（b）平面肌理变化

社会方面，无论企业处于怎样的运营状况，企业社区始终存在着较为良好的邻里关系，这是其他商品小区少有的特征。在调研过程中，社区内常见邻里三五成群在公共空间进行运动、聊天、下棋等日常互动活动（图 7.25）。另外，虽然许多企业原有的职工医院、子弟学校等已被政府接管而社会化，但居民仍然出于信任和习惯，常在原企业的职工医院就医，选择让子女或孙辈就读于子弟学校。社区的管理方由企业的后勤部门转向社会化的物业公司，市政供水、供电、供暖和物业管理费用相较于计划经济时期增加了社区居民居住成本。

精神方面，相较于计划经济时期职工一致为了企业生产和集体事业奉献有所不同，经济体制改革后的企业社区形成了不同的空间精神。受到市场化改革的冲击，企业已不再适应于不考虑市场需求、按计划和要求生产的模式，部分企业衰败，社区内居住的职工

图 7.25　企业社区居民的日常活动场景

大量下岗失业，开始为了谋求生存再就业的过程，居民的心态从当初的坚定信念和情怀转变为面对现实生活和岁月变迁的巨大落差。据调查反映，大部分居民仍然希望社区的管理和运营能够维持计划经济时期的功能齐全、低生活成本的模式，但现实并不遂人意，企业社区空间逐渐成为一个市场化的现实社会空间，企业维系的集体人居住空间向居民关系疏离，缺少企业文化和凝聚力的社会人聚居空间转变。

社会经济迅速发展，企业社区内部已与外界形成日益鲜明的对比，随着社区老龄化的加剧，居民开始关注生活空间和居住空间质量，渴望维护权益、改善居住条件、争取更高的生活质量，共同的期望和希冀重新构成了社区的精神诉求。当老职工的后辈逐渐适应并融入了开敞式的社会空间和城市空间，有经济能力的群体逐渐搬离老旧的企业社区，退休职工成为留守和看守的角色。

企业不同的现状导致了以居住功能为主的空间再生产类型也存在一定程度的分异，具体如下。

1）企业在生产的类型

企业仍在生产的社区往往在物质、社会、精神方面都呈现出良好的势态。由于企业仍会提供维护社区运营建设的资金，社区的物质空间呈现出持续发展的有序态势，资金充足的企业对老旧的建筑进行更新，将 20 世纪的居住建筑进行部分拆除（极少社区全部拆除），重新建设为高层建筑，房屋建筑面积增大，住房格局也发展为两室一厅、三室两厅等户型，配备有相应的地下停车场、室外活动场地，并对高层建筑周边的地面进行硬化、绿化改造。随之社区的整体格局发生改变，与单一功能且封闭的商品房小区逐渐趋同，这打破了工业企业社区原来特有的空间肌理（图 7.26），对一些工业旧址造成了一定程度的破坏，但无疑对居民生活质量和住房水平提高产生了巨大帮助。

居住模式的转变使得居民之间的关系发生变化。社区内的部分居民搬迁至高层或新建多层住宅（图 7.27），这些建筑不具备筒子楼特征，缺少邻里之间可以彼此方便交往的开敞公共空间，失去了这类社交场所的邻里关系不再像过去那样密切，下班后一起在走廊做饭、闲聊等社交场景不复存在。许多居民之间仍为熟识的同事关系，他们会自发组织休闲娱乐活动，以满足社交需求。社区居民中有部分在职员工，收入稳定，消费水平较高，退休职工也能享受到企业带来的关怀和福利，在这类企业社区中鲜有怨声载道的声音，调研表明，居民认为其平均生活幸福水平较高，对生活现状满意。

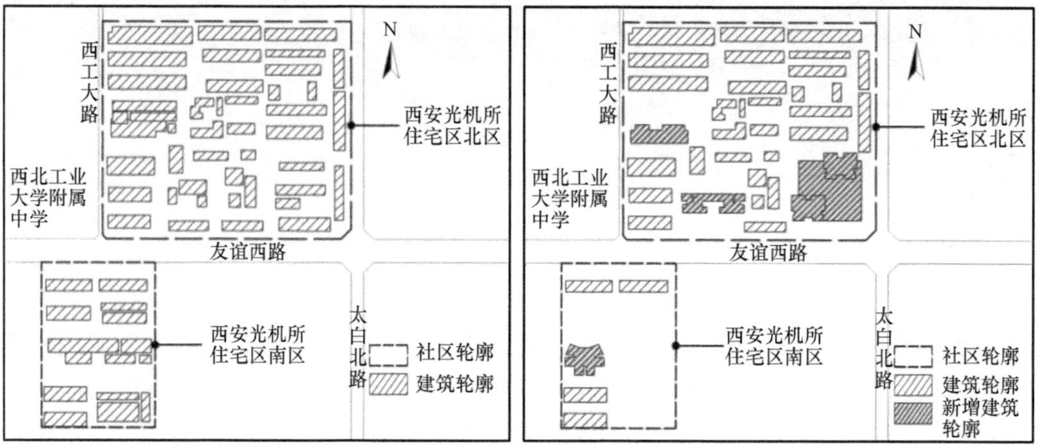


(a) (b)

图 7.26　西安光机所住宅区 2000 年（a）、2018 年（b）平面肌理变化

图 7.27　企业在运营的社区风貌（西安、宝鸡）

从精神再生产的层面上看，企业文化仍在维系与发展，无论是订单式生产情况，还是企业未来发展方向都是职工和居民的日常话题，大家仍有共同的奋斗目标，社区居民关系相较于其他再生产类型更有凝聚力。不同于计划经济时期的是，除了企业发展这一共同目标外，社会的发展使居民开始对物质生活的质量提高要求，从而更加关注社区环境和服务。虽然社区的功能已不再像计划经济时期一样齐全，但相对良好的社区环境使得居民更好地适应了当前的居住模式，弥补了居民对社区功能缺失的不满。

2）企业破产的类型

企业破产后的社区无论是物质、社会还是精神方面都呈现出明显的衰败状态。由于企业已经完全退出社区管理与投资，企业社区的更新改造无资金来源和统一管理，大部分 20 世纪 50～80 年代的建筑保持原貌（图 7.28），缺乏维护和修缮，居民的居住条件日益老化。外部物业公司接管后，物业管理费用的增加与服务质量形成鲜明对比，且物业仅负责企业社区的日常维护，不涉及建筑整修、社区更新、社区公共设施增添，这些都让居民产生不满。

图 7.28　保持原貌的企业社区建筑

企业的破产直接导致职工失业下岗，居民收入水平相较过往和社会上而呈现相对的下降，国有工业企业工作性质和内容单一，使得过去教育文化程度偏低的下岗居民生存技能少，难以找到适合和高收入的工作，再就业困难，居民整体收入水平低下，可能形成新的城市贫困社会空间。

在调研过程中，笔者谈及对未来生活的期待时，企业社区原厂部分职工受访者往往表现出复杂的情绪，他们既怀念过去激情昂扬的岁月，同时也感叹时光的流逝和社会的快速发展变迁，渴望被关注，也安于平静的社区生活。也有极少部分破产企业社区由社区管理部门牵头、居民集资，进行社区更新改造或建筑重建，由社会物业公司对企业社区进行管理维护，使得居民居住水平得到保障，如陕西钢铁厂家属区。但此类集资建房的社区往往对外销售部分住房，使社区内部人口杂化，缺少了企业的凝聚力后居民之间的关系逐渐冷漠，失去了企业社区原有良好的邻里关系。

3）企业被兼并的类型

该类型企业社区的空间再生产结果由兼并后企业的发展势态和管理决定。调研中发现，由于会加重企业负担，部分兼并企业对原有企业的社区持“三不管”态度，这些社区的物质空间再生产结果多为维持原貌或稍加改造的状态，仍然大量保留社区建设初期的居住楼房，少部分更新改造，建筑新旧并存，公共环境缺乏维护（图 7.29）。

图 7.29 新旧并存的企业社区建筑

社区物业由兼并后的企业后勤部门或社会物业公司管理，与其他类型类似，物业管理的好坏与否也与企业运营状况息息相关。兼并后的社区居民人口构成仍为原企业职工居多，所以居民间互相熟知的人际关系得以保留，如宝鸡制药机械厂家属区。

这类企业社区在精神空间再生产结果上与其他类型产生强烈分异，在调研过程中发现，原企业职工对兼并前的企业非常怀念，他们曾经为企业生产奉献了自己的青春，非常熟知原有的工作生活模式。兼并说明了原企业的衰败，兼并后的工作模式、社区管理、收入水平都发生了一定程度的变化，出于对企业的依赖情节，职工往往难以接受这样的改变，从而产生失落的情绪但又无可奈何。

**2. 居住-经济功能导向的空间再生产**

按功能划分的另一种原场所空间再生产类型为复合功能的空间再生产，主要以居住-经济两大功能结合为主。由于居民对商业设施的诉求和房地产开发商对老工业旧址的潜力挖掘，社区内部部分建筑或临街裙楼被改造为商业空间和商业开发用途。在社区内部，因为商铺面积小、租金低，一般为小型餐馆、便利店、蔬果店等小型商业设施（图 7.30），旨在为居民生活提供更多便利。

图 7.30　企业社区内部商业设施

也有企业社区将临街的 20 世纪 50 年代建筑改造为具有文创功能的现代商业街区（图 7.31），既满足了不同人群的消费需求，又通过这种方式保留了苏联制式的老建筑，将具有保留价值的建筑更好地融入城市整体风貌中，但建筑功能的改变使得绅士化零距离地

图 7.31　西安市纺织城三棉社区北区改造后的临街建筑与主出入口

进入社区，低收入居民并不能享受到此类改造带来的便利，反而与自己的居住环境形成鲜明对比，所以他们对此往往持漠不关心或稍有反对的态度。

## 7.5.2 区域空间再生产

以社区为中心的成片区域空间再生产会随着自然本底、地理区位、社会状况、企业的不同态势，以及城市或街区规划、政策等，呈现出不同的结果，社区的发展结果和区域息息相关。西安纺织城是西北第一印染厂，西北第三、第四、第五、第六棉纺织厂等破产企业及其社区形成的城郊片区，空间相对独立，整个区域物质空间再生产相对简单，区域发展的落后也带来了社区环境的不佳。该区域内数个社区得不到更新改造，居民整体收入水平低，出现商贸衰退、交通不便、居民心理不平衡等问题。因为消费水平较低，整个区域大型商业综合体少，商业设施以满足居民日常生活需求为主的集市、摊贩、小商铺居多，而且该区域相较于其他片区来说内外交通不够便利。受访者认为自己所居住的社区与周边其他社区进行对比，有微小的差距，但“破败”是各个社区的居民对纺织城整个区域认知的共识（图 7.32）。

(a)

(b)

图 7.32　西安市纺织城（a）与电子城（b）空间再生产结果对比

与纺织城形成对比的西安电子城区域，由于相关企业运营良好，地理位置优越，整个区域建筑风貌、居民收入、外部交通、商业医疗教育设施都呈现较高水平（图 7.32），以二一〇所生活区、二〇六所生活区、六二三所家属院为代表的社区居住水平、居民收入、居民文化程度普遍高于纺织城，社区居民大多认为生活幸福感高，在采访过程中积极表示满足当前的生活。

西安韩森寨（“军工城”）幸福路区域则是由城市规划改造而呈现出良好的空间再生产结果的典型案例。由于“幸福林带”这一大型商业休闲综合体的建设，幸福路区域整体物质空间呈现出飞跃式的提升。部分老旧小区由于建设需求被拆除，居民迁居至企业新建小区或安置房小区，社区环境水平显著提高。另外，这一综合体的建设使区域居住、商业、医疗、教育水平随之提升，出现绅士化现象，同时也提供了大面积休闲休憩的室内外场所，狭小社区内不能满足的社交、休闲、娱乐等活动转移至“幸福林带”进行，带给居民的便利显而易见。但韩森寨地区的部分企业不景气或破产，使社区居民的收入水平不能适应绅士化后消费水平的提升，区域的整体提升既带给居民更便利的生活和良好的居住环境，也带给他们巨大的心理落差。

## 7.6　企业社区空间再生产机制

正如 7.1 节中所提到的，在市场经济发展过程中，城市空间随着时间自然而然发生变化，形成了较明显的城市空间的再生产。其中，全球化的外因与国家制度的内因共同作用，使得城市的经济发生结构性转变、城市化进程加快，相应地，城市的物质、社会和精神空间开始解构并重构。这一重构过程在企业社区中体现得更为明显。可以说，企业社区空间再生产是城市转型在空间上的投影，它展示了城市转型的物质、社会、精神空间的演替过程。因此，分析企业社区空间再生产的内在形成机制，对于揭示我国快速城市化地区步入城市转型阶段的空间再生产状况与丰富转型新阶段的城市治理理论均具有一定的理论贡献和现实意义，也对进一步理解深度城市化转型、城市经济升级、空间活动的社会化内涵优化等提供了新的视角。

### 7.6.1　企业社区空间再生产作用机理

典型的企业社区空间再生产出现在我国经济发展、国企改革的转型时期，是一个过程，更是一个结果，是各种有形与无形空间的再构，是政策影响、经济改革、市场开放、企业转型、居民构成变化与意识形态、价值观念等各种因素作用于企业社区与生产活动，进而影响社区的物质、社会和精神空间质量及变化。

在计划经济转向市场经济的过程中，政策变化、经济改革等导致企业运营状况参差不齐，但是无论企业正常运营还是破产倒闭，它们都不再是过去的那个企业。企业社区也受到影响，如社区物业与企业社区的权属关系逐渐脱离，这一方面减轻企业负担，另一方面也通过市场促进物业管理服务水平的提高。这些都属于空间再生产的表现形式，其背后的共性是近些年经济发展到一定阶段，城市向外拓展趋势减缓，内城空间质量受到政府重视与市场影响，在政府政策引导与市场经济驱动的双重力量下，企业社区的空间再生产可以使其更好地发挥土地利用价值与空间潜力。

企业社区空间生产具有历史累积效应。计划经济时期的空间生产模式受苏联地域生产综合体等生产模式影响，以及时代背景下的政策导向，形成路径依赖，空间生产的结果大致相同，城市的生活空间基本由单位型社区组成。

改革开放以后，在市场经济的推动与政策的支持下，原有的社区空间在企业逐渐改变和分化后，出现明显的空间再生产和空间重构，城市生活空间开始丰富多元。在城市化发展到一定程度后，城市进入了内部空间矛盾激烈、土地利益各方冲突的深度城市化阶段。以往凭借工业郊区化与外延式拓展的城市化发展，在新时期呈现不可持续性态势，也带来了空间资源紧缺与土地利用低效等现实问题，制约城市实现高品质城市化，成为城市转型发展的阻力和瓶颈。企业社区物质、社会和精神空间的再生产是实现深度城市转型的重要途径。

## 7.6.2 企业社区空间再生产形成机制

### 1. 不同类型企业社区空间再生产

社区空间再生产是企业、政府及市场对原场所或原场所的一定区域范围内的居住生活空间的再生产活动。空间再生产可以从空间再生产导向、空间生产模式、产权主体、再生产驱动力，以及政府在其中的角色去分析不同类型的企业社区空间再生产形成机制（图 7.33）。

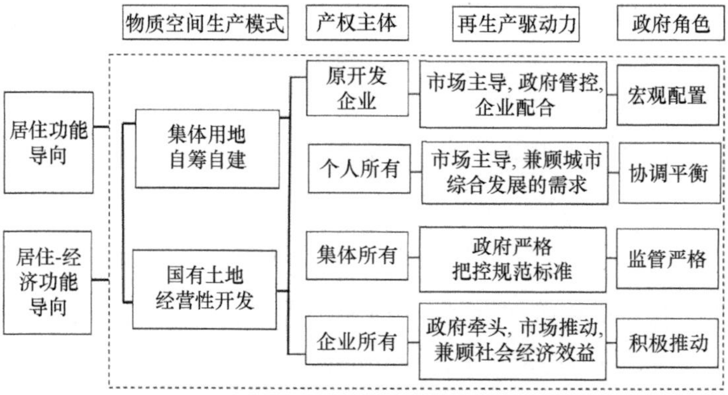


图 7.33 不同类型企业社区空间再生产

就居住功能导向与居住-经济功能导向的空间再生产而言，二者平衡了政府在城市转型过程对经济增长与区域、社会公平的兼顾和统一，满足了城市经济发展对新型居住、商业服务空间的需求，并加强了城市社会空间公平和公益性空间的供给。例如，具有丰厚历史文化内涵的企业社区空间再生产可以通过对原有空间的整治修补，提炼文化元素与内涵，发挥文化潜力价值，实现既有空间向工业遗产文化保护的方向转变，实现居住-经济空间功能的转变，提升空间潜在极差地租的收益等级。

空间生产模式主要为集体用地自筹自建与国有土地经营性开发。在计划经济时期，土地权属制度尚未完善，管理审批制度不明，导致权属复杂。企业社区在空间生产时，多为国有土地出让后进行土地经营性开发，也有个别企业社区位于郊区，土地属于集体用地，空间生产建设由企业自筹自建。

从产权主体与再生产驱动力之间的关系来说，企业作为原场所或区域性空间生产的开发者和综合运营管理者，对具体地块的空间再生产决策是基于区域协调和空间效益增值的角度进行考量。但若企业已破产倒闭或被收购，那么原有空间的产权主体所代表的利益集体则会被市场、政府边缘化于空间再生产活动之外，无法为集体的利益发声，更无法参与到空间再生产的资源再分配当中，而市场作为在整个空间再生产过程中的第三方开发者，是通过政府引入参与到空间再生产建设当中，在实现政府委托的城市环境品质提升、城市景观优化等城市发展目标的同时，获取自身的经济利益回报是第三方开发者的核心目标。政府在空间再生产过程中，并不介入具体再生产的过程，而是在战略层面通过与企业合作（如国资委与企业间的合作关系），间接地影响空间再生产的开发导向。政府作为城市公共服务产品的管理者，通过打造制度环境来增强自身影响力，从而在推进高效率的空间再生产的同时提升整体片区的城市环境品质，最终在一定程度上形成了反映管理者意愿的空间再生产结果（严若谷，2016）。政府对空间再生产的具体制度安排是政府推动城市发展、调解多种矛盾与驱动力的直接政策工具。政府由“放权”到“集权”的空间制度转向，是实现城市转型的良性发展的重要保障。学界已有基于不同理论视角下对空间再生产的研究（表 7.19）。

**表 7.19　不同理论视角下的空间再生产**

| 理论视角 | 绅士化 | 精明增长 | 再城市化 | 新城市主义 |
| --- | --- | --- | --- | --- |
| 理论内涵 | 旧区重建后引来较高收入人士迁入，取代原有低收入居住者，人群被置换，导致生产、生活方式改变 | 为用足存量空间，加强对现有社区的重建，用地功能混合，鼓励发展公共交通 | 城市中心区发展缓慢，甚至衰落，积极开发市中心衰落区，提升城市化功能与内涵 | 重建紧凑、混合使用的社区，对建筑环境进行重新整合，追求高质量的社区生活 |
| 对企业社区空间再生产的影响 | 居住隔离、社会分异与排斥 | 填充式再开发、集约节约利用土地 | 有机更新 | 交通为导向发展（TOD）、传统邻里街区发展（TND） |

## 2. 企业社区空间再生产形成机制

企业与其社区作为一项空间生产，是计划经济时期的特定国情与社会环境下所形成的特殊产物。这一路径选择是在当时经济发展阶段、建设技术手段与国际背景等内外因素综合考量下做出的复杂判断。改革开放以来，企业社区空间再生产受到国企改革、住房市场化、企业生产效益等社会、经济转型的影响。各个因素在整个再生产过程中相互影响，形成一个复杂的巨系统（图 7.34）。

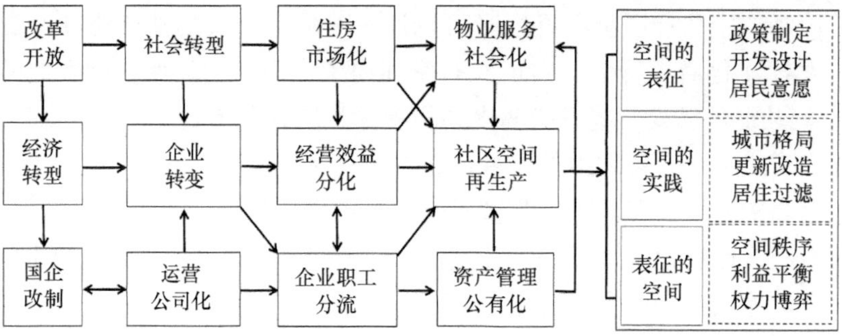


图 7.34　企业社区空间再生产形成机制

首先，宏观政策同时作用于企业与企业社区。宏观的政策改革影响着企业与企业社区的空间生产，其中最为明显的是国企改革与住房市场化。国企改革直接导致企业的运营状况分异，以往依靠政府“订单”才能维持运作的企业失去竞争力，纷纷破产倒闭。航天、电子、光电、军工等特定功能型企业或公共政策型企业，则随着国家的经济发展及战略变化而变化，追求经济效益的同时，也成为国家资源的重要组成部分。

其次，企业的改变作用于企业社区。受到企业运营的公司化及经营效益分化的影响，企业职工分流，部分职工下岗或买断工龄，部分职工低薪受佣。企业社区的居民仍以企业职工为主，企业通过运营公司化、经营效益分化，以及企业职工分流等方面间接作用于企业社区在物质、社会、精神方面的空间再生产。

最后，特定政策作用于企业社区。特殊时代背景下所产生的企业社区，享受着“企业办社会”的种种福利。2016 年《关于国有企业职工家属区“三供一业”分离移交工作指导意见》等针对企业社区的政策措施，使管理制度发生变化，物业服务社会化，去除企业办社会的重担，企业不再承担与自身主业发展不符的公共服务职能（专栏 7-1）。一方面，该政策保障了企业轻装上阵、公平参与市场竞争；另一方面，在当地政府的指导下，由业主选聘物业管理机构，将物业管理市场化，提升服务水平与质量。国资委下属的资产管理公司接手社区的资产管理，将原有企业所有的资产转变为社区共有的共享资产，社区空间生产发生转向。

**专栏 7-1　三 供 一 业**

三供一业即供水、供电、供热和物业管理。“三供一业”分离移交是指国企（含企业和科研院所）将家属区水、电、暖和物业管理职能从国企剥离，转由社会专业单位实施管理，是政策性和专业性较强、涉及面广、操作复杂的一项管理工作。有利于国有企业减轻负担、集中精力发展主营业务，也有利于整合资源改造提升基础设施，进一步改善职工居住环境。

### 7.6.3 企业社区空间再生产逻辑

在社区再生产中，空间的实践对应着权力对物理空间形塑重建的全过程。计划经济时期社区空间生产主要表现为三个方面：住房、商服设施完备的物质空间，具有封闭的空间特征；有着共同价值取向的社会空间，构成一个和谐的熟人社会；崇尚集体主义的精神空间，居民的精神追求纯粹、淳朴，一心为企业、为社会、为国家事业（图 7.35）。

空间的表征推动着空间的实践向前。空间的表征主要表现为三个层面对社区再生产进行规划构想，即政府层面的战略性的政策制定、市场层面的规划开发设计，以及公众层面的居民感知意愿，是为不同利益群体构想未来的空间、约定发展的目标，从而实现空间的再构。在空间再生产发展的过程中，政府政策、市场改革及居民选择多元因素影响着空间再生产的结果，是时间和空间的使用者、所有者、管理者对空间进行重构的过程，最终构建了表征的空间。

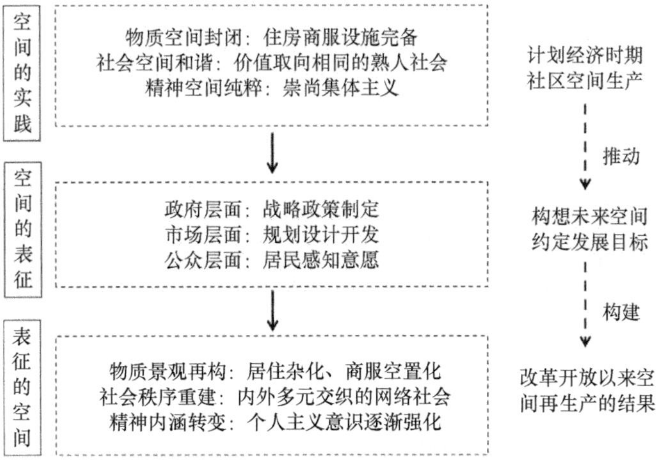


图 7.35　企业社区空间再生产逻辑

表征的空间即改革开放以来空间再生产的结果。具体表现为：物质景观的再构、社会秩序的重建及精神内涵的转变。以往封闭的物质空间向开放转变，居住景观杂化、商服设施空置化。与此同时，在社会空间上的体现是社会网络向着内外多元交织的方向发展。以往所崇尚的集体主义受到居住人口多元化的影响，个人主义逐渐强化，私人领域意识强化。企业社区空间的再生产是政府实现深度城市化转型、强化政府对空间的控制能力和深化政府对市场的管理能力的重要实践活动。社会、精神空间再生产附着在物质空间再生产的过程中，社会、精神空间再生产也影响着物质空间再生产的重构、转型的全过程。

## 7.7 本 章 小 结

企业社区空间再生产始于体制改革时期，无论是受到非政府主导的各种影响因素和作用力量导致的渐进式城市空间重构，或是在政府主导下有组织、有秩序的改造活动，都是市场经济发展在城市空间呈现的结果。

首先，本章从空间再生产、空间再生产与城市更新的关系，以及基于空间生产理论分别从物质、社会和精神方面阐述企业社区的空间再生产。其中，城市更新与空间再生产具有相似性，空间再生产良性演替、向好向上、优化发展的过程就是城市更新的过程。空间再生产则可以是好的、更优的，维持常态的，也可以是衰退、恶化等方向的演替或重构。

企业社区空间再生产是指我国市场经济改革后，国企改革、住房改革等一系列内外因素和力量作用于企业社区，使之在原场所或以社区为主体的区域空间表现出来的物质、社会、精神等方面的重新建构。突出表现为住房分化、居住景观杂化、公共服务设施外向化、土地利用集约化、环境卫生差异化的物质空间再生产；居民构成多元化、社区管理真空化、住房产权多元化的社会空间再生产，以及企业社区文化精神、邻里关系、居民归属感和依恋情结的精神空间再生产。研究企业社区空间再生产，试图为城市内部空间进一步更新改造提供依据。

借用景观生态学理论，引入景观格局指数，结合 AOI 数据与 GIS 技术，构建城市企业社区空间再生产潜力的计算方法。以西安市主城区为案例区域，从城市层面测算了企业社区更新潜力达到 933.56$hm^2$，具有较大的土地更新价值。随着企业社区面积范围的增大，斑块类型数量呈现递减趋势，并且类型间企业社区数量差异显著，企业社区潜在更新的数量会随着面积的增大而减少。同样地，景观形状指数和斑块密度也呈下降趋势，企业社区斑块空间结构趋于简单化。

构建企业社区空间再生产（更新）潜力评价体系，明确企业社区更新潜力评价要素与数据方法，从区位条件、人口经济、环境质量、服务设施水平 4 个维度阐释了企业社区更新潜力的内涵，并使用因子分析法整合评价流程、数据来源，评价城市企业社区更新潜力状况。基于西安市主城区的实例来看，企业社区更新潜力在空间上呈现不均衡的分布状态，高潜力社区集聚于城市内部，并主要分布在钟楼的南部，低潜力社区分散在城市边缘区，以灞桥区与新城区最为明显，中等潜力社区较为均匀地分布在主城区内。

从社区空间的尺度、功能和企业态势等角度，分类分析企业社区空间再生产，结果发现企业运营情况影响物质空间和社会空间，运营情况良好的企业物质空间和社会空间发展多为良好，反之较差，进一步影响社区居民的地方认同感，从而形成不同的精神空间。这一结果完善了社区空间再生产的研究认识，为各类型社区的更新改造提供参考。

虽然空间再生产的表现形式有所不同，但其再生产机制是城市向外拓展趋势减缓，内城空间质量受到政府重视与市场影响，在宏观政策、企业改制、特定政策等多重力量作用下，企业社区的空间生产发生转向，其中空间的实践对应着权力对物理空间形塑重建的全过程；空间的表征即政府层面的战略性政策制定、市场层面的规划开发设计及公众层面的居民感知意愿；表征的空间即改革开放以来空间再生产的结果，即物质景观的再构、社会秩序的重建及精神内涵的转变。各个因素在整个再生产过程中相互影响，形成一个复杂的巨系统。

# 第 8 章

# 典型企业社区空间再生产

受“一五”计划重工业优先发展的国家战略影响，城市新布局的大中型国有企业建设带来大规模的工业用地需求，以及现代工业对新设备技术的采用，使得产业组织形式发生转变。生产专业化与生产协作是机械工业布局的一个重要因素。合理的专业化与协作是机械工业发展的必然趋势。发展生产专业化，完善相关部门的密切协作，可以大大缩小同类企业的规模、减少设备、扩大生产批量和提高工艺水平。因此，原有企业缺乏统筹与联系的分散式布局已不能满足发展要求，出现了按专业化分工和协作集中布局的工业区（肖轶和任云英，2015）。

西安市作为“一五”、“二五”计划及“三线”建设时期形成的老工业基地，分布有多个工业区与大量的老工业企业及社区（表 8.1），如东郊灞桥“纺织城”工业区、韩森寨“军工城”工业区、西郊“电工城”工业区等非行政区域（图 8.1），同时也存在 20 世纪 30 年代就开始生产并延续使用至 2000 年以后的大华纺织厂这类具有典型特征的独立企业。

**表 8.1　西安市部分企业社区名录**

| 区域 | 企业社区名称 | | | | |
|---|---|---|---|---|---|
| “纺织城” | 三棉社区南北区 | 三纺厂南北区 | 四棉社区振兴区 | 纺星社区 | 西纺社区 |
| | 四棉社区自强区 | 一印社区东西区 | 四棉社区互助区 | 四棉社区团结区 | 一针小区 |
| “军工城” | 昆仑三十五街坊 | 昆仑三十六街坊 | 华山二十街坊 | 华山十七街坊 | 秦川二十九街坊 |
| | 华山十六街坊 | 昆仑三十七街坊 | 昆仑十五街坊 | 昆仑十六街坊 | 秦川三十街坊 |
| | 黄河九街坊 | 黄河十街坊 | 西光十六街坊 | 西光十五街坊 | 东方三十一街坊 |
| “电工城” | 西开家属院 | 西变公司丰登小区 | 西瓷丰登路小区 | 甲楼大院 | 送变电社区 |
| | 西控 301 大院 | 西控公司二十五街坊 | 法士特家园 | | |

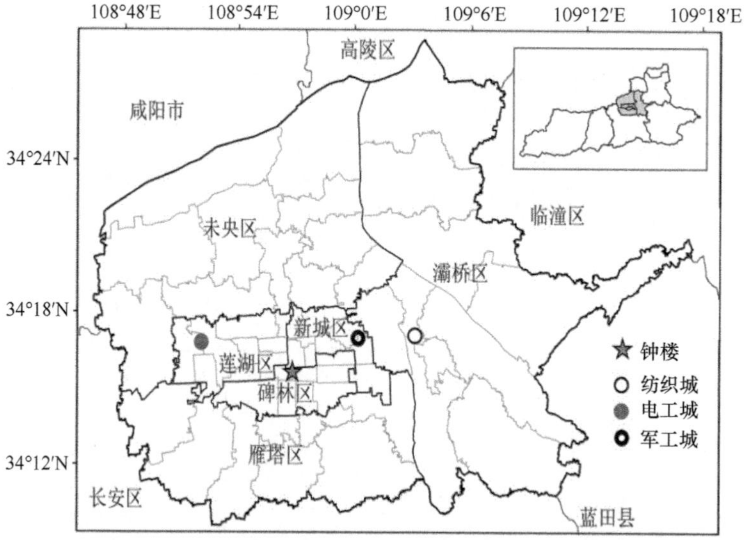


图 8.1　西安市典型企业社区空间再生产的区域分布

本章在2018～2019年所调研的西安市工业区及企业社区中，以社区发展历史充分、人口较多、面积较大、内部环境变化丰富为原则，选择大华纺织厂社区，“纺织城”：四棉社区互助区，“军工城”：秦川社区二十五街坊，“电工城”：法士特家园为样例，阐释典型企业社区的空间再生产状况，针对问题分析提出相应的发展建议。

## 8.1 大华纺织厂社区

### 8.1.1 企业与社区概况

大华纺织厂是西安市最早的纺织企业，也是西北地区首家机械纺织企业。“九·一八”事变后，东北沦陷，华北危机，国民政府颁布了一系列政策，一定程度上推动了中国西部边疆的建设与发展。在这一时代背景下，第一个登上西北地区近代民族工业舞台的就是大华纺织厂。

大华纺织厂的前身为大兴二厂。据大华博物馆历史资料，1934年，石家庄大兴纱厂到西安考察建厂条件，并决定建立大兴二厂。1936年3月，大兴二厂开始试车生产。开工时，有工人500人，熟练工人多从石家庄大兴、河南豫丰、武汉裕华等纱厂招收，又从汉口孤儿院选录了50名孤儿，其余工人在当地招收，管理、技术人员主要从石家庄大兴纱厂、武汉裕华纱厂调用。开工半年，月月都有盈余，销购条件也比其他地方优越，但规模不够，未能尽收其利。1936年大兴公司与裕华公司联合改组，苏汰余任董事长，石凤翔任总经理，名称改为“大华”二字取大兴、裕华两公司合办之意，同年将西安大兴二厂改名为“长安大华纺织厂”。

大华纺织厂建成投产一年后，抗日战争全面爆发，企业开始生产军需，共赴国难。该厂在抗日战争中发挥了极其重要的作用，曾遭到日军飞机的三次轰炸，具有极高的历史价值。1939年10月11日，大华纺织厂第一次遭受日军轰炸，为了加紧修复，避免再遭损失，大华纺织厂部分西迁。抗日战争时期，大华历经艰辛、三起三落，仍然顽强地生存下来。

新中国成立以后，国家有计划地建设纺织新基地。1951年大华纺织厂实行了公私合营，并扩大生产规模，职工生活获得改善，企业获得新生。1966年12月收归国有，企业改名为“国营陕西第十一棉纺织厂”，在四十余年的国营时期，企业多次进行技术改革，开展技术革新，成为计划经济时期国民经济的主要支柱。2008年因负债累累、无力回天，申请政策性破产（表8.2）。其旧址于2011年入选第三次全国文物普查“百大新发现”之一，是近代工业文明遗产地。

现在的大华1935是西安著名的工业遗址景区，利用大华纺织厂所拥有的工业厂房建筑、纺织机械设备、旧仓库等工业景观，以及其企业社区遗留下来的纪念物，与现代消费文化相结合，把曾经的大华纺织厂转化为集博物馆、文化艺术区、餐饮住宿区于一体，满足社会文化消费的新型城市文化空间。在中国城市更新改造的大背景下，城市工业遗产地逐步向休闲、旅游、娱乐等文化空间转型，成为人们感知城市记忆、体验城市文化的场所。

**表 8.2　大华纺织厂新中国成立后发展史**

| 时间 | 1951 年 | 1954 年 | 1958 年 | 1962 年 | 1964 年 | 1966 年 | 1999 年 | 2001 年 | 2008 年 |
|---|---|---|---|---|---|---|---|---|---|
| 事件 | 公私合营，更名为“公私合营大华纺织股份有限公司秦厂” | 大华纺织厂归西安市企业局领导 | 大华纺织厂归西北纺织管理局领导 | 国民经济全面调整，大华纺织厂停产 | 更名为“陕西公私合营大华纺织厂”，并恢复生产 | 更名为“国营陕西第十一棉纺织厂” | 中国华诚集团兼并，交由陕西唐华集团管理 | 更名为“陕西大华纺织有限责任公司” | 随唐华集团一起实施政策性破产 |

大华纺织厂社区位于西安城市中心区域，钟楼和城墙东北方向，西邻唐大明宫国家遗址公园和太华南路，南靠大华 1935（原大华纺织厂）（图 8.2），区位位置优越，外部建成环境成熟，商贸、文旅活动尤为发达。该社区 1934 年随厂房建筑一起建设，与厂房同处一个开敞空间。20 世纪 70 年代至 21 世纪初，社区在原有场地不断改建、扩建形成现今一村、三村、四村与五村 4 个社区①，保留有不同时期的建筑，目前多为原企业职工居住生活使用。当前一村、三村、四村在进行拆迁改造。

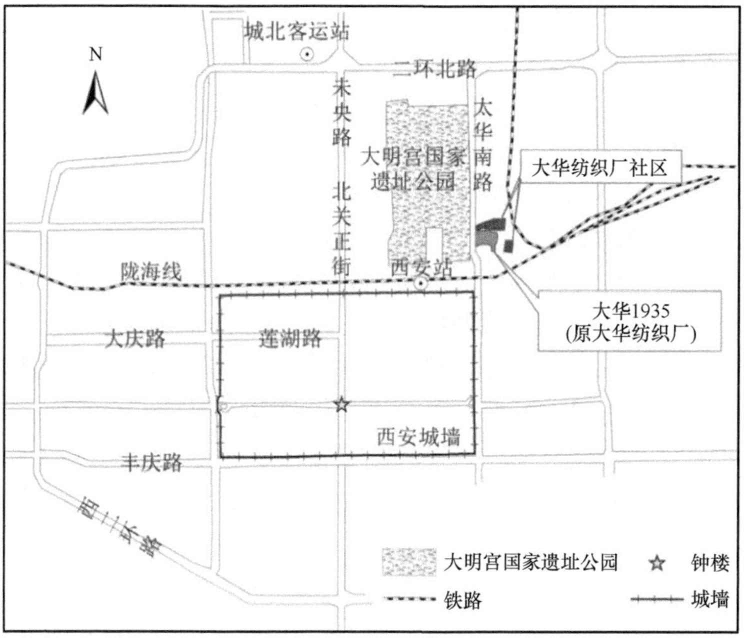


图 8.2　大华纺织厂社区区位

大华纺织厂及其社区从 1934 年保留至今，包含深厚的历史价值，记录着整个西安乃至西北地区的近代工业革命历史，是西安独有的历史文化记忆，成为承载人们情感记忆与塑造情感认同的记忆场所。钢三角结构的老厂房、民国特色的大门、锯齿形采光窗

① 2000 年后在原大华二村基址上新建了大华五村。

屋顶、纺织机，以及具有时代记忆的劳模照片等，代表工业文明的机械设备，表征历史记忆的建筑、物件，职工曾经赖以生活的企业社区，枝繁叶茂的庭院梧桐，都承载了人们的集体记忆（图 8.3）。旧空间拆迁与改造失去一些，新空间也必将重生一些，让过往继续以另一种方式编织五彩世界。作为普通游客游览，只能感受岁月的变迁，了解曾经发生在这里的故事，但作为与曾经的大华纺织厂有过交集的人，旧址或故地重游一定会感慨万千，唤起亲身经历过的回忆。

图 8.3　西安大华纺织厂旧址及其社区现状

上图为大华纺织厂旧址，现今的大华 1935；下图为正在拆迁中的大华纺织厂社区

## 8.1.2　社区空间再生产现状

大华纺织厂社区像一座被时间封存的孤城。在长期生活在社区里的居民眼中，孤城外的世界瞬息万变。潮流青年们在与社区一墙之隔的广场上举办演唱会、跳蚤市场等活动，肆意展示自己的个性。废弃的纺织机器不再发挥它们原有的价值，它们安静地待在大华博物馆中，或成为工业景观构筑物供游客观赏，年轻人眼中的这些复古新时尚，其实是纺织工业成为“过去时”的写照。

大华 1935 和大明宫遗址公园两个地标性场所的建成，使这片区域成为城市中的黄金地带。外界新兴的建筑形式、人群与文化不断投影到近乎停滞发展的大华社区，然而城市的华灯与喧嚣仿佛无法透过社区密不透风的围墙。围墙内的世界少有更迭，物质和人都随着岁月流逝不断衰老，与社区外部的环境形成鲜明对比，如今的社区难以挣脱时代的束缚，像耄耋老人默默忍受功能和肌体的退化。在调研中问及社区的变化，居民反映最强烈的就是无奈于社区功能的衰退和环境的破败，还有那正在被拆迁、无限不舍而又无法挽留、渐行渐远的家园。

厂区和社区原占地约 26$hm^2$，除厂房、居民楼外，设置有剧院、体育场、活动中心、食堂、医院等服务设施，集生产、居住及生活功能为一体，空间相对独立，又彼此紧密联系，满足了职工上班时生产和下班后生活的不同需求（图 8.4）。厂房废弃后，生产功能从整个空间中剔除，剩下约 16hm$^2$ 的居住和生活空间（图 8.5）。随着社会的发展和居民需求的变化，社区内原有的配套设施空间（礼堂）也已废弃，改建为停车场等场地，削减了居民进行休闲活动的场所。

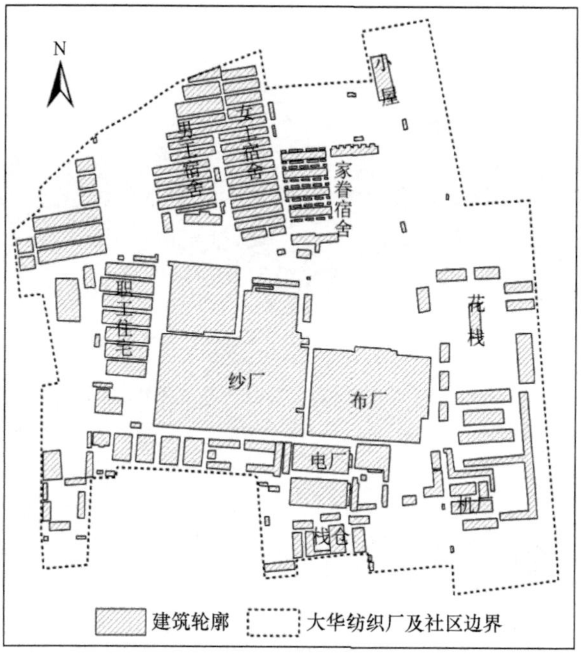


图 8.4　西安大华纺织厂及社区 1936 年平面肌理

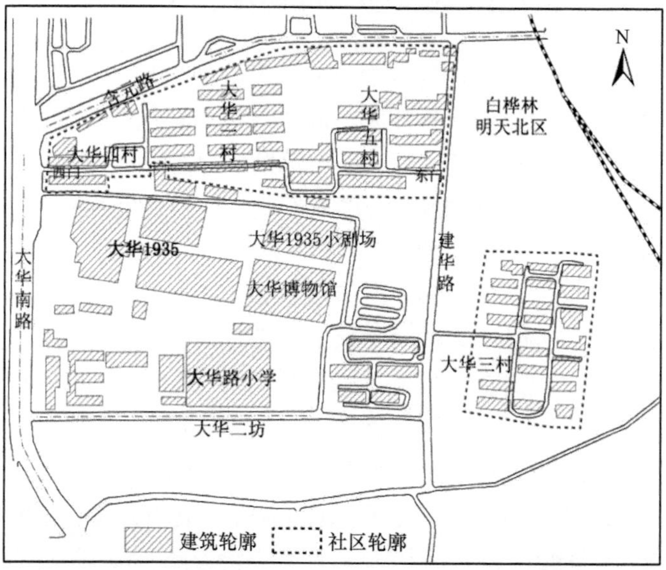


图 8.5　西安大华纺织厂及社区 2019 年平面肌理

由于企业破产，缺少资金和管理投入，社区内建筑、公共环境、基础设施都缺乏维护。社区内的便民商业设施多为搭建在路边的摊位和平房，利用有序，但缺乏规划，显得杂乱无章。这些也许是大华纺织厂社区被列为“棚户区”改造的一个原因。当前社区正在进行拆迁（图 8.6），内部商业设施已停止营业，几栋居民楼已经拆除过半，周边堆积着建筑垃圾和居民遗留下的废弃物，无人打理，垃圾袋到处飘摇。

图 8.6　待拆迁的西安大华纺织厂社区建筑景观

社区的管理由计划经济时代的企业自主运营转变为社会化的物业公司监管。在过去的“熟人社会”中，企业后勤人员也是隶属于企业的职工，他们和其他居民居住在同一个社区，“东家有难西家来帮”是当年居民间情谊的体现。现在进行管理的物业公司为居民提供付费服务，看似公平的服务者与被服务者的关系却失去了情感的联系，令居民对这些“外来者”充满戒备。

社区内住房为公有产权住房（公租房）和私有产权住房并存，由于拆迁的需要，从 2018 年 11 月开始至 2019 年上半年，公租房住户基本都已搬离社区。该社区过去人口曾一度多达 5 万人，至拆迁前亦有约 3745 户，10000 余人居住于此，现今拆迁搬离 1000 余户。社区居民人口中有 80%为原企业职工，50%为 60 岁以上的老人，邻里之间互相熟知。但不同于计划经济时期的邻里关系，社区功能的衰退使得居民在社区内能够进行的活动减少，社交的机会也随之减少，饭后散步、聊天成为居民间最常见的互动。房层的拆迁、熟人的搬离，让剩下的居民开始更多地思考和审视居住了大半生的社区，以及自己未来该何去何从。调查中居民表现出了对企业和社区浓浓的依恋情结。

**居民访谈**

王女士（62岁）:“我1975年到1979年上山下乡，回来就在大华纺织厂上班。经过下乡后非常珍惜这份工作，当初做梦都梦到户口迁不回城里而哭醒。工作后一心扑上去，上班一天没歇过，得到这份工作不容易，特别珍惜。千辛万苦回到西安，为大华贡献一生，栖身几十年，现在要拆房子很伤心，怕老了无处安身，只能守在这。”

谈及对于企业的情感，许多居民表示：“怎么不爱？生在这长在这，过去对厂子很骄傲，所有老人都知道这个单位，民族企业应该保留。”“这就是我们的根”概括了居民对大华社区浓厚的归属感与强烈的地方认同。社区对栖身于此多年的社区居民而言，是维持生存感、安全感与连续性的纽带，同时也是在生人社会的大背景下增强社区社会联结感的重要环节。

然而，居民的恋地情结也对社区发展带来消极影响。例如，调研访谈中居民对企业制度改革和社区更新存在着抵制变化、保护现状的强烈诉求，甚至影响到社区内第二代、第三代居民的发展。企业制度及住房制度改革前，第一代企业职工的子女普遍可以以“职工子弟”的身份享受企业的各种福利，包括子代父职、福利分房等。职工受惠于企业与社区，但也在某种程度上将子女二代、三代的成长发展囿于狭小的空间范围。

另一方面，除去内心深处的情感因素，对未来生活的担忧也使不安的情绪在社区内蔓延。有独立产权住房的居民担心利益分配不公，希望合理的拆迁能解决今后的住房问题，在等待赔付结果的过程中不愿意搬离社区。着眼于现实的焦灼，他们更盼望满足利益需求条件下的更新改造，希冀通过经济利益上的满足来平衡心理情感上的失落，改善现有的住房质量和生活环境。

### 8.1.3 社区未来发展建议

大华纺织厂无论是其工业厂区还是生活社区，都是弥足珍贵的工业历史遗存。在更新再利用的过程中，应充分考虑其历史价值和居民诉求，开展合理的更新、改造、搬迁，满足工业遗存的保留、居民生活的基本要求，以及居民对企业、邻里情感回归的渴望。

**1. 邻里关系的重新演绎**

目前，大华纺织厂社区正处于关键的蜕变时期，依靠企业业缘维系的邻里关系被打破，新的适应市场经济要求的邻里关系却没有建立，在各种复杂因素的作用下，社区邻里关系走向弱化，表现为邻里疏离与隔阂。在社区复兴改造时，应通过规划和设计手段，发挥企业社区的邻里业缘优势，促进邻里交往，如增加公共活动空间、促进交流活动。

**2. 设施的再度完善**

从人的需求层次来说，对物质的需求是第一位的，社区成员对社区的归属感和认同感的产生往往从物质生活条件开始（黄玉捷，1997）。因此，企业社区规划和环境建设应通过设施的配置、环境的美化等方式创造令居民满意的社区生活条件，提高居民在社区生活方面的满意度。企业社区也是职工的居住场所，虽然住房商品化带来了企业职工对于居住地点的自由选择，但社区改造后应仍能辟出空间留住大华社区的根。

**3. 工业旧址的适度保留**

由于大华纺织厂作为民族企业具有特殊性，其企业社区亦是具有极高价值工业遗存的有机部分。对社区的更新改造应适度保留社区内建筑、构筑物等旧址，一方面能够体现大华纺织厂在历史发展中作出的巨大贡献，另一方面可以延续居民对企业与社区的依恋和情怀。

## 8.2 “纺织城”：四棉社区互助区

### 8.2.1 区域与社区概况

纺织城位于西安市东郊，行政隶属灞桥区纺织城街道办事处，位于白鹿塬下，浐河之滨，西安绕城高速和东三环之间，地铁 1 号线通至该地，距离城市中心（钟楼）12km。1953 年，国家批准在此筹建陕西大型纺织工业基地，先后建起国营西北第三、第四、第五、第六棉纺织厂，西北第一印染厂等企业，形成了以这 5 个大型纺织印染企业为支柱，以西北电建四公司、纺织科研所等 10 余家大中型国有企业为主体的现代工业集群。同时，企业配套的社区也不断涌现。纺织城曾在 20 世纪 60～70 年代因为纺织业所带来的繁荣被称作西安的“小香港”。

20 世纪 80～90 年代的国企改革后，由于管理体制、市场、人才机制等问题，这些纺织行业逐渐跟不上时代的步伐，陷入经营困境。经济的衰落使得职工生活、公共服务设施、社区基础设施等每况愈下，经过半个世纪的发展沉浮，纺织城已经从当初所谓的核心区域退至如今的边缘区域，曾经的繁华景象渐行渐远。

2007 年 10 月，西安市正式提出全面振兴纺织城发展战略，通过统一安排实施旧城改造。2009 年西安市灞桥区政府和西安灞河新区管委会批准成立西安现代纺织产业园。优化投资环境，转变经济发展方式，调整产业结构，加大城市基础设施建设力度，促进纺织城全面发展。以纺织城企业搬迁为改造突破口，全力建设纺织产业承接地，实施企业搬迁腾退区“腾笼换鸟”战略。

现在，纺织城是众多具有代表性的企业社区的所在地，如六棉社区、五环社区、三棉社区、一印社区和四棉社区等，总体占地面积大，社区数量多，建筑老旧，配套设施相对缺乏，其中以四棉社区互助区占地面积较大，情况较为复杂（图 8.7）。

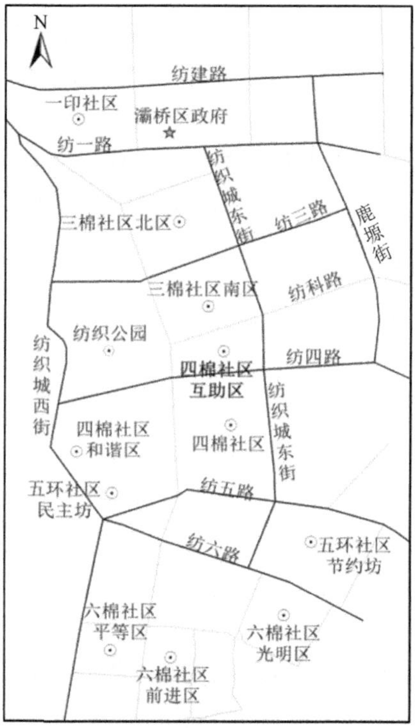


图 8.7　西安市纺织城部分企业社区示意图

四棉社区互助区（以下简称为互助区）隶属于原国营西北第四棉纺织厂（以下简称为四棉厂）。企业始建于 1954 年，1956 年建成投产，社区也在同年建成投入使用。企业在发展过程中生产规模不断扩大，经济效益不断提高，为国家棉纺织业的发展作出了巨大贡献。到 1995 年，由于国家政策的调整和整个行业的不景气，企业经营进入低谷。1998 年被中国华诚集团兼并，后更名为陕西唐华四棉有限责任公司。2008 年，由于唐华集团经营不善，企业移交由西安市人民政府管理。按照“破产不破生产力”的原则，陕西省西安市于当年 7 月启动唐华集团的政策性破产，成立西安纺织集团。

## 8.2.2　社区空间再生产现状

西安纺织工业的繁荣早已逝去，笔者只能通过采访回忆纺织车间里生产的场景，社区的物质现状却是看得见的历史，真实反映了时间、空间和居民三者的变迁。

互助区占地面积 4.5hm$^2$，时间无情的让当年人人称羡的苏联式建筑覆上岁月的痕迹，经过数十年的风雨而变得破旧不堪，“洋楼”现在看来已是旧式建筑，因其过低的容积率和快速增长的城市人口而逐渐被淘汰，暗淡的外墙与周边精致的商业建筑和高层住宅格格不入。中轴对称的平立面，经过设计的檐部、墙身和勒脚，裸露在外的青砖墙体，菱形窗格的楼梯间，还依稀透露着典雅庄严的风采，也充满历史的厚重。时间的流逝、居民的去留、管理维护的不及时，都让社区建筑与公共环境蒙上了沧桑的面容（图 8.8）。

图 8.8　西安市纺织城四棉社区互助区现状

四棉社区的建设是在苏联技术人员指导下建成的，因此院落组成具有典型的苏联式建筑风格。建筑形态呈中心或中轴对称，建筑围合的空间多为绿地或休闲休憩空间。最初的院落与道路构成的肌理规整，多由方形构成，功能空间分布明显，建筑排列有秩序。但由于一些社区功能的退出，原有的托儿所、医院、活动中心、篮球场和一些公共绿地被拆除，后于 20 世纪 80 年代重建为居民楼，原有的交通流线连贯性遭到破坏，楼房格局逐渐散乱。

建筑老旧是社区的普遍特征。住房漏水、裂缝、隔音保暖差等问题，给居民的生活带来较大影响，部分建筑甚至没有取暖设施和天然气供给，外立面风化破损严重，少数没有地基的临时建筑也存在了 60 多年。调研过程中了解，社区内现有建筑均在 20 世纪

70 年代进行过一次加固，此后再未进行过改造。

社区以公共活动场所为中心，通过各主干道向外而形成明显的放射状轴线通道，格局结构简明、连贯、富有秩序感。现今道路骨架仍然明显，整体连接性和结构较为清楚，保留了一些苏联时期的特色，但由于缺少统筹规划和居民擅自改建，导致道路通达性下降。

在社区变迁过程中，社区空间肌理逐渐破碎化，原有的围合、半围合院落的平面布局形式逐渐消失（图 8.9）。20 世纪 70 年代社区内大量加建建筑，这一冲击导致社区内部缺少公共空间，致使现有公共活动空间的使用低效。由于没有设立停车场及车位，车辆乱停现象严重，占用现存为数不多的公共空间。社区内道路长期缺乏修理，局部损坏严重。

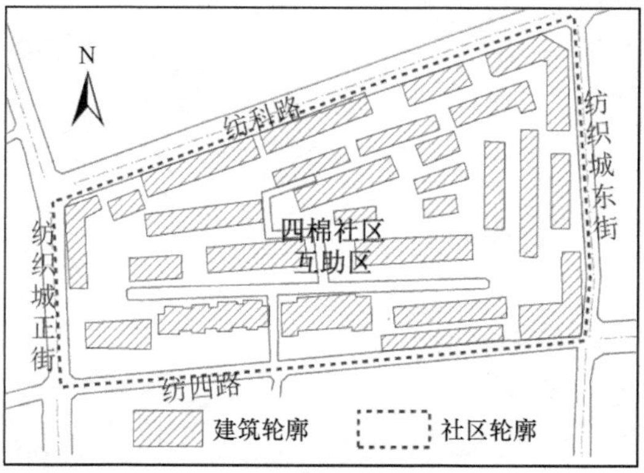


图 8.9　西安市纺织城四棉社区平面现状

公共绿地缺乏规划及管理，绿化率低于城市平均水平，同时缺乏景观设计。由于一些居民将公共绿地私自占有为菜地，公共绿地面积严重减少。根据问卷调查和住户访谈资料可知，居民日常活动场所还是主要集中在居住半径约 100m 范围内，且由于缺乏可供长时间驻留的公共休憩场所及休闲设施，导致居民大多仅能进行一些短时性活动，如散步、聊天。目前社区的环境维护、各建筑的楼层环境基本都依靠居民自行维护，缺乏良好的运营维护机制。

当前，社区临街建筑由政府出资，对苏联制式的建筑进行保留改造，作为具有历史工业景观特色的商业建筑使用，一定程度上提升了社区外围的物质空间质量。

20 世纪 50～60 年代是四棉厂进行社区建设的顶峰时期，居民在社区内就可以完成日常的生活生产活动，甚至许多居民从出生、上学、工作到养老都在社区内部进行，几乎满足他们从“摇篮到坟墓”的所有需求。随着四棉厂的停产，其配套的医疗、教育、商业、活动等福利和社会保障职能就此荒废，原有的较大规模的公共服务设施和空间已经无法继续发挥其功能。2018 年年底西安市所有社区附属的医疗、教育、商业等便民设施社会化交接完毕，四棉社区互助区已交由街道管理，原来所辖的社区医院、中学等与社区剥离，其功能的复合性逐渐衰弱。

人居环境的恶化使经济条件尚可的职工选择搬离社区，社区人口由以往单一化的企业职工趋向杂化，包括原厂职工、周边流动摊贩、进城务工人员，以及部分无业待业的低技能劳动者等。现有居民约 1200 户，共 5000 余人。

企业破产后，社区居民集体精神面貌受到影响。当头发花白的老人指着面前的建筑骄傲地说："看看，我们这楼当年可是苏联援建的！"既是他们对纺织企业鼎盛时期的怀念，也是时光荏苒中的自我安慰。当三五成群的居民饭后坐在单元门前的台阶上，讨论的不是家庭的琐碎，就是这个共同的生存空间所出现的问题。除了各自的"小家"，居民组建的"大家"出现了问题同样棘手，该如何追求更好的生活环境成为社区里的热门话题。这里的居民曾拥有过计划经济时期最优越的生活条件，前后的落差和生存的需要让他们发出更新改造的呼唤，希望政府牵头开展社区更新改造。

### 8.2.3 社区未来发展建议

四棉社区互助区的更新中最亟待解决的问题是对社区功能的修复、历史文脉的保留和满足老年群体的生活需求。在社区建设中遵循以下原则有助于推动社区发展。

**1. 逐步推进**

新的社区功能需要有新的空间对其进行支持，这就需要区别于以往"推倒重建"或"大拆大建"的更新改造策略，在保持原有纺织工业历史文脉和社区建筑道路肌理的条件下，对功能进行增补。采用逐步推进的方式，更好地保护原有居民的利益和权益。

**2. 多方参与**

社区更新应做到政府、开发商、居民等多元主体共同决策，满足多方利益诉求，建立多元参与的保护机制，形成互利互惠的局面。政府应加强管理，积极整合各方面资源，提高公众参与水平；除了引入良好的开发商运作模式外，也应该积极建设一定规模的廉租房、公租房，确保企业员工的权益，避免住宅安置出现问题；相关设计规划从业人员应积极收集各方诉求，做好规划编制工作；社区居民作为社区受益的主体，应该积极配合管理方，参与社区治理。

**3. 适老化**

社区居民老龄化日益加剧，迫切需要提供新的适老化社区服务，以满足居民的需求。首先，基于附近已有的医院、养老中心等公共服务设施，为社区老年居民提供社区养老、居家养老或就近养老服务。在养老服务的基础上，适度进行适老化的社区改造及微更新，为老年居民这个大群体提供良好的养老环境，解决老龄化的问题。其次，通过老年大学、社区科普等方式宣传正确的医疗、饮食、健身等健康生活方式，营造良好的社区养老氛围，同时也可以增强邻里交往频率，恢复企业社区良好的邻里交往氛围，建设适合各类居民活动、社交的公共空间。

加强社区适老化服务，可以解决本社区内部无业人群的就业问题，保证低收入人群的基本需求；同时也可以复兴企业单位制下的社区生活，将其作为企业文化的展示窗口，增强社区居民的自豪感和认同感。最后，重新组织社区党建、节日庆祝等活动，为逐渐消失的居民记忆提供良好的载体。

## 8.3 “军工城”：秦川社区二十五街坊

### 8.3.1 区域与社区概况

“军工城”位于西安市新城区韩森寨街道，是以军工企业及其社区为主的工业区，西距市中心 7km，东起浐河，西至金花路，北临陇海铁路，南达等驾坡，长 7.2km，宽约 3km，面积约 21.6km$^2$。该地集聚了“一五”计划时期的重点项目如西北光学仪器厂、秦川机械厂、东方机械厂、华山机械厂、昆仑机械厂和黄河机器制造厂等军工机械企业，形成了东郊韩森寨工业区，即“军工城”（肖轶和任云英，2015）。

“三线”建设时期，西安近郊的工业建设延续新中国成立初期的规划建设理念，主要在原有东、西郊工业区和工业点基础上继续新建和扩建，逐步扩充西安近郊工业规模，形成西郊工业区、西北郊三桥工业区、东郊胡家庙工业区、东郊洪庆工业点、东郊“纺织城”、东北郊工业区等。由于充分的重工业背景和得天独厚的地理优势，改革开放后也有许多偏远地区的军工企业迁入西安。“军工城”在这样的城市规划历史背景下逐步成型和发展（魏琰和杨豪中，2015）。

秦川社区二十五街坊位于西安市新城区公园南路（图 8.10），为秦川机械厂职工社区。社区所属企业原为光辉机械厂，企业和社区均建设于 20 世纪 60 年代。光辉机械厂原隶属于第五机械工业部，为中央下辖的军工企业。1985 年，第五机械工业部要求大厂和小厂合并，原光辉机械厂与秦川机械厂合并。秦川机械厂建设于 1953 年，于 1954 年投入使用，起初生产军用炮弹，后在“保军转民”的指导方针下由原来单一的军品生产厂发展成涉及军工、汽车、机械、电子、化工等广泛领域的企业。现工厂扩容搬迁，但原址企业仍在进行生产。企业下辖有 7 个社区，原有中小学、医院等配套设施均已社会化。

### 8.3.2 社区空间再生产现状

秦川社区二十五街坊的面积仅有 3hm$^2$，但在计划经济时期能够满足职工生活上的所有需求，除了提供基本的居所外，设有医院、职工活动室、公共运动场地等。如今同其他企业社区一样，国企改革、市场经济等带来的服务设施外向化，让这些曾经的配套设施和空间凋敝淘汰或改做其他用途，刚刚新铺设的院落水泥路面，则成了居民互相交流、休闲娱乐的露天活动场地（图 8.11）。

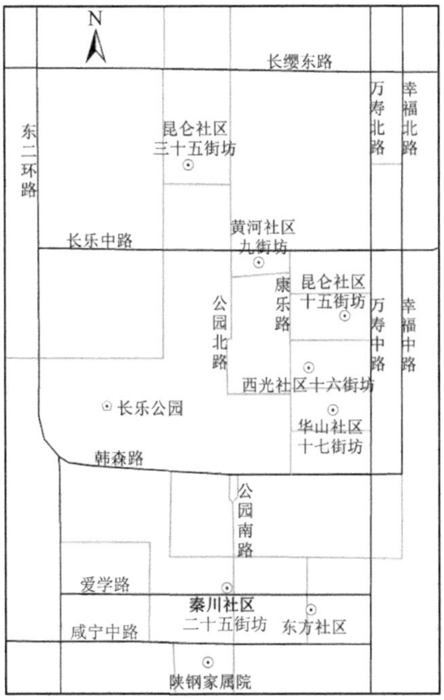


图 8.10　西安市韩森寨秦川社区二十五街坊

图 8.11　废弃的职工活动中心与居民的院落休闲活动

社区共有 9 栋建筑，分三批建设。两栋建于 20 世纪 60 年代，其他建筑则是 70 年代和 80 年代原址翻建。由于缺少整体统一的更新改建，公共空间和绿地在两次翻建后破碎化，得不到合理利用，消防通道已被占用堵塞（图 8.12 和图 8.13）。

由于企业兼并和“三供一业”政策的实施，社区的管理方由秦川后勤部门转变为国资委下辖的物业公司，虽然居民所支付的物业管理费用增加了，但也在一定程度上加强了对社区的维护和管理，物业公司接管后对建筑、公共环境、供暖等进行了逐步改造。

路面硬化和绿地在 2019 年进行改造，曾经积水会变得泥泞的道路焕然一新，老旧建筑内部也进行了杂物整理、墙面粉刷等改造（图 8.14）。

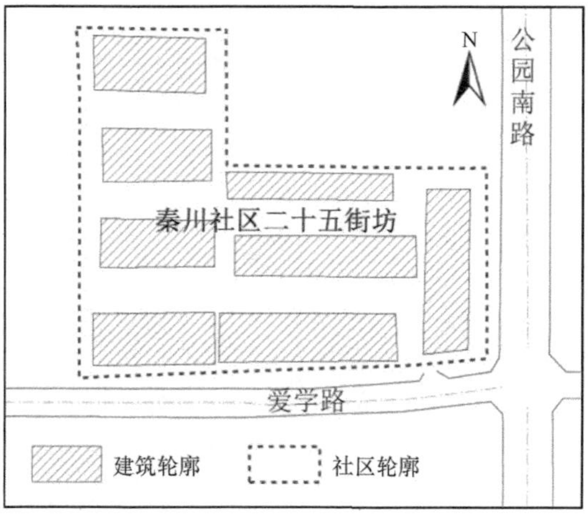


图 8.12　秦川社区二十五街坊平面现状

图 8.13　秦川社区二十五街坊现状

(a)

(b)

图 8.14　秦川社区二十五街坊“三供一业”项目改造前（a）后（b）

居民认为公共环境质量相较改造前有提升，但这些变化对提高生活质量仍缺少建设性的价值。老年受访者表示诸如救护车不能进社区等生活便利性问题仍然没有解决。在居民看来，告示栏里明确写出的物业收费标准和简单的修缮改造，对他们来说只是徒增生活成本的理由。

职工再就业和建筑的老旧使一部分职工搬离社区，同时由于地处学区房，家长陪读、托管培训机构等的租户入住，带来了社区人口的杂化。社区共有居民约 350 户，共 1400 人左右，调研结果显示社区外来租户占 30%～40%。

陪读家长这一人群在社区中扮演着与企业职工不同的角色，他们对于社区建设也持有自己的态度。受访者林女士居住在单身楼，租住在这里是为了陪就读于附近初中的孩子上学，其关注重点在于社区对下一代的教育影响，希冀孩子得到更好的发展。

**居民访谈**

林女士：“对这个房子肯定希望能好一点，有一点办法就不会住在这里，能力就在这了，也想给孩子提供更好的条件。对社区条件没有更多期望，因为自己并不属于这里。环境好大家都好，但没有更多期望。立场不同，期望不同，不属于本企业所以没有更多要求，娃好了就幸福。”

孙先生，51岁，居住单身楼20年，企业合同职工，房屋所属于单位，无个人产权，每月房租200元。受访时谈到，“没啥变化，房越来越旧，人越来越老。改不改造跟我关系不大，拆了换地方住，不拆就继续住。”

相较于外来人口，企业职工的生活受到社区环境的影响更为明显。如孙先生一样的多位职工，均居住在建筑面积约$10m^2$的狭小房屋内，摆放着简单的家具、厨具和被褥。在这里居住的二十年中，孙先生一直维系着数十年来的生活习惯并保持着简单的社会关系，日常活动单一，几乎不在社区内进行社交活动，对社区物质环境改造比较茫然，社区只作为生存需要。

除了上述两位受访者代表的两类典型的居民类型外，大部分原企业职工既渴望邻里之间人际关系的维系，也希望社区环境得到改善，对社区的未来发展倍加关注。不同人群诉求上的差异产生了不同的愿景，共同构成秦川社区二十五街坊的精神空间。

### 8.3.3 社区未来发展建议

秦川社区二十五街坊存在的问题主要在于社区管理混乱、居民对社区事务参与度低、服务设施缺乏。从下列几个方面解决上述问题有利于社区未来发展。

**1. 鼓励居民参与社区自治**

为解决目前社区管理仍较为混乱的问题，可借鉴美国社区的管理模式，即社区自治的典型模式（郑晓东，2008）。每个社区有针对解决社区问题的管理模式，鼓励社区居民参与，在社区管理与发展上采取“政府负责规划指导和资金扶持，社区组织负责具体实施”的方法，使得政府权力下放、社区治理以人为本。但由于我国国情，政府在社区管理上依然占主导地位，无法完全放权到社区本身。不过考虑到企业社区大多集中分布，所以可采取中等程度的社区自治，即在街道办事处成立社区管理委员会，代替社区居委会的作用，实施小范围的社区自管自治（吴晓林，2012）。

除此之外，也可采用社区自主型发展项目（陈雷，2010），指将社区发展资源的控制权与发展项目的决策权交于社区居民本身，由居民自己决定实施并掌控社区活动项目资金。推动社区自主型发展项目，首先可以改变传统的自上而下的发展模式，改为居民自己决定需要发展的具体项目，使社区发展更有针对性，效率更高；其次通过让社区居民参加听证会与决策会、行使决策与发言等权利，可以提升社区活力与凝聚性，使居民参与意识提高，增强对社区的归属感；再次对项目资金运转的监督也可以减少贪污腐败与资源浪费；最后在项目实施中还能培育一些有能力的社区居民，将其作为社区发展带动者，从而实现社区的自治自管的发展目标。

**2. 引入第三方企业，复兴社区综合功能**

社区基础设施落后主要与企业效益的下降、企业后勤管理部门缺位等有关，当然仅靠政府与企业无法供应最新的基础设施，满足不了社区居民在科技快速发展时代下对公共基础设施均衡布置的现实需求。如果将社区建设中的一些基础设施和福利设施用第三方组织（非政府组织）或社区企业来提供，既能满足社区建设的需要，又可以调动市场活力。例如，与大型医院合作，补充医疗卫生福利下调的空缺，把慈善机构、教育培训机构引入社区而满足居民照料老人与儿童的需要，同时把企业社区的废弃空房提供给社区企业，获取租金用以补偿物业等方面的管理费用。

## 8.4 “电工城”：法士特家园

### 8.4.1 区域与社区概况

“电工城”位于西安市西郊土门、枣园街道一带，整个区域占地约 10km$^2$。“一五”计划时期集中了西安高压电瓷厂、西安开关整流器厂、西安绝缘材料厂、西安电力电容器厂，以及电气器材厂、水银整流器厂、西安滚珠轴承厂等一批企业与社区，形成了我国早期规模较大的输变电设备和仪器仪表等制造行业集中的工业区。“三线”建设时期，西安西郊逐步形成了以电子行业为主，包括输变电设备、仪器仪表、钢铁、化工、航空、冶金机械、制药等部门的生产基地。

20 世纪末，“电工城”大量企业破产、工人下岗，“电工城”被称之为“西安的底特律”。2001 年，高压电瓷厂、开关整流器厂、绝缘材料厂、电力电容器厂与西电光电缆有限责任公司合并形成西安电力机械制造公司，后更名为中国西电电气股份（集团）有限公司，是国务院国资委直接监管的高压输配电成套设备企业，整个集团运营良好。当前，“电工城”企业社区以西控 301 大院、西控二十五街坊、西控甲楼大院、法士特家园等为代表（图 8.15）。

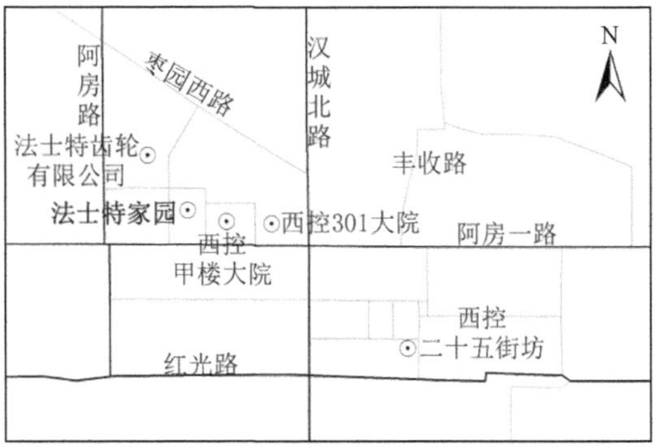


图 8.15　西安市“电工城”法士特家园平面图

法士特家园地处西安市莲湖区大庆路，隶属于陕西法士特汽车传动集团公司。该公司 1968 年始建于陕西宝鸡市蔡家坡镇，由北京汽车齿轮厂援建，原隶属于第一机械工业部重型汽车公司。1986 年企业在西安市“电工城”西侧外围建厂，同年建立了企业社区——法士特家园以解决职工生活所需。1992 年法士特扩大规模入驻西安南郊高新技术开发区，2001 年潍柴动力控股法士特，成为最大的股东。目前，法士特公司在西安、宝鸡、咸阳三地设有多家工厂，并且在泰国建有独资工厂，在美国设有分公司，旗下拥有 10 多家控股、参股子公司。该企业是我国最大的以重型汽车变速器、汽车齿轮及其锻铸件、汽车离合器、液力缓速器、减速机为主要产品的专业化生产企业和出口基地。

法士特家园建设于 20 世纪 80 年代末，得益于良好的企业运营，完善的管理体制与持续的资金投入，社区保持着稳定的发展运营模式，既保留了计划经济时期企业管理社区的运营模式，又积极融入“三供一业”的企业社区改革大潮。因此，该社区的空间再生产呈现了较为独特的一面。

### 8.4.2 社区空间再生产现状

从物质方面来看，法士特家园共有 30 栋建筑，其中 23 栋多层住宅建设于 1986 年，6 栋多层住宅建设于 20 世纪 90 年代，1 栋高层住宅建设于 2014 年。得益于企业和社会的共同维护和管理，社区环境卫生整洁，绿化景观优美，建筑色彩鲜明，居民活动场所和设施齐备；代表青春、阳光、活力的“法士特蓝”的建筑外墙成为社区的标志，不仅提升了社区的整体形象，同时使企业文化潜移默化地融入社区，宣传了企业文化，强化了社区的精神内涵（图 8.16）。

图 8.16　西安市“电工城”法士特家园

法士特社区拥有职工医院、招待所、幼儿园、社区紧急救助站、便利店、体育馆、后勤公司等服务设施与机构（图 8.17），具有计划经济时代企业社区的普遍性特征——功能复合，也有新时期市场经济下的功能疏散或去中心化的特征，如附属学校、居住人员的社会化。时至今日，运营情况良好的法士特集团持续对这些设施进行资金投入、改造和完善，既满足了市场经济下居民不同往日的新需求，又保留了社区功能的复合性，保障居民生活的便捷。

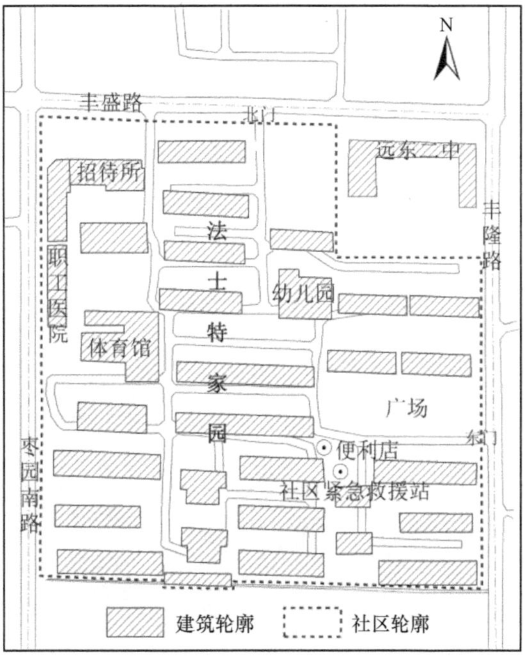


图 8.17　法士特家园的空间格局

从社会管理方面来看，社区仍然维持计划经济时期内向性的管理模式。社区管理由企业后勤部门负责，在企业的统一调配下，管理和服务井然有序。社区出入设有门禁，居民构成以本企业职工与家属居多，有居民约 1200 户，共 5000 人左右。有近 40%的 60 岁以上的老人，也有一定比例的在职员工居住，而外来租户占比不到 10%。邻里之间相识多年，互通有无，保持了计划经济时期亲密的人际关系。虽然内向的管理模式使社区较为封闭，但也延续了企业社区特有的“熟人社会”特征，保护了社区居民居住于此的归属感。

社区的物质空间和社会空间仍然能看到计划经济时代的影子，但时代的更迭始终在社区的精神空间中有所体现。社会发展的规则在不断变化，肌体会老去，儿孙会长大离开，多年的生活习惯可能也会被时代的脚步淘汰。通过调研和采访得知，社区居民普遍对企业所提供的条件满意，也满足于当前的生活环境和住房情况，而老年居民的不适来源于独自面对时代浪潮的孤独。

### 居民访谈

赵大爷（68 岁）："没事的时候就看一看《陕西日报》，聚在一起讨论一下报纸上的时事。现在小区的报刊亭里也没有报纸，想看也找不到报纸。虽然现在手机上可以看新闻，但多年养成的看报纸习惯不太容易改变。当年大家都年轻、有干劲，有人搬家邻居都去帮忙；现在年纪大了，也帮不上邻居什么忙，但是偶尔一起去跳跳广场舞，挺开心，对身体也有好处。"

一个简单的生活习惯也可能被时代淘汰，而邻里间的交往令这些老人在岁月变迁中还能感受到些许温存。那些从五湖四海齐聚西安的青年工人如今已然老去，出身背景和工作经历使他们形成了类似的思维方式，这是使居民间形成亲密关系的重要纽带，共同的回忆也使老工人之间的情谊难以分割。在社区举办的退休职工联谊会上，企业邀请分散各地的退休老职工回到法士特家园团聚，他们身着统一的企业制服，一同回忆当年在岗时的充实时光（图 8.18）。

(a) (b)

图 8.18　法士特家园（a）与前来参加联谊的老职工（b）

老龄化的社区居民已经失去了活力与强大的适应能力，现实与安居的理想形成矛盾，社区建设要面对的不仅仅是物质的提升，还有在变化的时代中，这些步履缓慢的老人如何度过晚年。

## 8.4.3　社区未来发展建议

社区精神文化建设对于法士特家园的未来发展至关重要。法士特集团有良好的企业文化基础，但社区管理者对于多元的社区精神文化认识不足，应满足居民对于文化活动的需求，可从以下三点进行社区精神空间质量的提升。

**1. 建立社区文化建设基金会**

充分运用政策、行政等多种手段，通过上级财政部门支持、企业赞助、群众募捐等多种渠道筹集建设基金，调动社会力量，购置和筹建文化建设所必需的硬件设施，打好精神空间建设的物质基础。

**2. 调动社区内退休后的老年人的积极性**

组织老年志愿者队伍，负责文化设施的管理和组织工作。老年人是该社区人口的主要构成，也是社区精神文化建设的主要载体和受益者，他们往往对于社区文化格外关注。调动老年人的积极性，使之成为建设社区精神文化空间的主要行动力。同时，对于成功的社区文化建设经验，要注意积累和总结，结合实际走典型之路，促进社区文化建设。

**3. 建立社区文化活动的组织参与模式**

应注意文化建设的思想性，努力做到以科学的思想教育人，以正确的舆论、优秀的作品、时代的价值观对居民思想进行引导，在社区内形成一种积极向上的良好风气。开展贴近群众、贴近生活的文化活动，形成层层重视社区文化、人人参与社区文化的局面，推进社区文化的可持续发展。社区文化作为社会主义文化的重要组成部分，要牢牢把握先进文化的前进方向，要帮助居民树立正确的理想信念，树立正确的世界观、人生观和价值观，使之成为社区建设的强大动力。

## 8.5 本章小结

对典型企业社区空间再生产的研究，除了深入了解社区现状与其空间再生产结果外，最重要的研究是希望有助于社区发展过程中的问题解决。

企业社区以其特殊的历史背景、极具时代特征的物质空间，成为我国城市工业发展中的代表性场所。计划经济时代，这类社区代表的是工人阶层的生活状态，也是工业发展的缩影，功能复合、依赖企业、人口单一……也正是具有这些特点，企业社区在快速发展的城市化进程中逐渐被埋没，也出现种种问题而不能适应现代化城市的环境。现存的企业社区已经过长达数十年的岁月洗礼，物质空间破败、社会空间混杂、精神空间淡化，居民对美好生活的渴望却更加强烈。应遵循以人为本的原则，深入探究居民诉求，发掘企业社区空间再生产结果，结合实际对企业社区未来发展方向提供指引。

基于上述典型企业社区空间再生产的研究，让我们加深了以下认识：市场经济、国企改革对企业社区的冲击和影响巨大，计划经济时期的物质、社会和精神空间迅速解构，在内外力量作用下重新构建了新的秩序空间——传统空间的撕裂、现实空间的矛盾，期待未来空间的涅槃重生。

# 第 9 章

# 结　语

时代发展，时光流逝，改革的大课谁也逃脱不了。企业社区从建立、发展到成熟、稳定，而后衰退变化、分异，连同其内的主人翁——社区居民，像大海中的一叶扁舟，在社会经济变化的风浪中经历着住房生命周期似的变迁与演化。从空间生产与再生产的视角，理解企业社区的空间实践、空间的表征与表征的空间，可以深刻认识企业社区的历史建构、社会解构与空间重构。本章总结性阐述全书的结论认识，指出本书的研究价值所在，分析了多方博弈视角下企业社区的空间生产情景。

## 9.1 基本结论

随着城市外围拓展放缓，大部分城市建设由增量扩张向存量开发转型。我国城镇化进入以提升质量为主的转型发展新阶段，需要城市的规划与管理者充分了解城市实时运行状态、存在问题、居民意见及个性需求。通过对内城更新中可再利用空间的调研发现，城市工业企业社区作为传统老旧小区，占地面积大、数量多、分布广且留存时间久远。同时，住房商品化带来企业社区的居民过滤和人口重构，也使低收入群体在企业社区中集聚，成为城市贫困的主要发生地。因此，企业社区是城市更新、内城空间提升，以及城市新贫困空间研究的重要场所。

本书按照是什么、在哪里、怎么样的顺序，结合空间生产理论，系统梳理企业社区的基本特征和发展演变脉络、空间分布格局、外部建成环境与内部居住空间、居民的地方认知和居住愿景，以及企业社区的空间生产和再生产，探究社区格局的分布机理、社区演变成因与空间再生产的形成机制。本书为空间生产理论的中国化提供理论探索与实证路径；同时，对于认识新时期居住空间分异、城市更新、内部空间重构，以及识别城市新贫困空间等具有重要参考价值；对丰富和完善城市居住区理论、内城空间演替理论、城市可持续发展理论、城市社会与城市规划学科内容体系等具有重要的理论意义；有助于更好地推动老工业区空间更新改造，提高土地利用效益，促进土地利用更新、优化，提升城市发展质量，改善人居环境；也为政府和管理部门从业者认识城市内部空间与土地更新潜力提供了重要的指导作用。

首先介绍了什么是社区。以社区、单位社区的概念为出发点，回顾单位社区发展的历史，引出什么是企业社区，指出企业社区存在的价值以及对其进行研究的必要性。然后，沿新中国工业发展脉络，阐述了企业社区建设及空间分布格局的演化过程。从企业社区外部建成环境及内部居住环境两方面系统介绍了企业社区内外部各类配套服务设施、住房、居民、社区管理、居住环境等的发展演变，以及社区现存的居住环境问题。通过与周边小区及过去与现在的对比，探讨了居民对于所居住空间、场所与地方的认知，掌握了居民个体的居住意愿以及对于社区未来发展改造的诉求与愿景。最后，通过对企业社区空间生产与再生产的研究，追溯了企业社区从单位制时期的空间生产、到经济社会转型空间再生产的演变过程及结果。在此基础上，构建企业社区更新潜力评价体系并进行更新潜力测算。以西安市典型社区为例，沿溯其发展历史、形成过程与结果，直观地认识不同影响因素对社区再生产结果的影响，证实空间再生产理论的普适性。主要结论如下。

（1）企业社区主要是计划经济时期依附和围绕企业开展建设与管理的居住生活场所，其产生和发展与企业密切相关。从“一五”和“二五”计划到“三线”建设时期，企业社区作为企业职工及其家属的主要生活空间逐步建立起来，并强化了企业与职工之间的依附关系。随企业社区不断发展兴盛，其自身也作为一种小型社会，即“企业办社会”的产物而独立存在。

改革开放以来，市场经济转型、国企改革、住房市场化等一系列社会经济变革，对企业与社区发展、居民生活均产生巨大冲击。企业实行“破产”、“解体”或“转制”，社区内部福利设施外迁，社区人口杂化、老龄化、贫困化，致使企业社区逐步衰落。城市的快速扩张使企业社区从原来的城市外围演变为内城空间，造成破败的居住环境与优质的区位优势之间不相匹配的问题。

总体来看，企业社区作为计划经济时期的产物，是新中国城市工业与经济发展建设的主力营地，是一个时代的象征，具有时代烙印。同时，作为一代或数代人生活的场所，成为他们的空间记忆与情感的归宿，也是现如今老旧工业企业历史文化遗存与纪念地开发的重要组成部分。

（2）企业社区的建设与城市发展、老工业基地的建设及工业区的形成密切相关。从城市建设及工业发展进程来看，“一五”和“二五”计划时期随企业布局而建成的企业社区主要分布于城市与城镇外围、工矿资源开发地；“三线”建设期间，受企业分散、进山进洞思想的影响，企业社区被部署到小城镇、边远山区；改革开放尤其20世纪90年代以来，伴随计划经济向市场经济转型、各类开发区建设、住房商品化与住房市场形成而推动的郊区化，企业社区逐步演变为城市内部空间。以西安市为例，利用住宅小区空间分布的大数据，结合GIS空间分析技术，定量研判企业社区的空间分布，发现企业社区主要分布于内城空间，同时沿主要交通干线呈“大分散、小聚集”的带状与团簇状分布。综合来看，企业社区及其分布格局是计划经济时期城市社会发展的结果，具有时代和地方特色，受自然条件、政策推动、交通线路、城市格局、规划引领、企业位置及市场化、城市化等多种因素交织影响而成。

（3）企业社区因位于内城老区，外部建成环境成熟，状况良好。道路密集，路网成熟，临街建筑、道路交通、行道树等多采用苏式规划设计风格；商贸服务发达，满足社区居民的日常生活需求，但临街商铺面积小，现代化商业设施较少。同时，当企业社区内部的商业设施较强，外部的商业设施一般较弱，居民的日常生活需求大多在社区内部满足；企业社区外围的义务教育设施齐全，医疗机构较为充足，街头绿地、公园、广场等休闲活动场所有待完善，外部的市政服务、便民设施较好，临街的环境卫生状况参差不齐。企业社区的外部建成环境与区位、城市社会经济发展状况等相关。

（4）内部居住环境方面，企业社区作为单位制遗留下来的产物，无论住房、居民、社区配套设施、社区管理，亦或居住环境，皆与新型商品房小区存在很大差异。首先，企业社区建设始终与新中国工业及城市发展的轨迹同步，社区住房在企业发展及城市建设的浪潮中不断更新、改造。不同时期住房各具特色，但作为当前的老旧小区，住房问题突出。其次，企业社区居民特征由单位制时期的同质性、稳定性转向人口异质、杂化、老龄化与贫困化。另外，企业社区经历了生活福利设施内部齐备，到服务设施社会化，大部分设施退出企业大院，再到各类设施周边式布局。社区管理也从企业自主管理转为社会化管理。就内部环境设施而言，企业社区中存在各方面都很完备的优质小区，但也存在很多破旧衰败的问题小区，主要与企业发展状况相关。最后，基于居民主观满意度，对企业社区内部居住环境进行评价，结果发现，从单个社区评价结果来看，企业社区内部居住环境大多处于中等与良性状态，优质社区极少而劣质社区占据一定比例；从所有样本社区整体评价结果来看，综合评价得分偏低（0.5631）。从居民主观满意度来看，居民对社区内部居住环境的主观满意度总体处于中等水平（3.1645），从居住环境五大评价准则综合评价得分来看，评价结果与指标权重直接相关，权重越大，综合评价得分越高。综合来看，满意度与综合评价结果并不同步。

（5）从居民认知与居住愿景来看，居民对于社区及地方的认知因人而异，立场不同，社区认知及地方感知皆不同。本厂退休老职工对社区的依恋程度远高于年轻职工及外来人员。相同的客观物质环境，亦或因为个体特征的不同，在个人感知及居住意愿与期望等方面存在很大差异，居民对社区的依恋依旧无法弥补现实居住环境的不足带给他们的不满。居民居住意愿取决于其自身条件。经济收入、年龄、家庭结构、居住现状、自身意愿等成为决定居民搬离与否的重要因素。对于社区未来期望，居民表现出不同的看法。大部分居民对社区住房环境问题的未来改造愿景较高，表现出强烈的改造意愿及期望，也有少数居民漠不关心，表现出一种事不关己的淡漠心态。

（6）从企业社区空间生产来看，它是一种系统化的人口-生产-生活-社会空间，是计划经济时期，企业管理部门及其相关机构、人员为了社区发展建设，在社区场所或空间塑造起来的物质、社会、精神等方面的构建物。“企业”成为空间生产的基本单元和社会治理的重要工具。其中，物质生产空间是社区的基础，企业社区的住房与居住景观、内部公共服务设施，以及社区外部环境，构成了企业社区的物质空间生产。社会空间则体现的是一种熟人社会，居民之间具有共同的意识和利益，有着密切的交往，产生相应的社会活动和社会行为。精神空间主要包括社区居民为生产生活不断奉献的文化精神，和谐、良好的邻里氛围，以及社区居民对于企业和社区的归属感、认同感及依恋情结。企业社区的空间生产是有形和无形生产的综合产物，也是计划经济体制下“企业办社会”的空间生产结果。

（7）通过论述空间再生产、空间再生产与城市更新的关系，以及基于空间生产理论，分别从物质、社会和精神方面阐述企业社区的空间再生产，为城市进一步更新提供参考依据；利用景观格局指数方法测算不同类型面积的企业社区的更新潜力和总体更新潜力。从斑块类型数量、斑块类型面积、斑块密度等研究企业社区不同类型斑块的异质性和变化特征。在企业社区更新潜力的计算结果基础上，从面积、数量、均衡度及斑块密度等方面定量分析不同类型的企业社区特征，对企业社区形状的复杂度有了更深的认识，同时也丰富了企业社区更新潜力研究方法。

通过对企业社区更新潜力的分析，构建企业社区更新潜力评价体系，明确企业社区更新潜力评价要素与数据方法，从生活舒适度、空间形态、交通区位3个维度定量分析了企业社区更新的空间相对潜力。在此基础上，得到生活舒适度、空间形态、交通区位及更新潜力综合得分在空间上的分布结果。在社区更新评价流程、评价指标体系、数据方法组织等方面为城市更新理论研究与社区实践应用提供有益的探索。

从社区空间的尺度、功能和企业态势等角度，对企业社区空间再生产进行分类，将其分为原场所空间再生产与区域空间再生产两个类型，从物质、社会、精神三个方面梳理了各类型社区空间再生产间的异同，完善了社区空间再生产的研究体系，为各类型社区的更新改造提供参考；探究空间再生产形成机制，并通过不同类型空间再生产形成机制的对比，研析企业社区空间再生产逻辑，不仅对转型新阶段的城市治理理论具有一定的理论贡献和现实意义，同时也为理解城市化转型内涵等提供了新的视角。

（8）企业社区以其特殊的历史背景、极具时代特征的物质空间，成为我国城市工业发展中的代表性场所。计划经济时代，这类社区代表的是工人阶层的生活状态，也是工业发展的缩影，功能复合、依赖企业、人口单一……也正是具有这些特点，企业社区在快速发展的城市化进程中逐渐被埋没，因出现种种问题而不能适应现代化城市的环境。

现存的企业社区已经过数十年岁月的洗礼，物质空间破败、社会空间混杂、精神空间淡化，居民对美好生活的渴望却更加强烈。对典型社区空间再生产的研究除了深入了解社区现状与其空间再生产结果外，最重要的研究价值是对社区发展过程中出现的问题进行解决。应遵循以人为本的原则，深入探究居民诉求，发掘企业社区空间再生产结果，结合实际对企业社区未来发展的方向提供思路。

## 9.2 研究启示

### 9.2.1 研究价值

通过对企业社区全方位的解读，探讨社区形成发展与空间生产演变的过程、现状、成因、机制与机理，具有重大的理论与实践参考价值。

#### 1. 充实空间生产理论内涵

法国思想家亨利·列斐伏尔是空间生产理论的首创者。通过对空间概念较为全面的哲学考察，深刻地批判了将空间仅仅视为容器和“场”的传统观点。在此基础上，将其理论聚焦于城市空间生产，提出了“（社会的）空间是（社会的）产物”的核心观点。最后建构了一个展现这个空间生产过程的三元一体理论框架：“空间实践”、“空间的表征”及“表征的空间”。后期，大卫·哈维、卡斯特利斯、史密斯等学者在列斐伏尔研究的基础上，进一步将马克思主义理论引入地理学和城市研究，并进行综合的社会、空间和政治经济分析、批判和理论建构（叶超等，2011）。伴随人文地理学空间概念的“社会转向”和社会学中的“空间转向”，社会空间问题成为学术研究的重要论点，因此，“空间的生产”理论作为一种新的理论视角，日益被越来越多的中国学者所认同和运用，但目前国内对空间生产的研究还有待完善（王丰龙和刘云刚，2011）。本书从空间生产理论视角切入，聚焦新中国成立以来城市建设中典型空间组织形式——企业社区的时空演化，得出企业社区的建设与发展是一个典型的三元辩证的空间生产与再生产过程，为空间生产理论在中国的发展与应用提供了理论探索与实证路径。

**2. 丰富城市居住区理论**

20 世纪 50 年代中期，苏联与东欧各国在建筑工业化的基础上，以西方邻里单位理论为指导建设居住小区，并做了部分修改与补充，如加大城市干道间距，增加生活与文化服务设施，开辟户外活动场所等。50 年代后期，我国吸取苏联小区的规划理论，借鉴邻里单位、周边式街坊及居住小区的布局形式，参考苏联大街坊和地域生产综合体的建设经验，并在单位大院居住区的设计中加以应用和发展（杜春兰等，2012），企业社区成为其典型代表之一。追溯企业社区居住景观格局演变，为探讨新时期城市居住区理论发展及城市规划设计提供了重要的实证依据。

另外，计划经济时期，企业社区作为配合工业发展的一种配套服务设施，其建设始终遵循“职住接近”与“职住一体化”原则，生活完全服务于生产，靠近厂区，方便工人上下班。但在经济改革之后，随着制度转型与空间重构，中国城市的居住与就业空间关系发生明显变化，职住分离现象逐渐凸显。随企业搬迁、重组或破产，企业社区居民的职住距离发生巨大变化，由原来的职住接近转化为职住分离。因此，企业社区职住方式的演化研究为认识居住空间分异理论提供了实证参考。

**3. 加强住房生命周期理论认识**

对于企业社区而言，建设年代早，大量留存的传统住房正在或即将面临 50 年住宅设计使用年限和 70 年住宅产权年限的现实问题。一方面，受当时生产力水平、建筑技术限制，住房质量较差。另外，建筑材料总是有一定使用年限，当超过特定年限，在自然侵蚀与人为使用下，楼体本身及管道、管线、电线等基础设施均会因为破旧、老化而无法满足居民正常居住与使用。另一方面，我国城市住房具有 70 年住宅产权年限政策限制。因此，以上两方面原因致使住房也存在生命周期，企业社区住房的兴建、发展、完善成熟到陈旧衰败，恰好成为住房生命周期理论重要的研究对象，本书则可为其研究提供借鉴与参考。

**4. 加强城市新贫困空间认知**

受住房商品化的影响，在以需求和支付能力为导向的市场引导迁居模式下，部分企业社区高收入居民迁出，而低收入者则留在了企业社区内部。同时，二手房市场和住房租赁市场的建立，致使外来购房者与租户“闯入”，且多为低收入群体。因此，低收入退休者、下岗职工与外来群体的结合，导致企业社区成为城市贫困的主要发生地。探讨企业社区人口构成及人口特征，对研究和认识城市贫困具有重要的价值，对于完善城市贫困理论具有重要的意义。

**5. 有助于深入理解城市更新、内城空间演替与可持续发展理论**

随城市外围拓建的放缓，内部更新逐步成为城市可持续发展的重要方向。企业社区因建设年代久远而在城市扩展中逐步演变为内城空间，社区面积大，数量多，占据较为有利的区位优势，但衰败破旧的企业社区与周边优质的公共服务设施总是不相匹配，且在影响城市市容市貌的同时也影响了社区居民的生活品质。因此，为满足城市更新、提升城市空间品质、改善人居环境、促进城市可持续发展等的需求，企业社区成为城市内城空间更新演替的重要潜力空间，但内部社区很难像城中村那样，整体推倒重建，除政府或开发商主导的片区、社区整体开发改造的空间巨变外，多是采用局部改造的渐进式模式，实现社区的空间演替。因此，研究企业社区，对于更好地理解和完善内城空间演替与城市可持续发展理论具有重要借鉴价值。

**6. 有助于建设更加美好的城市家园**

通过对城市企业社区的整体解读，以及对改造更新及再生产潜力与路径的探讨与研究，对于认识和解决新型城镇化导向下的我国城市更新、建设用地效益提升与内部空间再利用，城市贫困空间识别、人居环境改善以及城市发展质量提升等方面问题具有重要实践价值。同时，本书能够供城市科学、地理学、社会学、人口学等学科领域的研究人员、科技工作者以及高校师生参考，也可为政府及城市与区域规划领域的工作人员制定城市发展政策提供参考。

### 9.2.2 多方博弈视角下企业社区空间再生产情景

企业社区的命运，自企业的单位制开始瓦解的那一刻起，便不再单纯掌握在企业管理者手中。在经济政策改革与企业减负的背景下，企业社区逐步被脱离企业，向全面社会化的方向发展。那么，未来社区在自然演替、企业与相关管理部门、政府、开发商地产商以及社区居民等多方博弈下，企业社区空间生产将如何呈现?结合政策解读与居民调查相关访谈，总结发展情景如下。

（1）新建与改造并行。在企业与相关部门及政府有为干预下，积极响应企业发展住房与老旧小区改造需求，拆除部分年久失修与无法继续居住的旧楼、危房，新建高层，对尚可居住的老旧住宅进行整体改造。同时，对小区公共区域、小区环境等进行完善，成为居民普遍期望的结果。

（2）实践老旧小区改造。在政府主导下，社区逐步实现社会化管理。进行楼栋、管网、上下水、电网、煤气、光纤设施等改造，完善养老、抚幼、文化娱乐、健身、美化亮化净化工程、机动车和非机动车的存放等设施建设。同时，增设电梯，加强物业管理，提升社区公共环境，改善居民生活品质。

（3）维持现状。部分社区因企业倒闭，管理权不明晰而“脱管、失管、弃管”，处于缺少管理和维护的状态，且此类小区中居住的多为外来租户及退休低收入职工群体。外来租户因职业不稳定，成分复杂，流动性大；退休老年群体年纪过高，均对所居住小区的各项管理事务参与的积极性不高，甚至置身事外，因此，在不影响城市发展，暂无大的开发价值的情况下，相关部门在做好必要关爱工作的情况下，只能让社区维持现状，自然演替。政府“三供一业”改造等政策的介入，将极大打破企业社区维持旧有的秩序。

（4）拆迁重建。开发商地产商等介入，给予居民相应补偿。老旧社区整体拆除，并在原址建立全新的商业街区或商品房住宅小区，最大限度地发挥企业社区所具备的区位价值，提升城市发展品质，但在拆迁补偿方面，可能会产生各种利益纠纷，在一定程度上损害居民利益，是居民所不情愿的，因此拆建难度大，过程曲折。另外，更多居民倾向于拆建后回迁。拆建若能恢复和保留部分原旧建筑，留住企业社区根的记忆，历史的记忆，是诸多居民的一大心愿和强烈诉求，也应是给予社会和时代的一个交代。

（5）改造或维持原状。政府与开发商介入，但拆迁补偿未满足居民要求，或出于其他原因，政府等方面搁置拆迁。居民若积极参与，争取改造，则可在政策引导下实现住房、设施、环境等的改造完善。但若无动于衷、超然物外，则社区只可能维持原状，继续作为城市诟病存在。

# 参考文献

白德懋. 1993. 居住区规划与环境设计. 北京: 中国建筑工业出版社
包文瑞. 2017. 宝鸡国有企业生活区(社区)环境改造设计研究. 杨凌: 西北农林科技大学硕士学位论文
蔡霞. 2016. “地方”: 生态批评研究的新范畴——段义孚和斯奈德“地方”思想比较研究. 外语研究, 33(2): 102-107
蔡云楠, 杨宵节, 李冬凌. 2017. 城市老旧小区“微改造”的内容与对策研究. 城市发展研究, 24(4): 29-34
柴彦威. 1996. 以单位为基础的中国城市内部生活空间结构——兰州市的实证研究. 地理研究, 15(1): 30-38
柴彦威, 陈零极, 张纯. 2007. 单位制度变迁: 透视中国城市转型的重要视角. 世界地理研究, 16(4): 60-69
柴彦威, 陈零极. 2009. 中国城市单位居民的迁居: 生命历程方法的解读. 国际城市规划, 24(5): 7-14
柴彦威, 刘天宝, 塔娜, 等. 2013. 中国城市单位制研究的一个新框架. 人文地理, 28(4): 1-6
柴彦威, 刘志林, 沈洁. 2008. 中国城市单位制度的变化及其影响. 干旱区地理, 31(2): 155-163
柴彦威, 塔娜, 毛子丹. 2011. 单位视角下的中国城市空间重构. 现代城市研究, 26 (3): 5-9
柴彦威, 张艳. 2010. 应对全球气候变化, 重新审视中国城市单位社区. 国际城市规划, 25(1): 20-23
柴彦威, 张艳, 刘志林. 2011. 职住分离的空间差异性及其影响因素研究. 地理学报, 66(2): 157-166
柴云. 2019. 陕西三线建设小记. 百年潮, 235(1): 77-81
陈柏峰. 2011. 熟人社会: 村庄秩序机制的理想型探究. 社会, 31(1): 223-241
陈晨, 宋小冬, 钮心毅. 2015. 土地适宜性评价数据处理方法探讨. 国际城市规划, 30(1): 70-77
陈浮. 2000. 城市人居环境与满意度评价研究. 城市规划, 24(7): 25-27
陈雷. 2010. 现代社会资本与社区发展——以内蒙古世界银行社区主导型发展项目为例. 公共管理学报, 7(2): 11-20
陈利顶, 李秀珍, 傅伯杰, 等. 2014. 中国景观生态学发展历程与未来研究重点. 生态学报, 34(12): 3129-3141
陈利青, 张勇. 2018. 三线企业社区管理变迁——以 J 厂和 K 厂的社区为例. 长江师范学院学报, 34(5): 45-51
陈明星. 2015. 城市化领域的研究进展和科学问题. 地理研究, 34(4): 614-630
陈全功, 程蹊. 2010. 空间贫困及其政策含义. 贵州社会科学, (8): 87-92
陈珊珊, 郑强, 刘晋媛, 等. 2018. 存量更新规划中的大数据应用方法研究——以哈尔滨市城市存量土地更新规划对策研究为例. 城市发展研究, 25(11): 37-42
陈蔚珊, 柳林, 梁育填. 2016. 基于 POI 数据的广州零售商业中心热点识别与业态集聚特征分析. 地理研究, 35(4): 703-716
党云晓, 余建辉, 张文忠, 等. 2016. 环渤海地区城市居住环境满意度评价及影响因素分析. 地理科学进展, 35(2): 184-194
邓晓梅. 2002. 从单位社区到城市社区. 规划师, 18(8): 9-12
丁桂节. 2007. 工人新村: “永远的幸福生活”——解读上海 20 世纪 50、60 年代的工人新村. 上海: 同济大学博士学位论文
丁一, 王红梅, 沈明, 等. 2014. 广州市旧城更新改造模式的优选研究. 城市规划, 38(5): 15-21
丁一平. 2017. “一五”计划与洛阳工业基地建设. 当代中国史研究, 24(2): 27-36
杜春兰, 柴彦威, 张天新, 等. 2012. “邻里”视角下单位大院与居住小区的空间比较. 城市发展研究, 19(5): 88-94
段义孚. 2017. 空间与地方: 经验的视角. 王志标译. 北京: 中国人民大学出版社
斐迪南・滕尼斯. 1999. 共同体与社会: 纯粹社会学的基本概念. 林荣远译. 北京: 商务印书馆
冯健, 周一星. 2003. 北京都市区社会空间结构及其演化(1982-2000). 地理研究, 22(4): 465-483

付凤杰, 刘珍环, 黄千杜. 2019. 深圳市福田区三维城市景观格局变化特征. 生态学报, 39(12): 4299-4308
高晓路. 2008. 北京市居民住房需求结构分析. 地理学报, 63(10): 1033-1044
郭文. 2019. 社区型文化遗产地的旅游空间生产与形态转向——基于惠山古镇案例的分析. 四川师范大学学报(社会科学版), 46(2): 75-82
国家统计局国民经济综合统计司. 1999. 新中国五十年统计资料汇编. 北京: 中国统计出版社
韩善锐, 韦胜, 周文, 等. 2017. 基于用户兴趣点数据与 Landsat 遥感影像的城市热场空间格局研究. 生态学报, 37(16): 5305-5312
何重达, 吕斌. 2007. 中国单位制度社会功能的变迁. 城市问题, (11): 48-56
亨利·列斐伏尔. 2003. 空间: 社会产物与使用价值. 现代性与空间的生产. 王志弘译. 上海: 上海教育出版社, 47-58
洪亮平, 赵茜. 2016. 从物质更新走向社区发展: 旧城社区更新中城市规划方法创新. 北京: 中国建筑工业出版社
黄烈佳, 代琳, 宋彦. 2018. 住宅郊区化进程中居住福利及其差异测度——以武汉市为例. 现代城市研究, (4): 123-129
黄玉捷. 1997. 社区整合: 社会整合的重要方面. 河南社会科学, (4): 71-74
焦耀, 刘望保, 石恩名. 2015. 基于多源 POI 数据下的广州市商业业态空间分布及其机理研究. 城市观察, 40(6): 86-96
揭爱花. 2000. 单位: 一种特殊的社会生活空间. 浙江大学学报, 30(5): 73-80
匡文慧, 刘纪远, 邵全琴, 等. 2011. 区域尺度城市增长时空动态模型及其应用. 地理学报, 66(2): 178-188
李晨, 韩冬青. 2011. 单位大院集中地段空间形态的演变——以南昌八一广场周边地段为例. 城市问题, (6): 30-36
李浩. 2017. 先行先试苏联专家重点指导和试点的“一五”西安规划. 城市规划, 41(11): 120-122
李路路, 苗大雷, 王修晓. 2009. 市场转型与“单位”变迁再论“单位”研究. 社会, 29(4): 1-25
李晴. 2011. 基于“第三场所”理论的居住小区空间组织研究. 城市规划学刊, (1): 105-111
李庆丽, 李斌. 2012. 养老设施内老年人的生活行为模式研究. 时代建筑, (6): 30-36
李帅, 魏虹, 倪细炉, 等. 2014. 基于层次分析法和熵权法的宁夏城市人居环境质量评价. 应用生态学报, 25(9): 2700-2708
李文玥, 易鑫. 2019. 工业城市中工业遗产的保护与利用——以焦作老城区范围工业遗产为例. 自然与文化遗产研究, 4(7): 31-36
李雪铭, 晋培育. 2012. 中国城市人居环境质量特征与时空差异分析. 地理科学, 32(5): 521-529
林捷燕, 杨近平. 2014. 新中国“一五”计划的工业强国梦探讨. 克拉玛依学刊, 4(4): 33-36
林晓珊. 2008. 空间生产的逻辑. 理论与现代化, (2): 90-95
刘合波, 文静. 2019. 三线建设时期中国对资源、人口的动员与生态环境的变迁. 济宁学院学报, 40(1): 74-78
刘天宝, 柴彦威. 2012a. 结构主义视角下中国城市单位制的形成逻辑. 人文地理, 27(1): 34-38
刘天宝, 柴彦威. 2012b. 地理学视角下单位制研究进展. 地理科学进展, 31(4): 527-534
刘天宝, 柴彦威. 2014. 中国城市单位大院空间及其社会关系的生产与再生产. 南京社会科学, (7): 48-55
刘天放. 2019. 工业遗产可以变“包袱”为“财富”. 中国旅游报, (3), 2019-08-16
刘望保, 翁计传. 2007. 住房制度改革对中国城市居住分异的影响. 人文地理, 22(1): 49-52

龙涛. 2016. 上海中心城区游客兴趣点(POI)时空分布特征研究. 上海: 上海师范大学硕士学位论文
龙瀛, 刘伦伦. 2017. 新数据环境下定量城市研究的四个变革. 国际城市规划, 32(1): 64-73
卢汉龙. 1999. 单位与社区: 中国城市社会生活的组织重建. 社会科学, (2): 52-54
芦恒. 2017. 以内生优势化解外部风险——“社区抗逆力”与衰落单位社区重建. 社会科学, (6): 71-80
马蓓蓓, 李海玲, 魏也华, 等. 2018. 西安市贫困空间结构特征与发生机理. 地理学报, 73(6): 1018-1032
马仁锋, 王美, 张文忠, 等. 2015. 临港石化集聚对城镇人居环境影响的居民感知——宁波镇海案例. 地理研究, 34(4): 729-739
马仁锋, 张文忠, 余建辉, 等. 2014. 中国地理学界人居环境研究回顾与展望. 地理科学, 34(12): 1470-1479
马学广. 2010. “单位制”城市空间的社会生产研究. 经济地理, 30(9): 1456-1461
梅记周, 陈朋. 2013. 改革开放以来工作单位社会的变化及其治理困境——基于民主与治理的视角. 学术论坛, 36(1): 44-47
牛强, 胡晓婧, 周婕. 2017. 我国城市规划计量方法应用综述和总体框架构建. 城市规划学刊, (1): 71-78
欧阳虹彬, 叶强. 2015. 社区更新机制的弹性: 英国模式对中国的启示. 城市发展研究, 22(12): 63-69
潘可礼. 2015. 亨利・列斐伏尔的社会空间理论. 南京师范大学学报(社会科学版), (1): 13-20
潘思东. 2017. 基于夜光遥感和小区 POI 的住宅发展与经济增长的空间耦合研究. 地球信息科学学报, 19(5): 646-652
彭恺. 2015. 空间生产视角下的转型期中国新城问题研究新范式. 城市发展研究, 22(10): 63-70
齐杨, 邬建国, 李建龙, 等. 2013. 中国东西部中小城市景观格局及其驱动力. 生态学报, 33(1): 275-285
浅见泰司, 高晓路. 2006. 居住环境: 评价方法与理论. 高晓路, 张文忠, 李旭, 等译. 北京: 清华大学出版社
乔永学. 2004. 北京“单位大院”的历史变迁及其对北京城市空间的影响. 华中建筑, 22(5): 91-95
秦静, 李郎平, 唐鸣镝, 等. 2018. 基于地理标记照片的北京市入境旅游流空间特征. 地理学报, 73(8): 164-178
秦瑞英, 闫小培. 2013. 城市化进程中城市社区变迁探究——以深圳为例. 现代城市研究, 28 (7): 72-75
任绍斌. 2002. 单位的分解蜕变及单位大院与城市用地空间的整合的探讨. 规划师, 18(11): 60-63
申卫军, 邬建国, 任海, 等. 2003. 空间粒度变化对景观格局分析的影响. 生态学报, 23(12): 2506-2519
沈体雁, 周麟, 王利伟, 等. 2015. 服务业区位选择的交通网络指向研究: 以北京城市中心区为例. 地理科学进展, 34(8): 947-956
史雯. 2012. 基于居民感知视角的跨文化旅游影响研究. 兰州: 西北师范大学硕士学位论文
宋秀葵. 2014. 段义孚的地方空间思想研究. 人文地理, 29(4): 19-23
孙斌栋, 但波. 2015. 上海城市建成环境对居民通勤方式选择的影响. 地理学报, 70(10): 1664-1674
孙斌栋, 阎宏, 张婷麟. 2016. 社区建成环境对健康的影响——基于居民个体超重的实证研究. 地理学报, 71(10): 1721-1730
孙道胜, 柴彦威, 张艳. 2016. 社区生活圈的界定与测度: 以北京清河地区为例. 城市发展研究, 23(9): 1-9
孙峰华. 2002. 21 世纪的社区地理学. 人文地理, 17(5): 73-77
孙全胜. 2015a. 空间生产——从列斐伏尔到福柯. 江汉大学学报, 32(4): 89-95
孙全胜. 2015b. 列斐伏尔“空间生产”的理论形态研究. 南京: 东南大学博士学位论文
孙全胜. 2017. 论列斐伏尔“空间生产”的理论形态. 太原理工大学学报(社会科学版), 35(3): 85-90
孙铁山. 2015. 北京市居住与就业空间错位的行业差异和影响因素. 地理研究, 34(2): 351-363
孙延松. 2017. 空间生产视角下大城市核心区更新模式研究——以深圳宝安中心区为例. 中国城市规划

学会、东莞市人民政府. 持续发展理性规划——2017 中国城市规划年会论文集, 508-520
塔娜, 柴彦威. 2010. 过滤视角下的中国城市单位社区变化研究. 人文地理, 25(5): 6-10
塔娜, 柴彦威, 关美宝. 2015. 建成环境对北京市郊区居民工作日汽车出行的影响. 地理学报, 70(10): 1675-1685
塔娜, 柴彦威, 刘志林. 2012. 单位社区杂化过程与城市性的构建. 人文地理, 27(3): 39-43
谭文勇. 2006. 单位社区——回顾、思考与启示. 重庆: 重庆大学硕士学位论文
谭玉妮, 张永庆. 2018. 列斐伏尔城市空间生产理论的发展逻辑及启示. 城市学刊, 39(2): 87-90
唐鸣镝, 秦静, 黄震宇, 等. 2018. 北京城市旅游功能热区的演变与规划响应. 规划师, 34(4): 88-94
陶希东. 2017. 城市更新: 一个基础理论体系的尝试性建构. 创新, 11(4): 16-26
王承慧. 2018. 走向善治的社区微更新机制. 规划师, 34(2): 5-10
王丰龙, 刘云刚. 2011. 空间的生产研究综述与展望. 人文地理, 26(2): 13-19
王沪宁. 1990. 社会资源总量与社会调控: 中国意义. 复旦大学学报(社会科学版), (4): 2-11
王娟, 杨贵庆. 2015. 上海城市社区类型谱系划分及重点社区类型遴选的研究. 上海城市规划, (4): 6-12
王兰, 吴志强, 邱松. 2016. 城市更新背景下的创意社区规划: 基于创意阶层和居民空间需求研究. 城市规划学刊, (4): 54-61
王梅梅, 杨永春, 谭一洺, 等. 2015. 中国城市居民的家庭代际分/合居行为及其影响要素——以成都市为例. 地理学报, 70(8): 1296-1310
王美琴. 2010. 城市居住空间分异格局下单位制社区的走向. 苏州大学学报(哲学科会科学版), 31(6): 6-9
王彦辉. 2010. 中国城市封闭社区的现状问题及其对策研究. 现代城市研究, 25(3): 85-90
魏琰, 杨豪中. 2015. 近现代西安城市工业格局演变的历史研究(1869-1978). 城市规划学刊, (1): 106-112
吴缚龙. 1992. 中国城市社区的类型及其特质. 城市问题, (5): 24-27
吴缚龙, 马润潮, 张京祥, 等. 2007. 转型与重构——中国城市发展多维透视. 南京: 东南大学出版社, 3-5
吴健生, 许娜, 张曦文. 2016. 中国低碳城市评价与空间格局分析. 地理科学进展, 35(2): 204-213
吴良镛. 2003. 人居环境科学的人文思考. 城市发展研究, 10(5): 4-7
吴启焰, 吴小慧, Chen G, 等. 2013. 基于小尺度五普数据的南京旧城区社会空间分异研究. 地理科学, 33(10): 1196-1205
吴茜. 2006. 武汉市老年公寓公共空间中高龄者社交行为研究. 武汉: 华中科技大学硕士学位论文
吴文恒, 张敬飒, 徐凯颖, 等. 2016. 城镇购房衡量的农业转移人口流向特征与形成机制. 地理学报, 71(10): 1680-1695
吴晓林. 2012. 中国城市社区建设研究述评(2000—2010 年)——以 CSSCI 检索论文为主要研究对象. 公共管理学报, 9(1): 111-120
吴莹, 王兰. 2018. 城市化进程中的“村改居”社区规划设计优化探索——基于 31 个社区空间特征和评价调研. 城市规划学刊, (2): 37-43
席广亮, 甄峰. 2017. 基于大数据的城市规划评估思路与方法探讨. 城市规划学刊, (1): 56-62
肖笃宁, 苏文贵, 贺红士. 1988. 景观生态学的发展和应用. 生态学杂志, (6): 43-48
肖轶, 任云英. 2015. 西安“一五”时期工业区布局模式解析. 建筑与文化, (4): 45-48
肖作鹏, 柴彦威. 2014. 产权实践视角下单位大院的物质空间演变——以北京化工大院为例. 城市发展研究, 21(4): 105-112
肖作鹏, 柴彦威, 张艳. 2014. 国内外生活圈规划研究与规划实践进展述评. 规划师, 30(10): 89-95
肖作鹏, 刘天宝, 柴彦威. 2018. 中国单位制度空间范型的探索性分析. 新建筑, (5): 38-42

谢波, 郑依玲, 李志刚, 等. 2019. 行为活动视角下城市老年人户外空间的规划布局模式——以武汉为例. 现代城市研究, (2): 30-37
徐汉晖. 2017. 空间、地方感与恋地情结的文学抒写. 湖北社会科学, (11): 119-125
徐菊芬, 朱杰. 2008. 中国城市居住分异的演化与特征. 城市问题, (9): 96-101
许凯, 孙彤宇. 2018. 城市创意社区空间形态的自组织特征研究——以国内四个创意社区为例. 城市规划学刊, (6): 84-93
许学强, 周一星, 宁越敏. 2009. 城市地理学. 北京: 高等教育出版社
许永成. 2018. "空间生产"主导下城市更新中的地方建构研究. 广州: 华南理工大学硕士学位论文
许泽宁, 高晓路. 2016. 基于电子地图兴趣点的城市建成区边界识别方法. 地理学报, 71(6): 928-939
严若谷. 2016. 城变: 政府力作用下的深圳旧工业空间再生产. 北京: 科学出版社
阳建强, 杜雁. 2016. 城市更新要同时体现市场规律和公共政策属性. 城市规划, 40(1): 72-74
杨雪, 张文忠. 2016. 基于栅格的区域人居自然和人文环境质量综合评价——以京津冀地区为例. 地理学报, 71(12): 2141-2154
杨永春, 谭一洺, 黄幸, 等. 2012. 基于文化价值观的中国城市居民住房选择——以成都市为例. 地理学报, 67(6): 841-852
杨振山, 丁悦, 李娟. 2016. 城市可持续发展研究的国际动态评述. 经济地理, 36(7): 9-18
叶超, 柴彦威. 2011. 城市空间的生产方法论探析. 城市发展研究, 18(12): 86-89
叶超, 柴彦威, 张小林. 2011. "空间的生产"理论、研究进展及其对中国城市研究的启示. 经济地理, 31(3): 409-413
尹广文, 林秀梅. 2015. 后单位制时代的中国城市社区治理——从地域共同体到精神共同体. 山西师范大学学报(社会科学版), 42(2): 44-48
原珂. 2019. 中国特大城市社区类型及其特征探究. 学习论坛, (2): 71-76
袁也. 2016. 城市规划评价的类型与基本范畴: 文献评述及相关思考. 城市规划学刊, (6): 38-44
袁媛. 2012. 城市规划中的社区指标研究. 国际城市规划, 27(2): 1-3
曾壁均, 林木西. 1990. 新中国经济史. 北京: 经济日报出版社, 81-82
张纯, 柴彦威. 2009. 中国城市单位社区的空间演化: 空间形态与土地利用. 国际城市规划, 24(5): 28-32
张帆. 2004. 社会转型期的单位大院形态演变、问题及对策研究——以北京市为例. 南京: 东南大学硕士学位论文
张洪昌, 舒伯阳. 2019. 城市旅游社区的空间生产及治理路向. 学习与实践, (1): 103-111
张京祥, 陈浩. 2012. 基于空间再生产视角的西方城市空间更新解析. 人文地理, 27(2): 1-5
张京祥, 胡毅, 孙东琪. 2014. 空间生产视角下的城中村物质空间与社会变迁——南京市江东村的实证研究. 人文地理, 29(2): 1-6
张磊, 李慧民. 2014. 城市既有住宅更新改造潜力综合评价研究. 建筑经济, 35(9): 86-89
张诗博. 2019. 空间生产理论视野下大学图书馆空间研究范式的转换. 新世纪图书馆, (8): 20-24
张甜, 王仰麟, 刘焱序, 等. 2016. 1987—2015 年深圳市主城区景观演变过程多时相识别. 地理学报, 71(12): 2170-2184
张文清. 2009. 社区建设之社区情感建设. 科技创新导报, (19): 195
张文忠, 谌丽, 杨翌朝. 2013. 人居环境演变研究进展. 地理科学进展, 32(5): 710-721
张学强. 2005. "二五"计划的编制与"大跃进"时期的高指标. 求索, (8): 195-197
张延吉, 秦波, 唐杰. 2017. 城市建成环境对居住安全感的影响——基于全国 278 个城市社区的实证分析. 地理科学, 37(9): 1318-1325
张艳, 柴彦威. 2009. 基于居住区比较的北京城市通勤研究. 地理研究, 28(5): 1327-1340

张艳, 柴彦威, 周千钧. 2009. 中国城市单位大院的空间性及其变化: 北京京棉二厂的案例. 国际城市规划, 24(5): 20-27
张瑜, 仝德, Maclachlan L. 2018. 非户籍与户籍人口居住空间分异的多维度解析——以深圳为例. 地理研究, 37(12): 2567-2575
赵川芳. 2014. 30 年来我国社区发展法规、政策综述. 广东广播电视大学学报, 23(6): 54-59
郑晓东. 2008. 美国城市社区自治的现状与趋势. 浙江学刊, (5): 134-138
钟杨燕, 周素红. 2010. 转型背景下原单位职工迁居行为特征与机制——以广州市海珠区江南中街为例. 人文地理, 25(5): 36-40
周春山, 边艳, 张国俊, 等. 2016. 广州市中产阶层聚居区空间分异及形成机制. 地理学报, 71(12): 2089-2102
周干峙. 2014. 西安首轮城市总体规划回忆. 城市发展研究, 21(3): 2-7
周明长. 2004. “一五”重工业优先发展战略与工业城市的发展. 四川大学学报(社会科学版), (S1): 123-126
朱竑, 钱俊希, 陈晓亮. 2010. 地方与认同: 欧美人文地理学对地方的再认识. 人文地理, 25(6): 1-6
Adelman R M. 2018. Going small: Urban social science in the era of big data city & community forum on census data. City & Community, 17(3): 550-553
Andrusz G, Harloe M, Szelenyi I. 1996. Cities after socialism: Urban and regional change and conflict in post- socialist societies. GeoJournal, 42(4), 465-468
Asami Y. 2001. Residential Environment: Methods and Theory for Evaluation. Tokyo: University of Tokyo Press
Ayson D. 2018. Community mapping and data gathering for city planning in the Philippines. Environment and Urbanization, 30(2): 501-518
Barrett G. 2015. Deconstructing community. Sociologia Ruralis, 55(2): 182-204
Bhattacharyya J. 1995. Solidarity and agency: Rethinking community development. Human Organization, 54(1): 60-69
Bjorklund E M. 1986. The Danwei: Socio-spatial characteristics of work units in China's urban society. Economic Geography, 62(1): 19-29
Blakely E J, Snyder M G. 1997. Fortress America: Gated communities in the United States. American Political Science Review, 92(3): 699-700
Blandy S, Lister D, Atkinson R, et al. 2003. Gated communities: A systematic review of the research evidence. Centre for Neighbourhood Research Paper, 12(1): 1-65
Brade I, Herfert G, Wiest K. 2009. Recent trends and future prospects of socio-spatial differentiation in urban regions of central and eastern Europe: A lull before the storm?. Cities, 26(5): 233-244
Bray D. 2005. Social Space and Governance in Urban China: The Danwei System from Originsto Reform. Stanford: Stanford University Press
Burawoy M, Connor W D, Jones A, et al. 1992. The end of sovietoloy and the renaissance of modernization theory. Contemporary Sociology, 21(6): 774-785
Burdack J, Rudolph R. 2001. Postsozialistische stadtentwicklungen zwischen nachholender modernisierung und eigenem weg. Geographica Helvetica, 56(4): 261-273
Caldeira T. 1996. Fortified enclaves: The new urban segregation. Public Culture, 8 (2): 303-328
Cao X. 2016. How does neighborhood design affect life satisfaction? Evidence from Twin Cities. Travel Behaviour & Society, 51: 68-76
Cao X, Mokhtarian P L, Handy S L. 2008. Examining the impacts of residential self-selection on travel behaviour: A focus on empirical findings. Transport Reviews, 29(3): 359-395
Cervero R. 1989. Jobs-housing balancing and regional mobility. Journal of the American Planning Association, 55(2): 136-150

Cervero R, Kockelman K. 1997. Travel demand and the 3Ds: Density, diversity, and design. Transportation Research Part D-Transport and Environment, 2(3): 199-219
Crowe J. 2010. Community attachment and satisfaction: The role of a community's social network structure. Journal of Community Psychology, 38(5): 622-644
Ewing R, Cervero R. 2010. Travel and the built environment. Journal of the American Planning Association, 76(3): 265-294
Eyles J. 1989. The geography of everyday life. Horizons in Human Geography. London: Macmillan, 102-117
Fan J, Ma T, Zhou C, et al. 2014. Comparative estimation of urban development in China's cities using socioeconomic and DMSP/OLS night light data. Remote Sensing, 6(8): 7840-7856
Garfinkel-Castro A, Kim K, Hamidi S, et al. 2017. Obesity and the built environment at different urban scales: Examining the literature. Nutrition Reviews, 75(S1): 51-61
Gatrell A C. 1979. Autocorrelation in spaces. Environment and Planning A, 11(5): 507-516
Gieryn T F. 2000. A space for place in sociology. Annual Review of Sociology, 26(1): 463-496
Giuliano G, Small K A. 1993. Is the journey to work explained by urban structure?. Urban Studies, 30(9): 1485-1500
Golubchikov O, Badyina A. 2006. Conquering the inner-city: Urban redevelopment and gentrification in Moscow. The Urban Mosaic of Post-Socialist Europe, 195-212
Gu C L, Wang F H, Liu G. 2005. The structure of social space in Beijing in 1998: A socialist city in transition. Urban Geography, 26(2): 167-192
Hamilton B W, Röell A. 1982. Wasteful commuting. Journal of Political Economy, 90(5): 1035-1051
Handy S L, Boarnet M G, Ewing R, et al. 2002. How the built environment affects physical activity: Views from urban planning. American Journal of Preventive Medicine, 23(2S): 64-73
Hirt S, Stanilov K. 2007. The perils of post-socialist transformation: Residential development in Sofia. The Post-Socialist City, 92: 215-244
Horner M W. 2002. Extensions to the concept of excess commuting. Environment and Planning A, 34(3): 543-566
La Rosa D, Riccardo P, Barbarossa L, et al. 2017. Assessing spatial benefits of urban regeneration programs in a highly vulnerable urban context: A case study in Catania, Italy. Landscape and Urban Planning, 157: 180-192
Laurence J C Ma, Wu F. 2005. Restructuring the Chinese city: Diverse Processes and Reconstituted Spaces. London: Routledge, 1-20
Lawley D N, Maxwell A E. 1971. Factor Analysis as a Statistical Method. London: Butterworth
Lefebvre H. 1992. The Production of Space. Texas: Wiley-Blackwell, 464
Levine J C. 1998. Rethinking accessibility and jobs-housing balance. Journal of the American Planning Association, 64(2): 133-149
Li G, Jin F, Chen Y, et al. 2017. Location characteristics and differentiation mechanism of logistics nodes and logistics enterprises based on points of interest (POI): A case study of Beijing. Journal of Geographical Sciences, 27(7): 879-896
Liang X, Liu Y, Qiu T, et al. 2018. The effects of locational factors on the housing prices of residential communities: The case of Ningbo, China. Habitat International, 81: 1-11
Lin W. 2008. Remaking Chinese urban form: Modernity, scarcity and space, 1949-2005. Urban Geography, 29(2): 187-188
Liu C. 2006. Social changes and neighborhood policy in Shanghai. Policy and Society, 25(1): 133-155
Logan J R, Bian Y, Bian F. 1999. Housing inequality in urban China in the 1990s. International Journal of Urban and Regional Research, 23(1): 7-25
Lu T, Zhang F, Wu F. 2018. Place attachment in gated neighbourhoods in China: Evidence from Wenzhou. Geoforum, 92: 144-151

Merlin L A, Guerra E, Dumbaugh E. 2019. Crash risk, crash exposure, and the built environment: A conceptual review. Accident Analysis and Prevention, 134

Mertens D M, Bazeley P, Bowleg L, 2016. Expanding thinking through a kaleidoscopic look into the future: Implications of the mixed methods international research association's task force report on the future of mixed methods. Journal of Mixed Methods Research, 10(3): 221-227

Polanska D. 2008. Decline and revitalization in post-communist urban context: A case of the Polish city—Gdansk. Communist and Post-Communist Studies, 41(3): 359-374

Rex A J. 1969. Race relations in sociological theory. Contemporary Sociology, 1(4): 30-36

Sailer-Fliege U. 1999. Characteristics of post-socialist urban transformation in east central Europe. Geojournal, 49(1): 7-16

Sengupta U. 2006. Liberalization and the privatization of public rental housing in Kolkata. Cities, 23(4): 269-278

Steinmetz-Wood M, Pluye P, Ross N A. 2019. The planning and reporting of mixed methods studies on the built environment and health. Preventive Medicine, 126

Sultana S. 2002. Job-Housing imbalance and commuting time in the Atlanta metropolitan area: Exploration of causes of longer commuting time. Urban Geography, 23(8): 728-749

Sun B, Ermagun A, Dan B. 2017. Bulit environment impacts on commuting mode choice and distance: Evidence from Shanghai. Transportation Research Part-D Transport and Environment, 52: 441-453

Sykora L. 1999. Processes of socio-spatial differentiation in post-communist Prague. Housing Studies, 14(5): 679-701

Ta N, Chai Y, Zhang Y, et al. 2017. Understanding job-housing relationship and commuting pattern in Chinese cities: Past, present and future. Transportation Research Part-D Transport and Environment, 52: 562-573

Tuan Y. 1999. Who Am I? An Autobiography of Emotion, Mind, and Spirit. Madison: University of Wisconsin Press, 105-106

Wang D, Chai Y. 2009. The jobs–housing relationship and commuting in Beijing, China: The legacy of Danwei. Journal of Transport Geography, 17(1): 30-38

Wang Y, Murie A. 1999. Commercial housing development in urban China. Urban Studies, 36(9): 1475-1494

Weich S, Burton E, Blanchard M, et al. 2001. Measuring the built environment: Validity of a site survey instrument for use in urban settings. Health and Place, 7(4): 283-292

Wu F. 1997. Urban restructuring in China's emerging market economy: Towards a framework for analysis. International Journal of Urban and Regional Research, 21(4): 640-663

Xiao Y, Hui E C, Wen H. 2019. Effects of floor level and landscape proximity on housing price: A hedonic analysis in Hangzhou, China. Habitat International, 87: 11-26

Yuan Y, Qian F. 2014. Evaluation of community plan implementation from the perspective of public space: An empirical study on the case of Caoyang-Xincun in Shanghai. China City Planning Review, 23(3): 40-47

Zhang C, Chai Y. 2014. Un-gated and integrated work unit communities in post-socialist urban China: A case study from Beijing. Habitat International, 43(3): 79-89

Zhou J, Zhang C, Chen X, et al. 2014. Has the legacy of Danwei, persisted in transformations? The jobs-housing balance and commuting efficiency in Xi'an. Journal of Transport Geography, 40: 64-76

# 附表　典型企业社区调查

# 附表1　西北第一印染厂社区

## 1. 一印社区（西区）企业社区客观概况调查表

<table>
<tr><td colspan="2">社区名称</td><td colspan="2">一印社区（西区）</td><td>社区位置</td><td colspan="2">灞桥区纺织城纺一路215号</td></tr>
<tr><td rowspan="2">企业基本信息</td><td>社区所属企业</td><td colspan="4">西北第一印染厂</td><td>企业建设年代</td><td>1956年</td></tr>
<tr><td>企业运营及基本概况</td><td colspan="5">西北第一印染厂于1956年建厂，1958年试工，1960年正式生产，主要进行布料加染，曾为“全亚洲最大的印染厂”，亦是西北地区最大的国营单位。于1997年停产，2008年破产倒闭后交由国资委负责管理，社区被唐华公司管理一段时间后交灞桥区政府管理。职工退休或下岗，厂区现被改造为西安半坡国际艺术区；<br>该厂共有两个社区，东区和西区，西区建于1956年，原占地8.53hm$^2$，现约7.33hm$^2$，东区建于1986年，占地1.27hm$^2$，西区4000多人，东区2000多人，目前一共6000多人。原配有的医疗教育设施，包括东城幼儿园、东城第二小学、社区医院等，现在均社会化</td></tr>
<tr><td rowspan="7">社区内部基本信息</td><td>社区面积</td><td>7.33hm$^2$</td><td>建设年代</td><td>1956年</td><td>住房产权</td><td>居民私有</td></tr>
<tr><td>楼栋数</td><td>36栋</td><td>居住户数</td><td>1881户</td><td>人口</td><td>4700人左右</td></tr>
<tr><td>社区物业</td><td colspan="5">灞桥区国有资产管理有限公司</td></tr>
<tr><td>人口构成</td><td colspan="5">社区现住10%的居民为外来租户，多为打工的年轻合租者、外来经商人员等；<br>原企业职工及家属占比90%</td></tr>
<tr><td>建筑基本概况</td><td colspan="5">1958年建1～6号、8～10号等9栋砖木结构3层苏式单元楼，每栋为4或5个单元，一梯3户，每户建筑面积61m$^2$，两室一厨一卫。同年建成26号砖木结构男单身楼，共3层，每层29户，建筑面积每户29m$^2$；<br>1966年建44号男单身楼，为4层单间式砖混结构楼，每层52户，每户建筑面积18m$^2$；<br>20世纪70年代建成11号砖混单元楼，4层，6个单元，一梯3户，每户建筑面积47m$^2$，一室一厅一厨一卫；<br>1977年建13～14号楼，5层砖混单元楼，每栋3个单元，一梯3户，建筑面积58～59m$^2$，两室一厅一厨一卫；<br>1979年建17～18号，5层砖混单元楼，每栋3个单元，一梯3户，建筑面积46～49m$^2$，一室一厅一厨一卫；<br>1980年建19～20号，5层，砖混单元楼，分别为5个、8个单元，一梯2户，建筑面积48m$^2$，一室一厅一厨一卫；<br>1981年建24号，5层砖混单元楼，3个单元，一梯3户，建筑面积32m$^2$，一室半加一厨；<br>1984年建2栋6层砖混单元楼，15～16号，每栋6个单元，一梯3户，建筑面积53m$^2$，一室一厅一厨一卫，同年建成45号，3层砖混女单身楼，每层12户，建筑面积26m$^2$；<br>1988年建1栋7层砖混母子楼，每层12户，建筑面积36m$^2$，一室半加一厨一卫；<br>1993年建21号楼，7层，4个单元，一梯6户，一室半，建筑面积23m$^2$；<br>1994年建22号楼，6层，3个单元，一梯3户，建筑面积58m$^2$，二室一厨一卫；<br>1995年建23号楼，6层，4个单元，一梯3户，建筑面积67m$^2$，二室一厅一厨一卫；<br>1998年建12号楼，3层，4个单元，一梯3户，一室一厅一厨一卫，建筑面积48m$^2$；<br>2004年建36～42号7栋楼，均为6层，3或2个单元，一梯2户或3户，二室或三室一厅或二厅一厨一卫，建筑面积为78～120m$^2$；<br>2007年建成43号楼，6层，3个单元，一梯2户，建筑面积115m$^2$，三室二厅一厨一卫</td></tr>
<tr><td>社区内部公服状况</td><td colspan="5">公共服务设施较为齐全，有小商铺（佳琦商店）、卫生院、幼儿园、健身设施、室外乒乓球台</td></tr>
<tr><td>社区内部环卫状况</td><td colspan="5">社区内部环境卫生一般，路面硬化达90%以上，绿化较少</td></tr>
</table>

| | | |
|---|---|---|
| 社区外部基本信息 | 整体状况 | 社区周边有华润万家超市，社区门口有私人小摊，可购买蔬菜水果，银行较多，商业设施完善；社区周围有小药店，居民看病“一般小病去社区内部卫生所，大病去西安医学院附属二院（职工医院）或唐都医院。” |
| | 外部道路交通 | 外部交通发达，出行方便。有西安地铁1号线，公交线路有11路、8路、241路、171路、230路、169路等，其中11路最方便，主出入口500m内共9个公交站 |
| | 商业服务设施（1000m） | 幸福里购物广场、华夏世纪广场、半坡国际广场、东方世纪购物广场、客又多购物广场、大时代商业广场、立朗广场、大润家购物广场、惠都购物广场、义乌商城等 |
| | 教育服务设施（1000m） | 灞桥区幼儿园，灞桥区政府幼儿园，东城第一幼儿园一印分园；西安市灞桥区东城第一小学、东城第二小学、纺织城小学；西安市第五十五中学、西安幼儿师范职业学校等 |
| | 医疗服务设施（1000m） | 西安市灞桥区中医医院、纺织城电建社区卫生服务站、灞桥区纺织城社区卫生服务中心、唐都医院、西安医学院第二附属医院等 |
| | 餐饮休闲娱乐（1000m） | 餐饮：老童家泡馍、灞柳驿站、鑫雅斋牛羊肉泡馍馆、千岛湖鱼头泡饼、马虎面馆、月尚东城餐厅、百家姓饭店、福味居私房菜、迈德思客、华莱士炸鸡汉堡等；<br>娱乐：半坡博物馆、西安国际铁路主题公园、西安市纺织公园、卧龙动漫水上乐园、新东方城市商业公园、艺术咖啡馆、老厂茶社、中影圣谛影城等 |

| | | | | | |
|---|---|---|---|---|---|
| 附图 |  | 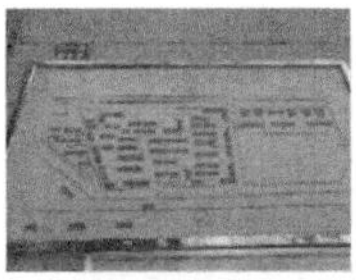 |  |  |  |
| |  |  |  |  |  |

## 2. 一印社区居民居住概况及主观感知调查表

| | | | | | | | |
|---|---|---|---|---|---|---|---|
| 受访者1 | 陈大哥 | 性别 | 男 | 年龄 | 62岁 | 何时从哪来 | 河北 |
| 职业 | 电子商务（下岗后再就业） | | | | | 受教育程度 | 职业中专 |
| 工作通勤 | 无 | 收入来源及月收入 | | | 个人工资2800元/月，家庭总收入6000元/月 | | |
| 家庭居住概况 | 一直在此居住，30多年 | | | | | 家庭人口构成 | 夫妻两人 |
| 住房特征 | 住房为2003年建的6层砖混楼，一梯2户，建筑面积94m$^2$，两室两厅，隔音采光还行，楼道有人打扫，卫生干净 | | | | | | |
| 邻里关系 | “挺好” | 物业管理满意度 | | | “一般，不算太好” | | |
| 生活消费 | 1500元/月 | | | | | | |
| 内部居住环境个人感知 | “住房还可以，面积挺大的，但社区一般，不太好，跟正规小区没法比，问题很多；有人管，没人理，光有人说，没人解决问题。”<br>“没有以前好，以前是自己厂子管，管得好，干净宽敞，现在社会物业管理，为了挣钱，外面的车让停进来，导致车辆到处乱停，本小区的车却没地停，小区成了公共场所，没了自主权，物业驱逐于利益，没为居民服务；环境卫生也是，有人检查就打扫，没人检查就不管。”<br>“幸福感还可以吧。” | | | | | | |
| 外部建成环境个人感知 | “道路交通、医疗、教育、商业餐饮都还可以，以前有自己厂的设施，但现在归社会了，以前孩子都可以进本厂的学校，现在不一定了；环境卫生脏乱；绿化还可以。” | | | | | | |
| 未来期望 | “觉得封闭小区更好，要求不高，希望物业服务能得到改善就行。” | | | | | | |

续表

| 受访者 2 | 兰阿姨 | 性别 | 女 | 年龄 | 63 岁 | 何时从哪来 | 西安本地 |
|---|---|---|---|---|---|---|---|
| 职业 | 退休职工 | 受教育程度 | 高中 | | | | |
| 工作通勤 | 无 | 收入来源及月收入 | 夫妻两人退休工资 4500 元/月 | | | | |
| 家庭居住概况 | 一直住在这儿，30 多年 | 家庭人口构成 | 夫妻两人 | | | | |
| 住房特征 | 住房为 20 世纪 80 年代建的 6 层砖混楼，建筑面积 53m$^2$，使用面积 40m$^2$，一梯 3 户，隔音采光都差，楼道有人打扫，未改造过 | | | | | | |
| 邻里关系 | “挺好” | 物业管理满意度 | “不满意” | | | | |
| 生活消费 | 每月总花销 2500 元；其中，物业费 20 元，水电费 100 元，暖气费 1000 元/年 | | | | | | |
| 内部居住环境个人感知 | “房子不好，太老，各方面都不好。”<br>“社区满意不满意老百姓说了也没用，管理不行，说了有啥用呢，社区远没有以前好。”<br>“幸福感一般。” | | | | | | |
| 外部建成环境个人感知 | “交通、医院、学校、吃饭买东西都方便；环境卫生很差劲；绿化也一般。” | | | | | | |
| 未来期望 | “希望赶紧改造，拆建，改善环境。” | | | | | | |
| 受访者 3 | 李师傅 | 性别 | 男 | 年龄 | 67 岁 | 何时从哪来 | 1970 年，河南 |
| 职业 | 退休职工 | 受教育程度 | 初中 | | | | |
| 工作通勤 | 无 | 收入来源及月收入 | 退休工资 3000 元/月 | | | | |
| 家庭居住概况 | 1972 年住进小区，先住单身楼，结婚后重新分的房 | 家庭人口构成 | 夫妻两人 | | | | |
| 住房特征 | 原住房为 20 世纪 50 年代所建的 3 层单身楼，使用面积 9m$^2$；<br>现住房为 1990 年建的 6 层砖混楼，建筑面积 48m$^2$，两室一厨一卫，采光差，白天需开灯 | | | | | | |
| 邻里关系 | “好” | 物业管理满意度 | “不满意” | | | | |
| 生活消费 | 2000 元/月 | | | | | | |
| 内部居住环境个人感知 | 住房：“肯定不满意。”<br>楼栋：“没有什么满意不满意。”<br>社区：“不好，不安全（偷盗）。” | | | | | | |
| 外部建成环境个人感知 | “交通、医疗、教育、商业餐饮，都还可以。”<br>“环境卫生不行，绿化也还可以。” | | | | | | |
| 未来期望 | “过一天算一天，没想过其他。”<br>“最需要改善小区设施和环境，对物业涨钱最有意见。” | | | | | | |
| 受访者 4 | 何奶奶 | 性别 | 女 | 年龄 | 84 岁 | 何时从哪来 | 1956 年，河南 |
| 职业 | 退休职工 | 受教育程度 | 无 | | | | |
| 工作通勤 | 无 | 收入来源及月收入 | 退休金 3000 元/月 | | | | |
| 家庭居住概况 | 在三厂拆后搬进此社区居住，居住 9 年 | 家庭人口构成 | 夫妻两人 | | | | |
| 住房特征 | “住房是租的，住 5 层，建筑面积 53.9m$^2$，3 个单元，一梯 3 户，每户两室，房屋隔音好，采光可以，楼道卫生可以，每天都有打扫，很及时，暖气好。” | | | | | | |
| 邻里关系 | “熟，经常一起出门坐着聊天” | 物业管理满意度 | “还可以” | | | | |
| 生活消费 | 3000 元/月 | | | | | | |
| 内部居住环境个人感知 | “住的是老房子，下水道经常堵；房子面积小，楼房没有电梯，但自家住在一楼，出门很方便；小区环境挺好，有个小广场，还有健身设施，社区挺安全；但社区道路狭窄，消防车进不来；以前住的是三厂的平房，所以跟以前比现在住房还挺好的。” | | | | | | |
| 外部建成环境个人感知 | “交通方便，就近有个卫生所，超市挺近的，学校很多，小区内就有一个幼儿园，社区的卫生也好。” | | | | | | |

续表

| | | | | | | | |
|---|---|---|---|---|---|---|---|
| 未来期望 | “希望改造下水道” | | | | | | |
| 受访者 5 | 张大爷 | 性别 | 男 | 年龄 | 76 岁 | 何时从哪来 | 1956 年，从河南的学校分来 |
| 职业 | 退休职工 | | 受教育程度 | | | 大专 | |
| 工作通勤 | 无 | | 收入来源及月收入 | | | 退休金 4000 元/月 | |
| 家庭居住概况 | “原本住在老楼，后来搬进新楼” | | | | | 家庭人口构成 | 夫妻两人 |
| 住房特征 | 新楼住房建筑面积 127$m^2$，一梯 2 户，6 层，三室两厅；房屋隔音不太好，采光好，卫生好，楼房结构为砖混结构 | | | | | | |
| 邻里关系 | “熟，一起经常在楼下聊天” | | | 物业管理满意度 | | “可以” | |
| 生活消费 | 每月总花销 1000 元，其中物业费 30 元/月 | | | | | | |
| 内部居住环境个人感知 | “房屋可以，暖气还行，楼房一般，老楼的条件本来就差，管道老化，但习惯了。”<br>“社区环境不及时管理，卫生不太好，挺差的。” | | | | | | |
| 外部建成环境个人感知 | “交通可以，学校挺多，小学、初中和高中都有。” | | | | | | |
| 未来期望 | “希望物业管理改善，增加老年活动室或老年公寓，社区老人多，希望解决养老问题。社区车乱停乱放，车位较少。” | | | | | | |
| 受访者 6 | 许大爷 | 性别 | 男 | 年龄 | 81 岁 | 何时从哪来 | 1956 年，河南 |
| 职业 | 退休职工 | | 受教育程度 | | | 初中 | |
| 工作通勤 | 无 | | 收入来源及月收入 | | | 退休金 4100 元/月 | |
| 家庭居住概况 | 从 1956 年居住于此，一直居住到现在 | | | | | 家庭人口构成 | 夫妻两人 |
| 住房特征 | “住房为苏联援建三层低矮房屋，沙子、白灰、水泥三合一与蓝砖混合搭建，房屋较为牢固，可防八级地震，5 个单元，一梯 3 户。建筑面积 61$m^2$，使用面积 57$m^2$。房屋采光好，南北通透。共有两间房，无客厅和阳台，有厨房和卫生间。楼道卫生还可以，以前每家每户轮流打扫，现在归物业负责。” | | | | | | |
| 邻里关系 | “很和谐” | | 物业管理满意度 | | | “还可以” | |
| 生活消费 | 每月总花销 2000 元；物业费 20 元/月；水电费 150 元/月；暖气费 1400 元/年；燃气费 45 元/月；医疗费 200 元/月 | | | | | | |
| 内部居住环境个人感知 | “对住房和楼栋整体感觉还可以。”<br>“没有活动场所，社区车太多，都快成停车场了。比如像遛个弯儿，感觉马路上全是汽车尾气。”<br>“社区没有绿化，这是个老小区，全是房子全是楼。” | | | | | | |
| 外部建成环境个人感知 | “外部交通方便，出门四通八达；医疗设施也完备，一般在卫生院看病；对学校不太满意。” | | | | | | |
| 未来期望 | “希望把房屋改造一下，爬楼梯不太方便，上下楼希望能有电梯；建个老年活动场所。”<br>“办个老年食堂，老年人八十多了买菜不方便，老年食堂更方便；对老年人养老问题较为担忧。” | | | | | | |
| 受访者 7 | 王奶奶 | 性别 | 女 | 年龄 | 75 岁 | 何时从哪来 | 1967 年，兰州调入 |
| 职业 | 退休职工 | | 受教育程度 | | | 初中 | |
| 工作通勤 | 无 | | 收入来源及月收入 | | | 3000 元/月 | |
| 家庭居住概况 | 1967 年搬入社区，住厂里分配的房屋；<br>20 世纪 90 年代搬入现在住的房子 | | | | | 家庭人口构成 | 一人独居 |
| 住房特征 | 现住房屋共 6 层，砖水泥结构，2 个单元，一梯 3 户；住 5 楼，房屋两室一厅，建筑面积 72$m^2$，使用面积 66.6$m^2$；房屋采光较好，楼道卫生条件一般，五天扫一次楼道，扫地能天天扫；<br>卫生由灞桥区纺织城政府管理；房屋楼顶进行改造过，楼顶漏水，才修好 | | | | | | |
| 邻里关系 | “不牵连，认识就说几句话” | | | | | 物业管理满意度 | “就那样吧” |
| 生活消费 | 2000 元/月 | | | | | | |

续表

| | | | | | | | |
|---|---|---|---|---|---|---|---|
| 内部居住环境个人感知 | “对房屋居住没太多感受，都是自己的房子，没什么满意不满意的地方，现在住的房子比原来大，面积比较满意。”<br>“邻里关系也和谐，住在这都还可以，大家都认识，这是我们自己的厂，原来亚洲一流的厂，有感情，西北一印好得很。”<br>“上下楼梯不方便，有钱的话买个电梯楼。” | | | | | | |
| 外部建成环境个人感知 | “外部交通都很方便，老旧小区，环境没有太好的。” | | | | | | |
| 未来期望 | “加装电梯，哪怕自己掏钱也可以。” | | | | | | |
| 受访者 8 | 武先生 | 性别 | 男 | 年龄 | 74 岁 | 何时从哪来 | 西安 |
| 职业 | 退休职工 | | 受教育程度 | | 小学 | | |
| 工作通勤 | 无 | | 收入来源及月收入 | | 退休金 6400 元/月（两人） | | |
| 家庭居住概况 | 居住 55 年，没有搬迁过 | | | | | 家庭人口构成 | 夫妻两人 |
| 住房特征 | 住房共 5 层，三室，建筑面积 $50m^2$，住一层，有产权；楼道卫生有人打扫，楼道采光不太好，白天开灯 | | | | | | |
| 邻里关系 | “较好” | | 物业管理满意度 | | “一般” | | |
| 生活消费 | 每月总花销 1500 元；物业费 40 元/月；水电费 20 元/月；暖气费 1200 元/年；医疗费 500 元/月 | | | | | | |
| 内部居住环境个人感知 | “自己的要求不高，对社区的环境及卫生都比较满意。”<br>“健身器材比过去好，可以锻炼身体。”<br>“楼道光线较暗，社区管理不严。”<br>“现在与过去相比，物质生活条件比过去好。”<br>“如果遇到更好的环境，还是可以离开的。” | | | | | | |
| 外部建成环境个人感知 | “对外部的交通、医疗、教育、商业、卫生还是比较满意的。” | | | | | | |
| 未来期望 | “年龄大了，对社区未来没什么期望。” | | | | | | |
| 受访者 9 | 刘女士 | 性别 | 女 | 年龄 | 60 岁 | 何时从哪来 | 西安 |
| 职业 | 退休工人 | | 受教育程度 | | 高中 | | |
| 工作通勤 | 无 | | 收入来源及月收入 | | 退休工资 4000 元左右/月（两人） | | |
| 家庭居住概况 | 居住 40 年 | | | | | 家庭人口构成 | 2 人 |
| 住房特征 | 住房建设于 20 世纪 80 年代，一室一厅，两家合用一个厕所，没有房产证，使用面积 $40m^2$ 左右；窗户是东西朝向，所以采光还行，下午阳光可以照进来 | | | | | | |
| 邻里关系 | “除了厕所问题商量不来，其他都挺好的” | | 物业管理满意度 | | “对物业也满意”（国资委管理） | | |
| 生活消费 | 每月总花销 2500 元；物业费 20 元/月；水电费 100 元/月；暖气费 1000 元/年 | | | | | | |
| 内部居住环境个人感知 | “天然气刚改造还没通。希望对厕所改造，两家一个厕所太不方便了。”<br>“小区应该有个车库，路边停的车太多了，消防车进不来。”<br>“社区和以前相比感觉没什么变化，以前还有篮球场和足球场，现在都建成楼房了；小区里有 10 栋 50 年代建的房子没人管，也没有改造。” | | | | | | |
| 外部建成环境个人感知 | “医疗、教育、交通都方便。” | | | | | | |
| 未来期望 | “希望改造厕所，拿上房产证。” | | | | | | |

# 附表 2　西北国棉三厂社区

## 1. 三棉社区北区企业社区客观概况调查表

<table>
<tr><td colspan="2">社区名称</td><td colspan="3">三棉社区北区</td><td colspan="2">社区位置</td><td colspan="2">灞桥区纺织城纺三路 99 号</td></tr>
<tr><td rowspan="2">企业基本信息</td><td>社区所属企业</td><td colspan="5">国营西北第三棉纺织厂</td><td>企业建设年代</td><td>1953 年</td></tr>
<tr><td>企业运营及基本概况</td><td colspan="7">1953 年建厂，90 年代效益开始下滑，2008 年倒闭。现归灞桥区管，工厂原址已改建为商品楼；1953 年建厂时工人多为单身，住集体宿舍，之后才建住宅楼，共有四个家属院，分为南区北区，原厂医院被拆，小学中学合并社会化</td></tr>
<tr><td rowspan="7">社区内部基本信息</td><td>社区面积</td><td colspan="2">8.22hm$^2$</td><td>建设年代</td><td>1953 年</td><td>社区物业</td><td colspan="2">灞桥区政府物业分公司</td></tr>
<tr><td>楼栋数</td><td>38 栋</td><td>居住户数</td><td>1500 户</td><td>人口</td><td colspan="3">集体户口，南北两区共 10000 人左右</td></tr>
<tr><td>住房产权</td><td colspan="7">一些有产权（开始为居民、企业、国家各 1/3 产权，危房改造后为全产权），一些没有</td></tr>
<tr><td>人口构成</td><td colspan="7">80%为本厂职工，另外 10%为租户，10%为外来户在本社区买房，租户包括农民进城、学生陪读、小摊贩、年轻打工者等</td></tr>
<tr><td>建筑基本概况</td><td colspan="7">1954 年苏联援建的 2 层低矮房屋，共 5 栋，每栋 3 个单元，一梯 4 户。这类老楼未改造过，建筑面积 40m$^2$，使用面积大多在 30m$^2$ 左右；另有 1 栋 50 年代苏联援建建筑，2 层砖水泥结构楼，每层 10 户，无产权，五家共用一个卫生间，无厨房，居民自己在外面加建厨房做饭；<br>70 年代 3 栋砖混结构楼，1 栋为 5 层砖混结构双面楼，4 个单元，100 户，五家共用一个厕所和水管，在室内搭灶台做饭，使用面积 11m$^2$；另外 2 栋均为 3 个单元，一梯 3 户，建筑面积 30～40m$^2$，两室无厅，三家共用卫生间和水管，无产权，月租 90 元；<br>80 年代修建的房屋为 5 层，共 8 栋，砖混结构，称为“老八栋”，每栋 3 个单元，一梯 3 户，一般为两室，含厨卫，建筑面积 50～60m$^2$；<br>90 年代建 6 栋 6 层砖混结构楼，建筑面积 50m$^2$ 左右，两室一厅一厨一卫，客厅面积狭小；<br>2000 年之后建 13 栋 6 层钢混结构楼，建筑面积 60～90m$^2$，两室或三室一厅；<br>2012 年建设高层 2 栋；<br>老楼均没有天然气和市政供暖，母子楼地基塌陷，2000 年之后建的楼贴了保温层；2018 年进行地基局部加固，但未整体加固改造；正门沿街 2 层苏式建筑，2017 年区上投资改造为古建一条街，拆顶重建，加了玻璃，电梯及室外楼梯，准备招商引资，目前还没开始运营</td></tr>
<tr><td>社区内部公服状况</td><td colspan="7">社区有沿街商铺，无活动室，含健身器材及广场，一个托儿所</td></tr>
<tr><td>社区内部环卫状况</td><td colspan="7">社区内部环境、卫生较差，绿化率低，建筑老旧破败，路面硬化率低，道路坑坑洼洼</td></tr>
<tr><td rowspan="6">社区外部基本信息</td><td>整体状况</td><td colspan="7">社区外部整体状况较好，商业、医疗、教育、休闲娱乐设施较为齐全。医疗设施主要有纺正医院（职工医院）、一印医院（卫生院）、唐都医院等</td></tr>
<tr><td>外部道路交通</td><td colspan="7">有地铁 1 号线，正在修地铁 6 号线，交通都方便，主要乘坐 11 路出行，500m 内共 12 个公交站</td></tr>
<tr><td>商业服务设施（1000m）</td><td colspan="7">立朗广场、万兴广场、客又多购物广场、纺织城上饰购物中心、幸福里购物广场等</td></tr>
<tr><td>教育服务设施（1000m）</td><td colspan="7">西安市灞桥区东城第一小学、东城第二小学、东城第三小学、纺织城小学；西安市第五十五中学、东城一中、五环中学、西安幼儿师范职业学校等</td></tr>
<tr><td>医疗服务设施（1000m）</td><td colspan="7">西安市灞桥区中医医院、灞桥区纺织城社区卫生服务中心、唐华四棉医院、纺织城电建社区卫生服务站、西安医学院第二附属医院三分院等</td></tr>
<tr><td>餐饮休闲娱乐（1000m）</td><td colspan="7">餐饮：老童家泡馍、涮肉、汉中热米皮、星月楼、东坡饭店、川味砂锅、美蛙鱼头火锅、林河茶社；<br>娱乐：西安市纺织公园、半坡国际艺术区、纺织记忆灞桥铁路主题公园、半坡博物馆等</td></tr>
</table>

| | | | | | |
|---|---|---|---|---|---|
| 附图 |  |  |  |  |  |
| |  |  |  |  |  |

**2. 三棉北区（团结小区）居民居住概况及主观感知调查表**

| 受访者 1 | 王大叔 | 性别 | 男 | 年龄 | 57 岁 | 何时从哪来 | 西安本地 |
|---|---|---|---|---|---|---|---|
| 职业 | 下岗后开三轮车 | | 受教育程度 | | | 初中 | |
| 工作通勤 | 无 | | 收入来源及月收入 | | | 6000 元/月 | |
| 家庭居住概况 | 1979 年进厂上班住进小区，2008 年下岗，一直在小区住，近 40 年 | | | | | 家庭人口构成 | 夫妻二人及儿子 |
| 住房特征 | 住房为 2003 年建的 6 层砖混楼，产权自有，两室一厅，建筑面积 $72m^2$，使用面积 $68m^2$，一梯 4 户，3 个单元，隔音一般，采光因客厅没窗户较暗，2018 年加了保温层 | | | | | | |
| 邻里关系 | “没以前好，单元楼房门一关，谁也不影响谁” | | | | | 物业管理满意度 | “还可以” |
| 生活消费 | 2000 元/月 | | | | | | |
| 内部居住环境个人感知 | “住房的话，晚上有睡觉的地方就行，楼也还行。”<br>“社区，土生土长的，都习惯了，小时候这边是四个半村，以前中间为花园，苏联设计，20 世纪 70 年代之后花园拆了，种树种玉米，70 年代末开始建楼，那时环境好，现在不行了。”<br>“70～80 年代被称为‘小香港’，90 年代企业效益开始下滑，这儿现在成‘贫民窟’了。” | | | | | | |
| 外部建成环境个人感知 | “购物不方便，以前社区门口临街小商铺方便又便宜，2017 年区上改造，把临街几栋旧楼改造建成古建筑一条街，准备招商引资，以前的小商铺没有了，2010 年把厂子医院拆了，把地卖给开发商建楼，建了 3 栋高层，现在看病一点都不方便，社区这么多人就那一个小诊所；环境绿化都还可以。” | | | | | | |
| 未来期望 | “期望解决购物、医疗问题。” | | | | | | |

| 受访者 2 | 王先生 | 性别 | 男 | 年龄 | 59 岁 |
|---|---|---|---|---|---|
| 何时从哪来 | 西安本地人，父辈在此工作，生长于此，1979 年接班进厂工作 | | | | |
| 职业 | 下岗职工（明年退休） | 受教育程度 | | 高中 | |
| 工作通勤 | 无 | 收入来源及月收入 | | 自己没有收入，儿子两口月收入 5000～6000 元 | |
| 家庭居住概况 | 以前居住在老楼，2006 年新楼建成后入住 | | | 家庭人口构成 | 5 人（本人、妻子、儿子、儿媳、孙子） |
| 住房特征 | 住房为 2006 年所建的 6 层钢混结构楼，4 个单元，一梯 3 户，建筑面积 $70m^2$，两室一厅，五口人比较拥挤，儿子考虑购买商品房 | | | | |
| 邻里关系 | “非常熟悉，经常聊天” | 物业管理满意度 | | “不满意，服务不周” | |
| 生活消费 | 每月总花销 5000～6000 元（孙子花费 3000～4000 元，要给儿子分摊孙子生活费）；<br>物业费加水电费 200 元/月；暖气费 1800 元/年；医疗费 500 元/月（心脏病） | | | | |
| 内部居住环境个人感知 | “房屋面积太小，无电梯上下楼不便利，社区绿化太少，路面状况差。” | | | | |

续表

| | | | | | | | |
|---|---|---|---|---|---|---|---|
| 外部建成环境个人感知 | “周边集市拆除，买菜吃饭非常不便；公共交通还可以，环境没有人管，养狗的太多，很脏。保洁员都是六七十岁的老人，打扫困难。” | | | | | | |
| 未来期望 | “希望拆了重建，分个大房子，也正在给儿子攒钱在外购买商品房，安置房要等很久。” | | | | | | |
| 受访者 3 | 华大爷 | 性别 | 男 | 年龄 | 82 岁 | 何时从哪来 | 1955 年，从烟台部队分配过来 |
| 职业 | 退休职工 | | 受教育程度 | | | 小学 | |
| 工作通勤 | 无 | | 收入来源及月收入 | | | 退休金 4000 元/月 | |
| 家庭居住概况 | 一直住在小区 | | | | | 家庭人口构成 | 一个人住 |
| 住房特征 | 居住的房屋是 1955 年建的，共 5 层，一梯 3 户，建筑面积 60～70m$^2$，三室，一大两小。房屋隔音可以，采光可以，楼道卫生可以，楼道有灯，但不太亮，暖气不好，楼房为砖水泥结构 | | | | | | |
| 邻里关系 | “好” | | 物业管理满意度 | | | “不太了解” | |
| 生活消费 | 1000 多元/月 | | | | | | |
| 内部居住环境个人感知 | “房屋漏水，楼房还可以。环境卫生也还可以，道路硬化也行。” | | | | | | |
| 外部建成环境个人感知 | “外部交通很方便，医院、学校、商业等都很方便。” | | | | | | |
| 未来期望 | “都挺好的，不需要改造，没有建议。” | | | | | | |
| 受访者 4 | 郭奶奶 | 性别 | 女 | 年龄 | 83 岁 | 何时从哪来 | 1953 年，从咸阳调来 |
| 职业 | 退休职工 | | 受教育程度 | | | 初中 | |
| 工作通勤 | 无 | | 收入来源及月收入 | | | 退休金 3000 元/月 | |
| 家庭居住概况 | 1953 年居住至今 | | | | | 家庭人口构成 | 一人居住 |
| 住房特征 | 住房为 80 年代所建 5 层砖水泥结构楼，有产权。建筑面积 58.6m$^2$，隔音较差，采光可以，楼道卫生差。没改造过 | | | | | | |
| 邻里关系 | “熟” | | 物业管理满意度 | | | “不好，很糟糕” | |
| 生活消费 | 1000 多元/月 | | | | | | |
| 内部居住环境个人感知 | “房屋漏水，并且质量差，有裂缝，裂缝有 2～3cm；环境卫生不及时打扫，管理差。” | | | | | | |
| 外部建成环境个人感知 | “外部交通很方便，医院、学校、商业等都很近。” | | | | | | |
| 未来期望 | “小区没有路灯，卫生所也没有，去大医院看病麻烦；社区的卫生也不太好；<br>另外，有几栋楼的房屋中间的窗户是没有的，白天客厅也要一直开灯，希望改善一下这几个方面。” | | | | | | |
| 受访者 5 | 邢大爷 | 性别 | 男 | 年龄 | 88 岁 | 何时从哪来 | 1954 年，从上海来 |
| 职业 | 退休 | | 受教育程度 | | | 小学 | |
| 工作通勤 | 现已退休 | | 收入来源及月收入 | | | 3700 元/月 | |
| 家庭居住概况 | 之前住 1956 年修建的老房子，居住 50 年；现住房为买的厂里 2004 年修建的房，住了 15 年 | | | | | 家庭人口构成 | 一人独居 |
| 住房特征 | 现住 2004 年修建的房屋，6 层，建筑面积 80m$^2$，使用面积 76.7m$^2$。4 个单元，一梯 3 户，房屋产权归自己。房屋采光好，南北通透。共有两室一厅，有厨房和卫生间。楼道卫生还可以，原来每天打扫，现在一个星期打扫一次 | | | | | | |
| 邻里关系 | “可以” | | 物业管理满意度 | | | “不满意” | |

续表

| | | | | | | | |
|---|---|---|---|---|---|---|---|
| 生活消费 | 每月总花销1300元；物业费25元/月；水电费90元/月；暖气费1700元/年；燃气费40元/月；医疗费300元/月 | | | | | | |
| 内部居住环境个人感知 | “自己的住房还可以，环境也还不错，满意不满意就那么一回事儿，但感觉基本还可以；社区马路坑坑洼洼，路灯不亮；有一个卫生所，但卫生所里面什么都没有；住在这都习惯了，有感情。” | | | | | | |
| 外部建成环境个人感知 | “交通方便；医疗也还可以，其他都方便。” | | | | | | |
| 未来期望 | “道路硬化，修建路灯。” | | | | | | |
| 受访者6 | 刘奶奶 | 性别 | 女 | 年龄 | 88岁 | 何时从哪来 | 1957年，从河南来 |
| 职业 | 退休职工 | | 受教育程度 | | | 小学 | |
| 工作通勤 | 无 | | 收入来源及月收入 | | | 3000元/月 | |
| 家庭居住概况 | 原来住老楼，苏联援建，现已拆；现住90年代修建的新楼 | | | | | 家庭人口构成 | 与女儿一起居住 |
| 住房特征 | 现住楼为6层，3个单元，一梯4户，砖水泥结构，有改造过，加装泡沫保温层；<br>住房建筑面积 $80m^2$，使用面积 $72m^2$，无窗户，客厅也无窗户，房子很黑，采光不好。共一室一厅，有厨房和卫生间，还有一个7～$8m^2$的小屋，楼道卫生还可以 | | | | | | |
| 邻里关系 | “和谐” | | 物业管理满意度 | | | “还可以” | |
| 生活消费 | 每月总花销1800元；物业费25元/月；水电费100元/月；暖气费1700元/年；燃气费50元/月；医疗费800元/月 | | | | | | |
| 内部居住环境个人感知 | “自己掏钱买的，住了20多年，没啥太多满意不满意，房屋没有窗户，房间很黑，采光不好；环境还行，卫生条件还需要提高。” | | | | | | |
| 外部建成环境个人感知 | “道路交通方便，进城都方便。” | | | | | | |
| 未来期望 | “房屋改善” | | | | | | |

# 附表3 陕西钢铁厂家属院

## 1. 陕钢家属院企业社区客观概况调查表

<table>
<tr><td colspan="2">社区名称</td><td colspan="2">陕钢家属院</td><td>社区位置</td><td colspan="2">西安市碑林区咸宁中路106号</td></tr>
<tr><td rowspan="2">企业基本信息</td><td>社区所属企业</td><td colspan="3">陕西钢铁厂</td><td>企业建设年代</td><td>1958年</td></tr>
<tr><td>企业运营及基本概况</td><td colspan="5">原陕西钢厂，1958年建厂，1965年和搬迁进来的大连钢铁厂一个车间重新组建，并投入生产，后来逐渐发展成为一家大型特种钢企业。当时全国有8个特钢企业，陕钢厂是其中之一，生产上百个品种的特种钢，主要有滚珠钢，学名叫轴承钢，高速工具钢，还生产部分军工产品；“在那个年代，能够在这里工作是一件令人羡慕的事。80年代，这里曾是一方热火朝天的工业基地，达到生产的辉煌和鼎盛，这里记录着一代人的豪情和梦想。”<br>1998年转型停产，“半个世纪已逝，起起落落，悲欢交集。空荡荡的厂房留着这群人的城市记忆。”<br>2002年，正式停产，被西安建大科教产业集团公司收购；<br>近年来，由西安市新城区政府牵头，西安建大华清科教产业集团与西安世界之窗产业园投资管理有限公司共同开发。依托西安市幸福林带建设综合开发的大背景，在原陕钢厂老厂房的基础上，进行重新定义和改造，诞生了老钢厂设计创意产业园。老钢厂酸洗池改造成了水景；车间轨道改造而成的屋顶；酸洗车间改建为独特的艺术空间；废弃旧零件被做成了艺术品……<br>“在西安建大华清学院校内，一处废弃的老工业厂房，在文化与创意的巧妙引领下，正在华丽‘复活’。一个被命名为‘老钢厂’的设计创意产业园，正在西安市新城区悄然现身。”</td></tr>
<tr><td rowspan="7">社区内部基本信息</td><td>社区面积</td><td colspan="3">4.01hm$^2$</td><td>建设年代</td><td>20世纪60年代</td></tr>
<tr><td>住房产权</td><td colspan="2">居民个人拥有产权</td><td>社区物业</td><td colspan="2">陕钢后勤物业</td></tr>
<tr><td>楼栋数</td><td>22栋</td><td>居住户数</td><td>约2000户（包含高层）</td><td>人口</td><td>7000人左右</td></tr>
<tr><td>人口构成</td><td colspan="5">7000多人当中，约70%为本厂退休下岗老职工，其他30%为租户或者买房者，租户包括学生陪读家庭、打工年轻人、个体商贩等</td></tr>
<tr><td>建筑基本概况</td><td colspan="5">20世纪60年代建筑仅剩1栋，为4层单身楼，砖水泥结构，一层二十几间，使用面积12m$^2$；<br>70年代建筑仅剩1栋8号单身楼，5层砖水泥结构，一层二十多户，有套间，使用面积18m$^2$；<br>80年代建1栋4层办公楼，砖水泥结构，内设家委会、离退休管理部、活动站，也有居民居住；<br>1992年建9栋6层砖混楼，建筑面积60m$^2$，两室一厅；个别领导住房建筑面积为90～100m$^2$，三室或四室一厅；<br>2002年建2栋6层砖混楼，建筑面积80～90m$^2$，也有个别为120～140m$^2$；<br>2006年建设高层，2个单元，一梯九户，每栋500余户，建筑面积90～120m$^2$；<br>2007年建的住房建筑面积为120～140m$^2$；2015年建3栋高层；<br>企业倒闭后建的住房为物业公司牵头筹资招商所建，高层住户多为外来户；<br>2018年政府对社区实施四项改造，包括贴保温层、房顶做防水、绿化改善、路面硬化等</td></tr>
<tr><td>社区内部公服状况</td><td colspan="5">有小停车棚，高层为地下停车，路边停车多，有小诊所，小花园广场，配备健身活动设施、活动室</td></tr>
<tr><td>社区内部环卫状况</td><td colspan="5">小区被评为园林式小区，路面硬化，绿化良好，建筑刷新美化整齐，环境卫生干净，舒适宜居</td></tr>
<tr><td rowspan="3">社区外部基本信息</td><td>整体状况</td><td colspan="5">社区周边商业、医疗、教育、休闲娱乐等服务设施齐全</td></tr>
<tr><td>外部道路交通</td><td colspan="5">外部道路连接通畅，硬化完善，公共交通方便。公交线路有157路、227路、191路、313路、37路、242路、227路等；距咸宁路地铁站仅700m左右</td></tr>
<tr><td>商业服务设施（1000m）</td><td colspan="5">东新世纪广场、乐宁会购物广场、咸宁商场、立丰国际购物广场、唐园广场、东环超市、上和商业广场、海方商城、韩森寨装饰家居城等</td></tr>
</table>

| | | |
|---|---|---|
| 社区外部基本信息 | 教育服务设施（1000m） | 西安新城小博士幼儿园、东新明珠幼儿园、西安市新城区东方小学、秦川幼儿园；西安市新城区秦川小学、金花南路小学；西安理工大学附属中学、东方中学、西安行知中学、西安东方中学、华山中学、西安市聋人高级中学、西安市西光中学、西安市西信中学、陕西省西安市第八十三中学；西安铁路高级技工学校、中国科学院、西安工程大学、西安建筑科技大学（东校区）等 |
| | 医疗服务设施（1000m） | 陕西省第四人民医院、西安仲德骨科医院、西安市东方医院、中国人民解放军第五一八医院等 |
| | 餐饮休闲娱乐（1000m） | 餐饮：小六汤包、德克士、重庆小火锅、永和豆业、辣欢天火锅城、实力海鲜城等；<br>休闲娱乐：长乐公园、西安长乐园艺花卉博览园、秦庄襄王墓、森林精灵儿童游乐园、健身会所、塑形馆、东方四季游泳馆等 |
| 附图 |  | |

**2. 陕西钢铁厂家属院社区居民居住概况及主观感知调查表**

| | | | | | | | |
|---|---|---|---|---|---|---|---|
| 受访者 1 | 王大叔 | 性别 | 男 | 年龄 | 65 岁 | 何时从哪来 | 1942 年，从河南逃荒而来 |
| 职业 | 退休职工 | 受教育程度 | | | | 小学 | |
| 工作通勤 | 无 | 收入来源及月收入 | | | | 退休工资 3600 元/月，夫妻俩共 6000/月 | |
| 家庭居住概况 | 1994 年居住到现在，居住 25 年 | | | | | 家庭人口构成 | 夫妻二人 |
| 住房特征 | 住房为 1992 年建的 6 层砖混楼，建筑面积 $63m^2$，两室一厅，一梯 2 户，产权私有，高层建起后遮挡房屋采光，隔音凑合，楼道卫生干净，有灯 | | | | | | |
| 邻里关系 | “都是老熟人” | 物业管理满意度 | | | | “好着呢” | |
| 生活消费 | 每月总花销 2000 元（除医药费）；医疗费 1000 元/月 | | | | | | |
| 内部居住环境个人感知 | “住房老两口住还可以，够住。”<br>“小区还可以，但就是路边停车很乱，而且挡道，消防车进不来。” | | | | | | |
| 外部建成环境个人感知 | “都挺方便的，环境卫生绿化都还可以。” | | | | | | |
| 未来期望 | “希望规定停车区，不要在人行道上停车。” | | | | | | |
| 受访者 2 | 田女士 | 性别 | 女 | 年龄 | | 68 岁 | |
| 何时从哪来 | 西安本地人，1980 年从庆安公司调入陕钢 | | | | | | |
| 职业 | 退休职工 | 受教育程度 | | | | 初中 | |
| 工作通勤 | 无 | 收入来源及月收入 | | | | 自己退休金 2700 元，丈夫 3000 余元 | |
| 家庭居住概况 | 1994 年入住该社区 | | | | | 家庭人口构成 | 夫妻二人 |
| 住房特征 | 住房为 1992 年建设的 6 层钢混结构楼，6 个单元，一梯 3 户，建筑面积 $60m^2$，使用面积 $40m^2$，两室一厅一厨一卫，建筑情况良好 | | | | | | |

续表

| | | | |
|---|---|---|---|
| 邻里关系 | “几乎都认识，经常一起在小区内聊天” | 物业管理满意度 | “服务质量凑合” |
| 生活消费 | 有时每月总花销超过 15000 元（本人患有糖尿病，丈夫患有直肠癌）；物业费（垃圾费）8 元/月 | | |
| 内部居住环境个人感知 | “不满意也就这样了，对公共环境满意，但社区内部停车多，占用公共空间，高层有停车场，但多层没有，冬天暖气供给不足。” | | |
| 外部建成环境个人感知 | “周边设施齐全，生活方便，有兴庆公园可供休闲娱乐。” | | |
| 未来期望 | “自己和丈夫身体都不好，对住房和环境都不太关注，能过一天是一天。” | | |

# 附表 4　宝鸡医药玻璃厂社区

**药玻小区概况调查表**

| | | |
|---|---|---|
| 社区名称 | | 药玻小区 |
| 企业基本信息 | 社区所属企业 | 宝鸡医药玻璃厂（地方企业） |
| | 企业建设年代 | 1958 年 |
| | 企业运营及基本概况 | 1958 年迁至宝鸡建厂，1964 年改为医药玻璃厂并扩建，员工规模由几百人增加至两千余人，1978 年拆分为宝鸡医药玻璃厂和宝鸡化工机械厂；<br>该企业已于 1996～1997 年破产，20 世纪 90 年代本有机会被其他企业兼容，但未实现；<br>社区现由国资委管理（属桥南街道），居民由川陕路社区管理 |
| 社区内部基本信息 | 社区位置 | 陕西省宝鸡市渭滨区广元南路 3 号 |
| | 社区面积 | 2.6667$hm^2$ |
| | 社区建设年代 | 20 世纪 60 年代 |
| | 楼栋数 | 18 栋 |
| | 居住人口 | 共 969 户 |
| | 人口构成 | 社区居民中退休或下岗职工占 80%，其余职工因购买商品房或和子女离开宝鸡等原因将房屋售卖或出租，租户不到 20%，租户多为附近摊贩和陪读家庭。社区 60 岁以上老人占 90%以上，多为老两口居住 |
| | 建筑基本概况 | 20 世纪 60 年代建 4 栋 4 层砖混结构楼，每栋 3 个单元，一梯 4 户，两室一厨一卫，建筑面积 50$m^2$，使用面积 40$m^2$，有产权；<br>80 年代建 8 栋砖混结构楼，5 层或 7 层，每栋楼 3 或 4 个单元，一梯 2 户，建筑面积 62$m^2$，使用面积 48$m^2$，有产权；<br>2007 年建 4 栋钢混结构楼，建筑面积 70$m^2$，每栋 3 个单元，一梯 2 户或 3 户。因建设过程中经历汶川地震而作为危楼低价出售给职工，有产权；<br>2016 年建设高层 2 栋，建筑面积 90$m^2$ 以上 |
| | 社区物业 | 由宝鸡药玻物业管理公司管理，企业破产后，专门为管理社区成立该公司，后归社区所有 |
| | 社区内部公服状况 | 社区内部无商业服务设施，无室内活动空间，有少量健身设施，但使用频率低（80 岁老人几乎不使用） |
| | 社区内部环卫状况 | 绿化良好，道路硬化干净整洁（2018 年由社区出资整修道路硬化和小区内绿化） |
| 社区外部基本信息 | 整体状况 | 社区周边商业、医疗、教育、休闲娱乐等服务设施齐备；外部公共交通便捷，环境良好 |
| | 外部公共交通情况 | 道路设施完善，交通便捷，前往市区的公交线路有 41 路、48 路、61 路等 |
| | 周边商业服务设施 | 社区周边商业设施齐全，500m 以内小型餐饮店有 5 家，药店 1 家，超市 5 家（包括一家大型超市海威超市），以及中国工商银行、中国建设银行及兴业银行网点；缺少大型综合购物中心 |
| | 周边教育服务设施 | 距离姜成堡小学 700m，清姜小学 500m，烽火小学及烽火中学 1000m |
| | 周边医疗服务设施 | 500m 内：宝鸡市渭滨区妇幼保健院、宝鸡高新开发区医院、川陕路社区卫生服务站等 |
| | 周边休闲娱乐设施 | 500m 内：无大中小型公园绿地，居民休闲娱乐散步活动一般在社区内进行 |
| 受访者个人及家庭基本信息 | 受访者 | 李先生 |
| | 性别 | 男 |
| | 年龄 | 80 岁 |
| | 收入（家庭） | 退休金 2600 余元/月，夫妻二人退休金共 5000 余元/月 |

续表

<table>
<tr><td rowspan="5">受访者个人及家庭基本信息</td><td>家庭成员构成</td><td colspan="5">夫妻二人</td></tr>
<tr><td>家庭居住概况</td><td colspan="5">居住在社区较新的楼里（2008 年入住），足够老两口居住，对居住环境非常满意</td></tr>
<tr><td>住房特征</td><td colspan="5">住房为 7 层钢混结构楼，建筑面积 80m$^2$，两室一厅，一梯 2 户，建筑内部状况良好，无漏水、漏电、隔音差等情况，邻居都为曾经的同事，有天然气，冬季市政供暖</td></tr>
<tr><td>生活消费</td><td colspan="5">每月生活开销 1000 余元，物业费 3 元/m$^2$；<br>夫妻两人身体都不太好，每月医疗费少则几千多则上万，上个月妻子住院花费一万余元</td></tr>
<tr><td>个人感受及期望</td><td colspan="5">收入足够生存，但一旦生病经济压力就加重了，希望社区加强对退休职工的管理和关照；<br>对住宅内部非常满意，但不满于社区公共空间环境，并对社区物业管理极其不满，认为物业收费不应该按照住宅面积计算，因为物业只管理公共环境卫生，室内维修还要额外付费；<br>社区内环境卫生勉强满意，与物业收取的费用不呈正比，对外部环境和公共交通满意；<br>“社区没有把加装电梯的政策落实好，我自己居住在二楼还好，其他老人住得高的非常不方便，希望实现老有所养，老有所依，但物业和社区没有考虑到老年人的状况。”</td></tr>
<tr><td>附图</td><td></td><td></td><td></td><td></td><td></td></tr>
</table>

# 附表5　烽火三街坊

**烽火三街坊概况调查表**

| | 社区名称 | 烽火三街坊 |
|---|---|---|
| 企业基本信息 | 社区所属企业 | 陕西烽火通信集团有限公司 |
| | 企业建设年代 | 1956年 |
| | 企业运营及基本概况 | 1956年，中华人民共和国第二机械工业部决定在宝鸡建设代号为769厂的军用航空电台厂。1959年，一机部十局批准，769厂第二厂名为“国营宝鸡无线电厂”。1963年，国家验收委员会对769厂进行动用验收，并批准正式开工生产。1965年，四机部通知工厂第二厂名改为“国营烽火机械厂”。1981年，四机部体制改革，769厂划归通广局领导。1983年，电子部通知，厂名由“国营烽火机械厂”改为“国营烽火无线电厂”。1986年，电子工业部和陕西省人民政府联合通知：769厂归属陕西省，挂靠电子工业厅。2001年，实施债转股，组建成立陕西烽火通信集团有限公司；<br>企业目前运营状况良好，早期是军工厂，生产陆军产品，现以生产短波、超短波通信设备及其终端设备、电声器件、精梳机和电线电缆等五大系列为主，是国家通信装备及电声器材科研生产骨干企业。家属院有不同时期修建的楼，企业配备有宾馆、幼儿园、学校、职工医院、综合市场等，位于厂区对面及社区周边 |
| 社区内部基本信息 | 社区位置 | 陕西省宝鸡市渭滨区清姜路 |
| | 社区面积 | $3.27hm^2$ |
| | 社区建设年代 | 1958年 |
| | 楼栋数 | 10栋 |
| | 居住人口 | 约696多户，2100人左右 |
| | 人口构成 | 社区中约住2100人，其中80%为退休老职工，大多住在六层的多层住宅；<br>其余为本厂目前在职职工及外来人口，房屋租卖多，大多租户为学生陪读家庭 |
| | 建筑基本概况 | 1958年修建1栋3层砖水泥结构楼，一梯4户，5个单元，两室一厨一卫，使用面积$40m^2$；<br>1980年修建6栋5层砖混结构楼，一梯3户，2或3个单元，两室或三室一厅，使用面积$50\sim70m^2$，产权个人和单位各一半；<br>2017年建3栋高层，剪力墙结构，使用面积$80\sim100m^2$，产权私有，共468户 |
| | 社区物业 | 自社区建成起一直由企业后勤负责管理，“三供一业”后物业移交到宝鸡市渭滨区物业公司管理，小区主要靠集团维护 |
| | 社区内部公服状况 | 社区内部有商业服务设施，也有健身活动空间、活动室及健身器材 |
| | 社区内部环卫状况 | 绿化环境好，道路硬化，建筑美化，环卫整洁干净 |
| 社区外部基本信息 | 整体状况 | 周边商业、医疗、教育、休闲娱乐等服务设施齐备；小区有职工医院、小学、初中、高中 |
| | 外部公共交通情况 | 道路设施完善，交通便捷。社区周围的公交线路有2路、6路、20路、39路、40路、48路等，乘坐公交到市中心大约一个小时 |
| | 周边商业服务设施 | 社区正门临街综合商店，餐饮集聚。500m以内包括：综合市场、综合超市、粮油商行、清姜商场、中国邮政储蓄银行、中国农业银行、中国工商银行、中国建设银行、清姜街道办事处、中国联通等 |
| | 周边教育服务设施 | 幼儿园、宝成小学、清姜小学、姜城堡小学、宝鸡市姜城中学、烽火中学、子弟学校等 |
| | 周边医疗服务设施 | 500m以内：姜城堡村卫生室、渭滨区卫生中心医院、宝鸡市口腔医院、新康诊所等 |
| | 周边休闲娱乐设施 | 500m以内：鸿运茶坊、美发沙龙、玛雅网咖、宝化浴池、宝成体育馆、足球场等 |

续表

| | | |
|---|---|---|
| 受访者个人及家庭基本信息 | 受访者 1 | 袁奶奶 |
| | 性别 | 女 |
| | 年龄 | 73 岁 |
| | 收入（家庭） | 2000 年退休，退休工资 3000 元/月 |
| | 家庭成员构成 | 独居 |
| | 家庭居住概况 | 一直租房，未购买，从 1965 年到宝鸡的集团工作，居住至今 |
| | 住房特征 | 住房为两室一厅，独立厨房加一阳台，建筑面积 70m$^2$。无漏水，采光还可以。没有天然气，用液化气。暖气差，夏天凉快 |
| | 生活消费 | 每月各种开销 1000 多元（租金 3.6 元/ m$^2$，172.8 元/月；物业 0.4 元/m$^2$，水 4.08/m$^3$，电 0.5 元/度，暖气费 22 元/m$^2$） |
| | 个人感受及期望 | “住房满意，凑合住。收入足够生存，对社区比较满意，也有感情；<br>道路交通都挺方便，医疗教育设施都很齐全，没太想到外面买房，但物业管理不如以前企业管理时好。供暖不足，停车位不够，希望增加停车位，也希望物业能配置一些健身器材。” |
| 受访者及家庭基本信息 | 受访者 2 | 周大爷 |
| | 性别 | 男 |
| | 年龄 | 80 岁 |
| | 收入（家庭） | 2000 年退休，退休工资 2500 元/月 |
| | 家庭成员构成 | 夫妻两人 |
| | 家庭居住概况 | 住房两室一厅，在小区内居住 50 多年 |
| | 住房特征 | 现住房为砖混结构，两室一厅，建筑面积 60m$^2$ |
| | 生活消费 | 每月各种开销 2000 左右（物业 0.4 元/m$^2$，水 4.08 元/m$^3$，电 0.5 元/度，暖气费 22 元/m$^2$） |
| | 个人感受及期望 | “收入足够生存，对社区比较满意，也有感情；道路交通都挺方便，买菜菜市场很近，进城也方便，医疗教育设施都很齐全，企业对面有宾馆；想住新房子，对房屋居住不满意；邻里关系都很好，越老关系越亲密，小区安全也很满意，暖气差，希望暖气可以热起来。” |

| 附图 | | | | |
|---|---|---|---|---|
|  |  |  |  |  |
|  |  |  |  |  |